Edição e sociabilidades intelectuais

A publicação das obras completas de Rui Barbosa (1930-1949)

UNIVERSIDADE FEDERAL DE MINAS GERAIS
Reitor Jaime Arturo Ramírez
Vice-Reitora Sandra Regina Goulart Almeida

EDITORA UFMG
Diretor Flavio de Lemos Carsalade
Vice-Diretora Camila Figueiredo

Conselho Editorial
Flavio de Lemos Carsalade (Presidente)
Camila Figueiredo
Eduardo de Campos Valadares
Élder Antônio Sousa Paiva
Fausto Borém
Lira Córdova
Maria Cristina Soares de Gouvêa

Luciano Mendes de Faria Filho

Edição e sociabilidades intelectuais
A publicação das obras completas de Rui Barbosa (1930-1949)

autêntica EDITORAufmg

Copyright © 2017 Luciano Mendes de Faria Filho
Copyright © 2017 Editora UFMG
Copyright © 2017 Editora Autêntica

Todos os direitos reservados pela Autêntica Editora e pela Editora UFMG. Nenhuma parte desta publicação poderá ser reproduzida, seja por meios mecânicos, eletrônicos, seja via cópia xerográfica, sem a autorização prévia das Editoras.

COORDENAÇÃO EDITORIAL
Camila Figueiredo

DIREITOS AUTORAIS
Anne Caroline Silva

COORDENAÇÃO DE TEXTOS
Lira Córdova

PREPARAÇÃO DE TEXTOS
Talita Corrêa

PREPARAÇÃO DE APÊNDICE E NOTAS
Maria do Carmo Ribeiro Leite

REVISÃO DE TEXTOS
Roberta Paiva

MONTAGEM DE CAPA
Fernando Freitas
(sobre caricatura de Rui Barbosa feita por Mirella Spinelli)

PRODUÇÃO GRÁFICA
Warren Marilac

EDITORA RESPONSÁVEL
Rejane Dias

EDITORA ASSISTENTE
Cecília Martins

DIAGRAMAÇÃO
Waldênia Alvarenga

Dados Internacionais de Catalogação na Publicação (CIP)
(Câmara Brasileira do Livro, SP, Brasil)

Faria Filho, Luciano Mendes de
  Edição e sociabilidades intelectuais : a publicação das obras completas de Rui Barbosa (1930-1949) / Luciano Mendes de Faria Filho. -- 1. ed. -- Belo Horizonte : Autêntica Editora : Editora UFMG, 2017.

  Bibliografia.
  ISBN 978-85-513-0200-2 (Autêntica Editora)
  ISBN 978-85-423-0199-1 (Editora UFMG)

  1. Barbosa, Rui, 1849-1923 - Contribuições em educação 2. Educação - Brasil - História 3. Produção editorial 4. Publicação de livros I. Título.

17-02301   CDD-370.981

Índices para catálogo sistemático:
1. Rui Barbosa como pedagogista : Educação : Brasil : História 370.981

Av. Antônio Carlos, 6.627 | CAD II | Bloco III
Campus Pampulha | 31270-901 | Belo Horizonte-MG | Brasil
Tel.: (55 31) 3409 4650 | Fax: (55 31) 3409 4768
www.editoraufmg.com.br | editora@ufmg.br

GRUPO AUTÊNTICA

Belo Horizonte
Rua Carlos Turner, 420
Silveira . 31140-520
Belo Horizonte . MG
Tel.: (55 31) 3465 4500

São Paulo
Av. Paulista, 2.073,
Conjunto Nacional, Horsa I
23º andar . Conj. 2301 .
Cerqueira César . 01311-940
São Paulo . SP
Tel.: (55 11) 3034 4468

Rio de Janeiro
Rua Debret, 23, sala 401
Centro . 20030-080
Rio de Janeiro . RJ
Tel.: (55 21) 3179 1975

www.grupoautentica.com.br

Agradecimentos

Quando comecei a pesquisa que, agora, constituiu este livro, eu não tinha a mínima noção de onde ela me levaria. O que eu tinha eram inícios, intuições, vislumbres que, uma vez objetivados muito mais na fala do que na escrita, eram compartilhados e enriquecidos por um grande número de pessoas com as quais mantive contato ao longo do trabalho. Foi graças à generosidade, à curiosidade e à disponibilidade delas que, em boa parte, este livro ficou pronto.

Lá em casa, na nossa Casa, não fosse a grande disponibilidade das mulheres que comigo convivem quotidianamente, a pesquisa e o texto não sairiam. Se não bastasse terem que conversar sobre Rui Barbosa um sem-número de vezes, tiveram também que participar ativamente da feitura da pesquisa e do texto: foi a Isabella quem baixou todos os tomos das Obras Completas de que fiz uso na pesquisa; a Anna Carolina e a Isabel leram e corrigiram o texto; a Alice me convidava sempre e sempre a não perder o fluxo da vida; a Maria José mantinha a casa funcionando. À Isabel devo, ainda, a escuta atenta e respeitosa sobre os rumos da pesquisa e a organização do texto.

Foi no interior do Historiar – Ensino, Pesquisa e Extensão em História da Educação, um dos grupos de pesquisa que compõem o Centro de Pesquisa em História da Educação (GEPHE) da Faculdade de Educação da UFMG, que a pesquisa tomou corpo. Foi por meio de uma generosa escuta e ativa interlocução no interior do projeto de pesquisa *Moderno, modernidade, modernização: a educação nos projetos de Brasil (1820-1970)*, desenvolvido por esse grupo, que pude elaborar as interrogações que sustentaram a pesquisa e vislumbrar algumas das possíveis maneiras de respondê-las. A todos, especialmente às minhas orientandas (e ao orientando!), agradeço, também, a compreensão pelas ausências.

Nesse grupo, de forma especial, gostaria de agradecer à Cleide Maciel, pela inestimável colaboração na elaboração das resenhas biográficas apresentadas, como apêndice, no final do livro. Não poderia, também, deixar de agradecer à Alexsandra Borges, que, nos últimos anos, tem contribuído, de maneira ímpar, para que nossos projetos funcionem adequadamente.

No Rio de Janeiro, não fosse a acolhida da família do Gondra, da Vânia, do Thales e do Vinicius, não seriam a pesquisa e a estadia na cidade momentos tão confortáveis e produtivos. As nossas saídas, jogos e brincadeiras trouxeram mais leveza e alegria às viagens ao Rio, sensações que ultrapassam em muito o horizonte da pesquisa e que remetem ao fundamental do viver.

Do mesmo modo, somente foi possível realizar a pesquisa pelo concurso muito ativo dos(as) funcionários(as) da Sala de Consulta (Leonardo e Cláudio), da Equipe Ruiana (Rejane Magalhães e Laura do Carmo) e do Arquivo da Fundação Casa de Rui Barbosa (Lúcia Maria e Claudia Resende). Esses, de forma profissional, sem deixarem de ser camaradas, não apenas me receberam para a pesquisa, mas me deram muitas instruções e informações que facilitaram o meu trabalho e possibilitaram encontrar documentos que me eram fundamentais. À Rejane e à Laura devo, ainda, algumas das muitas conversas que ajudaram a colocar a pesquisa no eixo.

As conversas e a ajuda de Donatila Arruda Câmara e Eduardo Gomes Câmara, filha e filho de José Gomes Bezerra Câmara, foram fundamentais para a localização de documentos e informações sobre um dos principais participantes do projeto político-editorial das Obras Completas de Rui Barbosa. A eles agradeço a disponibilidade e a disponibilização de documentos de que dispunham.

À Ângela de Castro Gomes, Márcia Abreu, Marcos Cezar de Freitas, Maria de Lourdes Fávero, José Gondra, Ana Cristina Mignot, Yolanda Lobo, Eneida Maria, Maurilane Biccas, Carlos Cury, Libânia Xavier e Ana Waleska devo a indicação de preciosa bibliografia e algumas conversas muito agradáveis e enriquecedoras para a pesquisa.

De modo especial, é necessário lembrar que a professora Lucília Neves acolheu, em primeira mão, o meu Plano de Trabalho para a realização de um estágio pós-doutoral no Departamento de História da UnB. As conversas que tivemos ao longo do período – presenciais e via mensagens eletrônicas – trouxeram contribuições valiosas sobre os caminhos a serem tomados, os livros a serem lidos, as pessoas a serem consultadas. Para alguém não versado no período sobre o qual se desenvolvia a pesquisa, tal acolhida foi fundamental e definidora do percurso tomado pela investigação.

A realização da pesquisa somente foi possível porque eu estava liberado para a realização do estágio pós-doutoral. Isso se deu graças ao apoio das colegas do setor de história da educação do Departamento de Ciências Aplicadas à Educação (DECAE) da FaE/UFMG – Cynthia Greive Veiga e Thaís Fonseca – e do GEPHE. A esse grupo tão especial e competente de pesquisadoras (es) e alun@s devo um agradecimento que ultrapassa em muito, no tempo e na intensidade, a feitura deste livro. À Ana Galvão, ao Marcus Taborda e ao Marcus Vinicius Carvalho agradeço, ainda, as leituras e sugestões.

As viagens e alguns dos gastos que tornaram possível a realização da pesquisa tiveram menos impacto no meu orçamento pessoal devido ao apoio financeiro do CNPq e da Fapemig. E assim tem sido desde a iniciação científica, nos anos de 1980, o que me possibilita dizer, com grande certeza, que outro teria sido o meu percurso acadêmico, intelectual e, no conjunto, pessoal, não fosse o fundamental apoio recebido dessas agências ao longo das últimas décadas.

Também foram as últimas décadas marcadas pela convivência quase que diária com o amigo Tarcísio Mauro Vago. Sua sensibilidade e escutas sem par estão neste livro de forma indelével. Foi a partir de uma conversa com ele, em dezembro, que pude organizar um primeiro esquema de exposição da pesquisa. As nossas já tradicionais caminhadas pela lagoa da Pampulha foram, também, fundamentais para clarear as ideias e distender o corpo!

At last but no least, gostaria de dizer que, talvez como nunca, é justo afirmar que este livro não teria ganhado corpo não fosse a inestimável colaboração da minha amiga Eliane Marta. Por meio de ações as mais variadas – de escuta, de pesquisa, de elaboração, de correção, de ideação, de subversão do tema e da ordem... –, ela se constituiu não apenas em uma interlocutora intelectual privilegiada, mas, sobretudo, numa instigante e cuidadosa companheira na feitura mesma do texto.

SUMÁRIO

Prefácio 11

Apresentação 19

De casa museu a casa editora 35
As metamorfoses de uma casa 35
A ordem dos livros 57
Com engenho e arte, surgem os livros! 60
A produção dos livros: a intervenção dos mediadores 75
Percursos e percalços do projeto político-editorial 78
Os problemas do trabalho de edição 89
O centenário: Rui Barbosa para todos os brasileiros 107

Fios, tramas e dramas da edição 115
A Casa de Rui Barbosa: espaço em disputa 115
Edição e sociabilidades intelectuais 129
Mobilizando pessoas, constituindo sociabilidades 135
Os prefaciadores: convocados para a
consagração de Rui 140
As tensões e distensões das sociabilidades intelectuais 152
Mantendo Rui entre os vivos 177

Os prefácios: retórica, política e mediação cultural 181
Prefácios: disciplina e criação do comentarista 181
Estabelecendo os procedimentos de revisão 187
Em busca da obra perdida: percalços e percursos 191
E o morto conversa com os vivos!
Os prefaciadores como mediadores 198

A construção de Rui Barbosa como *pedagogista* brasileiro ..215

Os prefácios sobre as reformas de
ensino e suas repercussões 215

O prefácio de Thiers Martins Moreira para os pareceres
sobre ensino secundário e superior (1940/1942) 217

Lourenço Filho por *dentro* dos pareceres (1943) 225

A intervenção de Francisco Venâncio Filho
na *Cultura Política* (1943) 234

O prefácio de Américo Jacobina Lacombe aos
tomos da reforma do ensino primário (1945/1947) 240

Lourenço Filho e o prefácio do *Lições de coisas*
(1945/1948/1950) 244

Rui Barbosa e a educação nas conferências
do centenário 247

Lourenço Filho e a pedagogia de Rui Barbosa.................... 257

Conclusões 263

Apêndice 275

Prefácio

A história da edição das obras de Rui Barbosa que este livro nos traz é fascinante e conta com aspectos riquíssimos, aos quais não faltam muitos lances de poder, que podem ajudar na melhor compreensão da cultura, da política e da produção memorialística no Brasil.

A trajetória de Rui Barbosa como homem público, recuperada em diferentes variantes, raramente esteve afastada da ênfase no seu trajeto também intelectual e da sua representação como um erudito, um cultor de leituras e livros, à qual não deixou de adicionar sua própria contribuição pessoal. Quando do seu retorno do exílio em 1895, em tempos da presidência de Prudente de Morais, Rui Barbosa recebeu a visita do mais alto representante diplomático da Argentina no Brasil daquele momento, o escritor D. Martín García Mérou, acompanhado do filósofo Tobias Barreto. Ao deixar registrada essa visita no seu livro *El Brasil Intelectual*, de 1900, Mérou – depois de destacar a conversação amistosa entre ambos, a qual teria versado sobre livros, autores, sucessos históricos, questões diplomáticas, entre outros – acrescenta que Rui lhe teria honrado com uma visita à sua admirável biblioteca, da qual disse ser "a coleção particular mais numerosa e completa que creio existe em Sud América". Para além dos títulos dos mais ilustres autores ingleses e americanos que não faltavam nas estantes de Rui Barbosa, o que Mérou mais enfatizou é que os livros teriam sido folheados e lidos, tendo deixado suas marcas na obra do publicista e escritor, que conhecia cada um, falava de qualquer um deles e não se enganava do seu lugar nas estantes, tampouco das páginas e dos parágrafos por ele assinalados. Se essas observações ajudaram a corroborar o mito, não importa. O certo é que o registro de Mérou se constituiu em um reforço a mais ao fato de que a biblioteca de Rui Barbosa foi parte complementar da sua tarefa de escritor, que exerceu a escrita de cartas, opúsculos, discursos, artigos de jornal e livros de forma compulsiva, e que não vacilou em empregar o tinteiro e a pena frente aos desafios do mundo público no Brasil entre a segunda metade do século XIX e a primeira década do século XX.

Não por acaso a decisão de edição de suas obras, que congregou intelectuais, correligionários e também seus familiares, foi precedida da iniciativa, após sua morte em 1923, da transformação da sua casa em museu e depois em museu-biblioteca. Todos esses atos foram políticos, integrantes de um projeto político-cultural com forte carga simbólica, como bem mostra Luciano Mendes neste livro. Com um texto agradável, uma análise cuidadosa, um manuseio teórico rigoroso e criativo aliados a uma pesquisa pioneira, o autor encaminha o livro de forma a mostrar ao leitor como se deu a construção de Rui Barbosa como um "pedagogista brasileiro".

O tema do livro é relevante para a história da educação; para a história do livro, da edição e da leitura; para a história dos intelectuais como grupo e categoria política; para a história intelectual, ou seja, das obras, dos itinerários, dos percursos, das fronteiras disciplinares, bem como dos debates, dos conflitos, de suas mudanças de sentido, como nos lembra Carlos Altamirano. Nessa chave este livro é também relevante para a história política do Brasil.

A opção do autor em trabalhar as articulações dos intelectuais envolvidos com a edição das obras de Rui Barbosa pela via aberta pela história intelectual na linha de François Sirinelli, na França, e Ângela de Castro Gomes, no Brasil, foi bem realizada e convence o leitor do seu acerto. Essa escolha conduziu o olhar escrutinador do autor sobre os movimentos feitos por sujeitos de uma história afeitos ao cultivo de experiências e relações em comum, os quais agiram coletivamente na direção da seleção dos títulos de Rui Barbosa; da organização das obras a serem editadas e das decisões sobre sua cronologia e sequência; da preparação e revisão dos originais, incluindo aí seus vários paratextos, como os prefácios e as notas; dos convites a intelectuais de reputação, para colaborarem nas edições de forma a dar densidade e legitimidade ao trabalho editorial proposto e contribuírem para a consagração e reafirmação da importância de Rui Barbosa e do seu legado, então objeto de culto naqueles anos de 1930-1940. O autor não descuidou do exame e da exploração das iniciativas de mobilização no interior das redes de sociabilidade e de amizade às quais pertenciam os intelectuais e demais homens públicos envolvidos com o projeto político e editorial aqui estudado, tampouco dos modos de pensar a educação e as posições frente à escolarização que esses homens compartilharam, mesmo que divergindo. Também são dignos de nota, entre vários outros exemplos, as subversões e os deslocamentos a que o autor submete os seus marcos temporais ao tratar da história, nem um pouco linear, dessa obra monumental de publicação completa da obra de Rui Barbosa, na qual os sujeitos de sua história delinearam eles mesmos os constructos temporais do seu projeto cultural e político, os quais ilustram tão bem o que já foi chamado de cruzamento da experiência e da espera, que é o que esses homens, assim o parece, se puseram a experimentar.

Ao longo do texto é possível identificar, sim, algumas das dimensões sugeridas por Sirinelli, e outros, aos praticantes da história intelectual, ainda que nem sempre elas venham qualificadas e explicitadas enquanto tais neste livro. Nem por isso elas deixaram de permeá-lo e dar organicidade ao seu conjunto. Eu me refiro, repetindo, sobretudo, esse autor, a uma dimensão mais arqueológica, com a pesquisa das solidariedades e as estratificações geracionais; a uma dimensão mais geográfica, com a reconstrução dos lugares e das redes de produção e sociabilidade intelectual – a esta o autor dedicou mais esforço –; por fim, à dimensão genealógica, que permite colocar em evidência as relações de filiação, nesse caso, aquelas capazes de religar o presente das edições da obra de Rui ao passado que se queria vivo nas lembranças da atuação de Rui como homem público, de seus escritos sobre educação, capazes de animar projetos para aquele presente. Esse é o caso das disputas retóricas e políticas que envolveram pensadores da educação como José Veríssimo, Lourenço Filho, Fernando Azevedo, Afrânio Peixoto. A estratégia de explorar um pouco mais as redes de sociabilidade intelectual e política nas suas várias dimensões e interações poderia ter sido útil para responder a algumas dúvidas. Um exemplo é o da Academia Brasileira de Letras, cuja inserção e cujo engajamento na publicação das Obras Completas de Rui Barbosa através da presença de dois de seus secretários talvez pudessem ter sido mostrados de forma um pouco mais incisiva, indo além da participação, sem dúvida significativa, dessa dupla colaboração. Afinal fica a pergunta: como a passagem de Rui Barbosa pela ABL, e sua marca na história dessa instituição, favoreceu a presença acadêmica nessa rede que o edita via a atuação desses secretários? E qual a atualidade do interesse da ABL na retomada do tema da educação brasileira na obra de Rui Barbosa?

O estudo das sociabilidades intelectuais, e das instituições como seus espaços materiais, realizado pelo autor em torno do eixo do projeto da publicação das Obras Completas, evidencia, por sua vez, muito bem o tripé necessário à análise social e cultural dos intelectuais: as formas do recrutamento dos aliados, as estratégias de reconhecimento e os procedimentos de estratificação os quais não ficaram alheios às configurações da sociedade e da cultura do Brasil à época. É bastante ilustrativa a passagem em que Luciano Mendes mostra os laços que Américo Jacobina Lacombe – então diretor da casa de Rui Barbosa e principal artífice da publicação completa das obras de Rui – buscou estreitar com alguns intelectuais de renome, e ocupantes de posições-chave na República das Letras ou no aparelho de Estado, por meio do envio afeiçoado das publicações parciais da obra de Rui então finalizadas. Essa foi uma prática comum, utilizada pela maioria dos intelectuais à época, caso de Oliveira Vianna, que, embora recluso, fazia o mesmo enviando "presentes de papel", como bem mostra a historiadora Giselle Venâncio ao estudar a biblioteca e as práticas intelectuais desse autor. Também quando explora as contradições de Lacombe na sua relação com um dos seus colaboradores mais dedicados – o revisor das obras de Rui Barbosa, o advogado, José Câmara –, as quais são exemplares de certo padrão de atuação social das nossas elites, marcado pela rigidez e superioridade hierárquica.

Essas contradições se revestem de outras formas e significados quando presentes nas ambivalências das posições de Lacombe frente aos comentadores escolhidos para apresentar as várias obras de Rui Barbosa. E esses não foram poucos e incluem homens do naipe de Pedro Calmon, Lúcia Miguel Pereira, Thiers Martins Moreira, Hélio Viana, San Tiago Dantas, Hermes Lima, Lourenço Filho, Austregésilo de Ataíde e inúmeros outros. Afinal a questão aqui é de disputa de autoridade, ou melhor, em torno da leitura autorizada das obras, dada a presença inevitável do exercício da mediação cultural dos prefaciadores que atualizam e atribuem novos e, por vezes, inesperados sentidos e significações aos textos de Rui, além de tentarem disciplinar as interpretações e a correta apropriação da obra. A análise dos prefácios realizada por Luciano Mendes é um dos pontos altos deste livro, que também tem o mérito de, durante todo o tempo, buscar demonstrar os limites, as tensões, as dissonâncias, os contrastes envolvidos com o imenso e trabalhoso projeto editorial articulado em torno das obras de Rui Barbosa. Um exemplo é quando o autor assinala que a mobilização realizada voltada para atualização de Rui Barbosa não se fazia apenas como política de Estado, a qual envolveu, sobretudo, o Ministério da Educação e da Saúde, mas também contra o Estado. Isso se deu em vários embates protagonizados pelos envolvidos com a coordenação do projeto de publicação em torno dos custos de impressão, do preço e da importação de papel, da disponibilização de pessoal dos ministérios para o trabalho de edição, bem como de pesquisa e localização de textos de Rui em diversas instituições e bibliotecas particulares, das verbas para pagamentos dos prefaciadores, dos contratos com a Imprensa Nacional e também na escolha e no acolhimento no interior do projeto, com forte marca estatal, de prefaciadores de posição ideológica contrária ao poder do Estado, a exemplo de Astrogildo Pereira, e da colaboração indireta de Cecília Meireles, entre outros.

Nessa linha dos desencontros e enfrentamentos forçam presença no livro as dubiedades, seja de Capanema com os intelectuais, seja entre os próprios intelectuais. Os católicos e os escolanovistas aparecem nesse quesito em um retrato de corpo inteiro, o que não pode ser dito, entretanto, no tocante a outros grupos e outras correlações, como o dos modernistas, por exemplo. Sérgio Buarque de Holanda, Carlos Drummond de Andrade e vários outros, embora lembrados e identificados, ficam em uma zona de sombra, sobretudo porque boa parte dos autores, aliás fundamentais, invocados no livro deixam de lado, nas suas análises sociológicas e políticas, uma questão fundamental: a de que o Estado Novo foi também um projeto intelectual gestado na longa duração e que estava na pauta política e intelectual desde os anos de 1910. Vargas o realizou com apoios, é certo, mas não sem desacordos. As idas e vindas e as disputas em torno da concretização do projeto de edição das Obras Completas de Rui Barbosa que este livro nos traz elucidam muito mais os conflitos e menos a propalada homogeneidade dos projetos do governo e dos intelectuais.

É inegável a existência de um ambiente favorável ao projeto de publicação das Obras Completas de Rui Barbosa. Basta que nos lembremos da vitalidade dos editores e do mercado de edição nas décadas de 1930-1940, bem como do lugar das políticas para o livro e a leitura e as experiências com a criação e organização do Instituto Nacional do Livro, o INL, nos anos de 1930, os quais foram fundamentais para demonstrar a existência da crença de setores da intelectualidade brasileira na difusão de um modelo de política editorial como parte de uma pedagogia da nacionalidade. Pedagogia essa baseada na certeza de que as mudanças no mundo sociocultural não podiam dispensar o movimento e as ações oriundas do mundo dos livros, e do papel da leitura. Não por acaso, a edição de livros, revistas e coleções foi considerada um elemento decisivo na política de nacionalização da cultura implantada não somente pelos intelectuais e editores – a exemplo, dentre outros, do escritor Monteiro Lobato, fundador da Companhia Editora Nacional, e de Fernando de Azevedo, que criou e dirigiu a coleção Brasiliana – mas também pelo Estado, que nessas décadas colocou em prática uma potente política cultural. Aliás, uma pergunta se impõe: por que o INL não foi escolhido para editar as Obras Completas e sim a Imprensa Nacional, sobretudo dada a atuação decisiva e efetiva participação nas decisões do ministro Gustavo Capanema no INL, com suas veleidades intelectuais de editor e intelectual?

Neste livro o leitor vê confirmada a tese do seu autor de que o projeto de publicação das Obras Completas de Rui Barbosa estruturado nos anos de 1930 e posto em execução em meio a tantas vicissitudes nos anos de 1940, mesmo inconcluso, teria sido um divisor de águas para a produção do lugar de Rui Barbosa na vida política e intelectual brasileira, bem como sua presença marcante no pensamento educacional brasileiro na segunda metade do século XX. Isso não impede, entretanto, a colocação de algumas indagações para as quais o autor dá pistas importantes que ficam subjacentes no seu texto e as quais sugerem respostas, algumas, e novas perguntas, outras.

Por que a escolha de Rui Barbosa, e não outro personagem também de estatura intelectual e política, como objeto de investimento dos homens do poder e dos intelectuais nos anos de 1930-1940? A sua morte em 1923, seguida respectivamente da iniciativa de uma política memorial voltada para a casa de Rui Barbosa e de monumentalização das suas obras, teria sido elemento suficiente para detonar o que viria ser um uso político do passado centrado na figura do Rui? Sobretudo tendo sido ele uma figura polêmica, antipatizada por muitos, um prato cheio para os caricaturistas da época, e com uma história de insucesso político em acirrada campanha presidencial – malgrado seu apregoado brilho intelectual e suas reais virtudes cívicas e republicanas.

Para além das afinidades e admiração incondicional de Jacobina Lacombe para com Rui Barbosa – este uma espécie de ego ideal daquele –, qual foi o elemento aglutinador de políticos e intelectuais em torno do projeto de edição das Obras Completas de Rui em uma conjuntura marcada pela busca e definição de rumos para a modernização do Estado?

Este livro nos faz pensar que os projetos de intervenção pública nos anos de 1930-1940 que mobilizaram o debate político em torno, entre outros, dos novos projetos para a educação não dispensaram a definição de um estilo de trabalho intelectual, esboçado na relação entre as obras e as questões políticas e culturais da época, os quais portavam a sugestão de que estava em jogo uma certa concepção da noção do público, do espaço público e das formas estratégicas de sua consolidação. Daí a estratégia performativa que tomou Rui Barbosa não só como jurista e político, mas também como jornalista de combate e acima de tudo um intelectual, enfim uma figura "pública" exemplar. Não por acaso, para Austregésilo de Ataíde, nos lembra o autor deste livro, Rui Barbosa era a própria encarnação do jornalismo como "guia de opinião do interesse público". Curiosamente, três anos antes de Zola e seu *J'Acuse*, portanto, em 1895, mesmo ano do seu retorno ao Brasil, do exílio em Londres, Rui Barbosa escreveu o texto "O processo do Capitão Dreyfus em defesa daquele acusado", publicado no Brasil no *Jornal do Comércio*. Justamente o episódio que se tornou célebre também por propiciar a autoconstituição do intelectual como figura pública moderna. Com uma quantidade de escritos incomensuráveis sobre diferentes temas do mundo público, com uma biblioteca metodicamente organizada e com suas marcas de leitura bem preservadas, Rui Barbosa não teria sido arquivista de si próprio, e também construído o seu arquivo, enquanto um intelectual, para o futuro? Ao fazê-lo também ele, a exemplo dos responsáveis pela edição de sua obra completa, como de forma tão feliz demonstrou o autor deste livro, não teria exercido um papel de mediador? Uma mediação, no seu caso entre o tempo de suas ações como sujeito político e o tempo da sua atualização? Entre o presente da produção de sua obra e o futuro da sua apropriação?

    Quase à maneira de um ensaio, o autor deixa aberturas promissoras em seu belo livro e remete o leitor a uma agenda de reflexões sobre um personagem dos mais instigantes da vida política brasileira, e sobre um projeto que acabou por reescrever um novo capítulo da história do homem público Rui Barbosa.

Eliana de Freitas Dutra

Apresentação

Em meados da década passada, no interior de um consolidado programa de pesquisa sobre a história do processo de escolarização no Brasil,[1] desenvolvido há anos com o apoio do CNPq e da Fapemig, resolvemos intensificar nossas interrogações sobre o papel e o lugar dos intelectuais brasileiros na produção das condições para tornar o Brasil uma sociedade escolarizada.

O que nos mobilizava naquele momento era, por um lado, a ausência de conhecimento sobre a educação em obras de importantes intelectuais e políticos brasileiros e, por outro, a busca não da produção de uma história do pensamento educacional ou uma história intelectual da educação, mas de uma história dos intelectuais da maneira como era proposta, na França, por autores como Jean-François Sirinelli[2] e, no Brasil, pela historiadora Ângela de Castro Gomes.[3] Ou seja, interessava-nos entender as condições sociais, políticas e culturais que autorizavam e legitimavam certos modos de pensar a educação e de defender ou combater a escolarização.

No ensejo de realizar esse projeto, ao mesmo tempo que avançávamos na pesquisa empírica, buscávamos auxílio junto aos colegas brasileiros que trabalhavam com o tema e tentávamos refinar nossas ferramentas teóricas de análise. Tivemos, então, a oportunidade de discutir com a professora Ângela de Castro Gomes e com o professor

---

[1] Luciano Mendes de Faria Filho, Scolarisation, cultures et pratiques scolaires au Brésil: éléments théoriques et méthodologiques d'un programme de recherche, *Paedagogica Historica*, v. XXXIX, n. VI, p. 779-800, dez. 2003.

[2] Pascal Ory e Jean-François Sirinelli, *Les intellectuels en France*: de l'affaire Dreyfus à nos jours, Paris, Perrin, 2004; Jean-François Sirinelli, Os intelectuais, em René Remond (org.), *Por uma história política*, Rio de Janeiro, UFRJ/FGV, 1996, p. 231-270.

[3] Ângela Maria de Castro Gomes (org.), *Capanema*: o ministro e seu ministério, Rio de Janeiro, FGV, Bragança Paulista, Edusf, 2000; *Idem, Essa gente do Rio*: modernismo e nacionalismo, Rio de Janeiro, FGV, 1999.

Marco Morel[4] sobre a história dos intelectuais, particularmente, sobre sociabilidades políticas e intelectuais;[5] com Carlos Eduardo Vieira,[6] Marcos Cezar de Freitas[7] e Bruno Bontempi Júnior,[8] sobre a história dos intelectuais e suas diversas tradições.

O contato mais próximo com a produção brasileira sobre o tema mostrava-nos a pertinência de utilizar a noção de sociabilidades para o entendimento dos nossos objetos específicos. Mobilizada por nós, essa noção indicava um engajamento interessado na realização de um determinado projeto político-cultural. Isso, evidentemente, não retirava da noção de sociabilidade o aspecto afetivo, mas fazia com que este adquirisse, ele também, um sentido engajado nas redes de relações em que o sujeito estava envolvido. Tomávamos, pois, de empréstimo as elaborações de Ângela de Castro Gomes, para quem as abordagens das sociabilidades procuram "captar a ambiência sócio-político-cultural da cidade, para então mapear a dinâmica de articulação de seus vários grupos intelectuais reunidos em lugares de sociabilidade por eles legitimados, para o debate e a propagação de ideias, indissociáveis de formas de intervenção na sociedade".[9]

Ainda segundo a autora, o estudioso das sociabilidades "concentra sua atenção na lógica de constituição de seus grupos, postulando interdependência entre formação de redes organizacionais e os tipos de sensibilidades aí desenvolvidos".

Essa abordagem seria segura e profícua para o historiador, por permitir uma aproximação das obras dos intelectuais, por meio

---

[4] Marco Morel, *As transformações dos espaços públicos*: imprensa, atores políticos e sociabilidades na cidade imperial (1820-1840), São Paulo, Hucitec, 2005.

[5] Para maior aprofundamento sobre essa perspectiva de trabalho com as sociabilidades intelectuais e políticas, diferente daquela mobilizada neste livro, conferir, além do trabalho de Marco Morel, acima citado, o seguinte trabalho: François-Xavier Guerra, *Modernidad e independências*: ensaios sobre las revoluciones hispánicas, 3. ed., México, FCE, 2010; Jaime Peire (comp.), *Actores, representaciones e imaginarios*: homenaje a François-Xavier Guerra, Buenos Aires, Universidad Nacional de Tres de Febrero, 2007.

[6] Carlos Eduardo Vieira (org.), *Intelectuais, educação e modernidade no Paraná (1886-1964)*, Curitiba, UFPR, 2007.

[7] Marcos Cezar de Freitas, *Alunos rústicos, arcaicos e primitivos*: o pensamento social no campo da educação, São Paulo, Cortez, 2005.

[8] Bruno Bontempi Júnior, Roldão Lopes de Barros: um intelectual?, em Maria de Araújo Nepomuceno e Elianda Figueiredo Arantes Tiballi (org.), *A educação e seus sujeitos na história*, Belo Horizonte, Argumentum, 2007, p. 81-90.

[9] Gomes, *Essa gente do Rio*: modernismo e nacionalismo, p. 10.

do privilegiamento das condições sociais em que foram produzidas, enquanto constitutivas de certo campo político-cultural. Sendo mais precisa [...] [trata-se] do reconhecimento da existência de um campo intelectual com vinculações amplas, porém com uma autonomia relativa que precisa ser reconhecida e conhecida. Isso poderia ser alcançado com uma investigação que acompanhasse as trajetórias de indivíduos e grupos; que caracterizasse seus esforços de reunião e de demarcação de identidades em determinados momentos; e que associasse tais eventos às características estéticas e políticas de seus projetos.[10]

Do mesmo modo, e por isso mesmo, no programa de pesquisa dessa historiadora, ganha relevo o estudo dos *lugares de sociabilidade*, entendidos estes como periódicos, correspondências, casas editoras, cafés, livrarias e associações culturais, ou seja, a diversidade dos lugares "onde os intelectuais se organizam, mais ou menos formalmente, para construir e divulgar propostas".[11]

Ao mesmo tempo, no âmbito do nosso Centro de Pesquisa em História da Educação (GEPHE/FaE/UFMG), muitas investigações vinham sendo realizadas e orientadas, algumas das quais traziam contribuições importantes para o projeto de pesquisa desenvolvido. A professora Ana Maria de Oliveira Galvão vinha se dedicando ao estudo sistemático das práticas de leitura no Brasil, inspirada nos trabalhos de Roger Chartier e Michel de Certeau, objetos e perspectivas teóricas que faziam interface constante com o que vínhamos trabalhando.[12] A professora Cynthia Greive Veiga vinha dedicando-se ao estudo da história política e, sobretudo, a partir das contribuições de Norbert Elias, aprofundando suas análises sobre a relação entre sociologia e história e, mais especificamente, sobre a importância das categorias de figuração e interdependência para o estudo da história da educação.[13] Por seu turno, a professora Thaís Nívia de Lima e Fonseca aprofundava seus estudos sobre a história da educação colonial e, a partir das contribuições de Serge Gruzinski, demonstrava a pertinência dos estudos sobre os mediadores

---

[10] *Ibidem*, p. 11.

[11] *Ibidem*.

[12] Ana Maria de Oliveira Galvão, *História da cultura escrita*: séculos XIX e XX, Belo Horizonte, Autêntica, 2007.

[13] Cynthia Greive Veiga, Pensando com Elias as relações entre sociologia e história da educação, em Luciano Mendes de Faria Filho (org.), *Pensadores sociais e história da educação*, Belo Horizonte, Autêntica, 2007, p. 139-166.

e a circularidade culturais para o entendimento da educação não escolarizada.[14] Usufruíamos, também, das contribuições trazidas pelas pesquisas realizadas por Bernardo Jefferson de Oliveira, que, dedicando-se ao estudo da história das ciências, enfatizava a relação entre os processos de escolarização, a divulgação científica e o debate público sobre o conhecimento científico.[15] Igualmente a professora Maria Cristina Soares de Gouvêa, trabalhando na interface entre os discursos científicos e as práticas pedagógicas, enfatizava a questão da circularidade dos saberes e a importância destes na configuração de novas representações sobre a escola e os alunos, aspectos fundamentais nas discussões dos intelectuais mineiros que estudávamos.[16]

Desse projeto resultaram várias dissertações,[17] teses[18] e publicações de diversas naturezas.[19] Dele resultou, também, a organização de um

---

[14] Thaís Nívia de Lima e Fonseca, Mestiçagem e mediadores culturais e história da educação: contribuições da obra de Serge Gruzinski, em Eliane Marta Teixeira Lopes e Luciano Mendes de Faria Filho (org.), *Pensadores sociais e história da educação*, Belo Horizonte, Autêntica, 2012, v. 2.

[15] Bernardo Jefferson de Oliveira, Imaginário científico e história da educação, em Cynthia Greive Veiga e Thaís Nivia de Lima e Fonseca (org.), *História e historiografia da educação no Brasil*, Belo Horizonte, 2003, p. 101-128.

[16] Maria Cristina Soares de Gouvêa, A escolarização da meninice nas Minas oitocentistas: a individualização do aluno, em Cynthia Greive Veiga e Thaís Nívia de Lima e Fonseca (org.), *História e historiografia da educação no Brasil*, p. 189-226. A respeito de alguns desses projetos e abordagens, cf. também: Ana Maria de Oliveira Galvão e Eliane Marta Teixeira Lopes (org.), *Boletim Vida Escolar*: uma fonte e múltiplas leituras sobre a educação no início do século XX, Belo Horizonte, Autêntica, 2011.

[17] Carolina Mostaro Neves da Silva, *Republicanismos e educação em Minas Gerais (1889-1910)*, dissertação (mestrado em Educação), Faculdade de Educação, Universidade Federal de Minas Gerais, Belo Horizonte, 2010; Nelma Marçal Lacerda Fonseca, *Alda Lodi*: entre Belo Horizonte e Nova Iorque, dissertação (mestrado em Educação), Faculdade de Educação, Universidade Federal de Minas Gerais, Belo Horizonte, 2010; Matheus da Cruz e Zica, *Educação e masculinidade na produção jornalística e literária de Bernardo Guimarães (1852-1883)*, dissertação (mestrado em Educação), Faculdade de Educação, Universidade Federal de Minas Gerais, Belo Horizonte, 2008.

[18] Matheus da Cruz e Zica, *Diversificação dos modos de ser masculino e estatização da violência masculina na escrita literária e jornalística de Bernardo Guimarães (1869-1872)*, tese (doutorado em Educação), Faculdade de Educação, Universidade Federal de Minas Gerais, Belo Horizonte, 2011; Marcilaine Soares Inácio, *As sociedades político-literárias e o processo de escolarização em Minas Gerais (1825-1842)*, tese (doutorado em Educação), Faculdade de Educacão, Universidade Federal de Minas Gerais, Belo Horizonte, 2010; Juliana Cesário Hamdam, *Do método intuitivo à escola ativa*: o pensamento educacional de Firmino Costa (1907-1937), tese (doutorado em Educação), Faculdade de Educação, Universidade Federal de Minas Gerais, Belo Horizonte, 2007; Meily Asbu Linhales, *Escolarizar o esporte e esportivizar a escola*: projetos culturais postos em circulação nas décadas de 1930 e 1940 no Brasil, tese (doutorado em Educação), Faculdade de Educação, Universidade Federal de Minas Gerais, Belo Horizonte, 2006; Carla Simone Chamon, *Maria G. Loureiro de Andrade*: a trajetória profissional de uma educadora (1869-1913), tese (doutorado em Educação), Faculdade de Educação, Universidade Federal de Minas Gerais, Belo Horizonte, 2005.

[19] Luciano Mendes de Faria Filho, Cecília Vieira do Nascimento e Marileide Lopes dos Santos (org.), *Reformas educacionais no Brasil*: democratização e qualidade da escola pública, Belo Horizonte, Mazza

projeto de ensino, pesquisa e extensão denominado *Pensar a educação, pensar o Brasil (1822-2022)*, no qual alunos e professores de várias instituições de ensino e pesquisa de Minas Gerais buscam colocar a educação no centro do debate público.[20]

Animados pelos resultados dos projetos em desenvolvimento e, sobretudo, mobilizados pelas novas interrogações que foram produzidas no interior deles, elaboramos um segundo programa de pesquisa ora em desenvolvimento com o apoio do CNPq e da Fapemig, que tem por título *Moderno, modernidade, modernização: a educação nos projetos de Brasil (1820-1970)*. Esse projeto reúne mais de duas dezenas de pesquisadores em diversos níveis de formação – graduação, mestrado, doutorado, pós-doutorado –, os quais buscam compreender os modos como a educação aparece nos projetos de Brasil propostos e debatidos pela intelectualidade brasileira nos dois últimos séculos. Articulando todos os subprojetos que compõem o programa de pesquisa estão, também, a busca de constituição de um *corpus* documental e a elaboração teórico-metodológica que nos permita compreender, no interior dos debates políticos e intelectuais, os vários sentidos de "moderno", de "modernidade" e de "modernização" e as diferentes formas como essas noções foram mobilizadas ao longo do período enfocado.[21]

É no interior desse projeto que as indagações que resultaram na realização desta pesquisa e na elaboração deste livro tiveram lugar. Pretendia-se, inicialmente, analisar a forma como os intelectuais brasileiros que escreveram sobre educação se apropriaram da obra de Rui

---

Edições, 2010, v. 1; Celina Midori Murasse Mizzuta, Marcília Rosa Perioto e Luciano Mendes de Faria Filho (org.), *Império em debate*: imprensa e educação no Brasil oitocentista, Maringá, Eduem, 2010, v. 1; Luciano Mendes de Faria Filho e Marcilaine Soares Inácio (org.), *Políticos, literatos, professoras, intelectuais*: o debate público sobre educação em Minas Gerais, Belo Horizonte, Mazza Edições, 2009, v. 1.

[20] Trata-se de um amplo projeto que mantém várias atividades de pesquisa, ensino e extensão: um programa semanal de rádio, ao vivo, na Rádio UFMG Educativa, sempre às segundas-feiras, à noite; uma coleção de livros, composta de cinco séries, em parceria com a Editora Mazza, de Belo Horizonte; um seminário anual, com oito conferências mensais; uma disciplina na pós-graduação, aberta à participação da população em geral; uma página na internet. O projeto é financiado pela UFMG, Fapemig e CNPq, e conta com a participação de alunos e professores da UFMG, da Pontifícia Universidade Católica de Minas Gerais (PUC Minas), do Centro Universitário UNI-BH, da Universidade Federal Fluminense (UFF), da Universidade Federal de Ouro Preto (UFOP) e de uma profissional do Museu Inhotim.

[21] Marcus Vinicius Corrêa Carvalho, Moderno, modernidade e modernização: polissemias e pregnâncias, em VI Congresso Brasileiro de História da Educação: Invenção, Tradição e Escritas da História da Educação no Brasil, 2011, Vitória, *Anais*, Sociedade Brasileira de História da Educação, 2011, p. 1-14.

Barbosa, retratando-a como documento-monumento que demonstra, ao mesmo tempo, a genialidade do autor e seu protagonismo na introdução da pedagogia moderna no Brasil.

Perguntávamos, pois, se os textos de Rui Barbosa teriam se constituído numa espécie de *repertório cultural*[22] de uma época, entendido este como um conjunto de recursos intelectuais, ideias e práticas, disponíveis numa dada sociedade e em certo período de tempo, e que são, segundo Charles Tilly, "aprendidos, compartilhados e colocados em prática por meio de um processo de escolha relativamente deliberado".[23]

Os repertórios culturais não se prendem exclusivamente a uma filosofia específica, tampouco ganham forma como resultado de propaganda política. Eles emergem em processos históricos específicos e estão imbricados ao campo cultural de uma época. Para Ann Swindler, eles funcionam como "caixa de ferramentas", às quais recorrem os agentes sociais, selecionando recursos conforme suas necessidades de compreender certas situações e definir linhas de ação. Trata-se, portanto, de um complexo de hábitos, habilidades e estilos, de visões de mundo, formas de pensar e formas de agir empregados pelas pessoas em diferentes configurações para definir e construir linhas de ação.[24]

Partindo das formulações de Charles Tilly e Ann Swindler, Ângela Alonso adverte que os repertórios são compostos por padrões analíticos, noções, argumentos, conceitos, teorias, esquemas explicativos, formas estilísticas, figuras de linguagem e metáforas, não importando a consistência teórica entre seus elementos. "Seu arranjo é histórico e prático."[25]

O que nos interessava, por um lado, era perguntar se a obra de Rui Barbosa teria funcionado como um *repertório* que traduziria a moderna pedagogia e, ademais, a forma como tal repertório teria sido mobilizado pelos sujeitos nas disputas pelo poder de atribuir e

---

[22] As discussões sobre a noção de repertório postas a seguir são devedoras do trabalho conjunto de elaboração do projeto de pesquisa intitulado "Moderno, modernidade e modernização: polissemias e pregnâncias", indicado anteriormente.

[23] Charles Tilly, Contentious Repertoires in Great Britain (1758-1834), *Social Science History*, v. 17, n. 2, p. 264, 1993.

[24] Ann Swindler, Culture in Action: Symbols and Strategies, *American Sociological Review*, n. 51, p. 273, 1989.

[25] Ângela Alonso, *Ideias em movimento*: a geração de 1870 na crise do Brasil Império, São Paulo, Paz e Terra, 2002, p. 39.

estabilizar sentidos para a "moderna pedagogia" no Brasil. Por outro, interessava-nos indagar até que ponto foram esses sujeitos, suas disputas e deslocamentos — tanto em termos espaciais quanto teóricos e políticos — que contribuíram para construir os textos de Rui Barbosa dedicados à educação como documento-monumento da história e da memória da educação brasileira e, desse modo, entronizar o seu autor como um grande "pedagogista" brasileiro.

A revisão da bibliografia mostrava-nos que a produção de Rui Barbosa continuava mobilizando um grupo significativo de profissionais e de pesquisadores de várias áreas. Levantamentos realizados pelas pesquisadoras Rejane Magalhães e Laura do Carmo, da Fundação Casa de Rui Barbosa, traziam uma grande relação de títulos sobre Rui Barbosa publicados nos mais diversos veículos e nas mais diversas áreas, demonstrando a atualidade do interesse pelo patrono da instituição.[26] Ao lado disso, a própria Fundação continuava publicando vários trabalhos sobre Rui Barbosa, muitos deles trazendo as controvérsias antigas ou atuais na interpretação de seu pensamento e de seu lugar na tradição política e intelectual brasileira.[27]

No levantamento bibliográfico realizado por Rejane Magalhães e Laura do Carmo, é curioso notar que, no que se refere aos estudos acadêmicos, a área de educação é a responsável por quase a metade da produção localizada. Apesar de as autoras avisarem que não se trata de um levantamento exaustivo, esse dado é revelador da importância adquirida pelo legado do jurista baiano no campo da educação.[28]

---

[26] Rejane Magalhães e Laura do Carmo, *Bibliografia sobre Rui Barbosa*, Rio de Janeiro, Casa de Rui Barbosa, 2007, 92 p.

[27] Bolívar Lamounier, *Rui Barbosa*, Rio de Janeiro, FCRB, Nova Fronteira, 1999; Isabel Lustosa *et al.*, *Estudos históricos sobre Rui Barbosa*, Rio de Janeiro, FCRB, 2000; Margarida Maria Lacombe Camargo (org.), *A atualidade de Rui Barbosa*, Rio de Janeiro, *FCRB*, 2001, 188 p.

[28] Entre os trabalhos publicados, na área de educação, sobre o pensamento de Rui Barbosa, na última década, eu gostaria de ressaltar dois, tanto pela profundidade de suas análises quanto pela circulação de ambos entre os pesquisadores: Vera Teresa Valdemarin, *O liberalismo demiurgo*, São Paulo, Cultura Acadêmica/GEICD, 2000, 158 p.; Maria Cristina Gomes Machado, *Rui Barbosa*: pensamento e ação, Campinas, Rio de Janeiro, Autores Associados/Fundação Casa de Rui Barbosa, 2002, v. 1, 185 p. Em seu livro, de modo especial, Maria Cristina Machado faz uma criteriosa revisão das representações sobre o jurista baiano construídas no campo da educação, desde os estudos mais clássicos até aqueles mais contemporâneos. Esse trabalho ganhou o Concurso Nacional de Ensaios: Rui Barbosa e Joaquim Nabuco (realização: Ministério da Cultura/Fundação Nestlé de Cultura/Fundação Casa de Rui Barbosa), em 1990.

Baseados nessas leituras e acreditando na grande presença das produções de Rui Barbosa no pensamento educacional brasileiro da primeira metade do século XX, a proposta inicial da nossa pesquisa era analisar a presença desse autor em pelo menos uma obra dos principais intelectuais da educação brasileira publicada entre 1906 – ano da 2ª edição do livro *A educação brasileira*, de José Veríssimo – e 1954, ano da publicação da 1ª edição do livro *A pedagogia de Rui Barbosa*, de Lourenço Filho. Para isso, realizamos uma pesquisa inicial para entender a forma como três grandes "pensadores da educação" – José Veríssimo, Lourenço Filho e Fernando de Azevedo – mobilizaram os textos de Rui Barbosa em suas produções sobre educação brasileira ao longo da primeira metade do século XX. Posteriormente, ampliamos as leituras para mais de uma dezena de autores de livros sobre educação no período estudado.

Surpreendeu-nos o fato de que as apropriações de Rui Barbosa nas obras escritas até início dos anos de 1940 eram feitas de uma forma rápida e aligeirada, não figurando o autor como uma referência importante para se pensar, sistematicamente, a educação no Brasil. Seja de forma elogiosa, seja de forma negativa, via de regra, havia, quando muito, uma breve referência aos pareceres sobre as reformas da instrução pública apresentados por Rui Barbosa à Câmara dos Deputados, em 1882, como relator da Comissão de Instrução.

Isso, evidentemente, levou-nos a indagar sobre o momento em que teria havido essa mudança da posição ocupada por aquele jurista e político no pensamento educacional brasileiro. Ou seja, interessava-nos saber a partir de que momento Rui Barbosa passara a se constituir em objeto de reflexão sistemática de vários intelectuais brasileiros da educação e de pesquisas no campo da educação as quais, de forma reiterada, davam como certa a existência de um pensamento de Rui Barbosa sobre a educação e, desse modo, buscavam compreendê-lo.

Tínhamos a hipótese de que o livro de Lourenço Filho, *A pedagogia de Rui Barbosa*, havia cumprido um importante papel nessa reconfiguração da presença de Rui Barbosa na história da educação brasileira e, por isso, começamos a indagar sobre as condições de produção dos textos que, reunidos no livro, tiveram (como ainda têm) uma longa e exitosa trajetória editorial no Brasil.

Sabíamos que o livro veio a lume em 1954, pelas Edições Melhoramentos, e que reunia textos produzidos entre 1942 e 1952 sobre a temática pedagógica no conjunto da obra do famoso jurista brasileiro. Em sua primeira edição, ele era composto por cinco capítulos. O primeiro, "A pedagogia de Rui", foi pronunciado como conferência, em 1949, na sede do Instituto Histórico e Geográfico Brasileiro (IHGB), em um curso de extensão universitária sobre a vida e obra de Rui Barbosa. O segundo, "À margem dos 'pareceres' sobre o ensino", também foi escrito para uma conferência, agora pronunciada na Casa de Rui Barbosa, a convite da Sociedade Brasileira de Educação como parte das comemorações pelo lançamento do primeiro volume das Obras Completas de Rui Barbosa. O terceiro, "Rui e as 'Lições de coisas'", foi texto escrito como prefácio para a reedição das *Lições de coisas*, volume XIII, tomo I das Obras Completas, em 1945. Os dois últimos capítulos – "Roteiro para estudo da obra pedagógica de Rui" e "Ementário pedagógico de Rui" – parecem ter sido escritos especialmente para o livro.[29]

A análise mais detida das condições de produção dos textos do livro de Lourenço Filho nos lançou no coração de um dos mais importantes projetos político-editoriais elaborados e empreendidos no Brasil na década de 1940 sob os auspícios do Ministério da Educação e Saúde (MES) do Estado Novo. Trata-se do projeto de publicação das Obras Completas de Rui Barbosa, desenvolvido pela Casa de Rui Barbosa sob a direção de Américo Jacobina Lacombe.

No aprofundamento da pesquisa, sobretudo nos Arquivos da Fundação Casa de Rui Barbosa, na Biblioteca Nacional e na rede mundial de computadores, constatamos que o diagnóstico que indica o esquecimento de Rui Barbosa entre a intelectualidade ou, mesmo, entre os estudantes brasileiros era compartilhado por várias pessoas que se dedicavam ao estudo de seu pensamento. Assim, já nos anos de 1930 havia uma reclamação contínua ora de que Rui Barbosa fora esquecido, ora de que era um desconhecido[30] e ora, mais grave ainda, de que era

---

[29] Para mais informações sobre os diversos capítulos que compuseram o livro em suas várias edições, consultar as informações contidas na "Cronologia da produção e da publicação dos ensaios desta obra", escrita por Ruy Lourenço Filho para a 4ª edição, revista e ampliada, de *A pedagogia de Rui Barbosa*, de Lourenço Filho (Brasília, MEC/INEP, 2001).

[30] Em 1942, Candido Motta Filho publicou um livro intitulado *Rui Barbosa, esse desconhecido...* (São Paulo, Editora Revista dos Tribunais), em que reclamava: "É nova geração que o desconhece. Mas pela sensibilidade própria de uma época tempestuosa irá forçosamente compreendê-lo. Rui

combatido e detratado pelos opositores a suas ideias.[31] Foi, pois, contra o esquecimento e o desconhecimento e, sobretudo, a favor da constituição do legado ruiano como um *monumento* da cultura brasileira que se empreendeu todo um esforço, a partir do final daquela década, para a estruturação da Casa e a publicação das Obras Completas de Rui Barbosa.

Os agenciamentos que tornaram possível colocar de pé o empreendimento de publicação das Obras Completas de Rui Barbosa reforçaram e/ou deram ensejo a um verdadeiro *revival* de Rui Barbosa e a uma série de lutas em torno das maneiras autorizadas e legítimas de interpretar o seu pensamento nos diversos campos em que atuava. Tal revigoramento[32] da presença de Rui Barbosa na cena

---

Barbosa é um desconhecido, figura que não ficou até agora bem localizada: às vezes relembrado por algum náufrago perdido do velho regime, às vezes citado pelos cautelosos e intransigentes defensores da linguagem gramatical." (p. 14)

[31] Um exemplo de uma apreciação muito negativa que circulava, já nos anos de 1930, sobre o legado de Rui Barbosa para o Brasil é o livro *Brasil errado*, de Martins de Almeida, publicado em 1932. O primeiro capítulo do livro, "Rui Barbosa e seu papel social e político", começava com as seguintes palavras: "Rui Barbosa se incorporou no número dos grandes erros brasileiros. Se isolássemos a sua individualidade da significação social e política que teve, encontraríamos a figura do homem que falava bonito, que falava mais bonito entre nós." E, no parágrafo seguinte completava: "Entretanto o nosso maior orador transbordou do seu quadro individual, não se contendo dentro de si mesmo. Despejou-se para fora pela força centrífuga de sua individualidade, que se pôs em conexão com o eixo da vida nacional. E encheu de palavras todo um capítulo da nossa história." (p. 9) Ao longo de todo o capítulo o autor busca fundamentar sua tese de que Rui seria um dos grandes erros de nossa história, seja evocando o verbalismo do jurista baiano, seja defendendo a irrealidade de suas proposições, seja por sua inadequação ao próprio Brasil. Ainda a respeito dos críticos de Rui Barbosa, seria interessante ver o que a respeito dele escreve, no início da década de 1940, o já consagrado Gilberto Freyre no não menos prestigioso *Anuário Brasileiro de Literatura*. Em texto alusivo aos 25 anos de lançamento do livro *Urupês*, de Monteiro Lobato, escreve o sociólogo pernambucano: "Ter feito Rui Barbosa, já velho, voltar-se do altar do seu gabinete, com olhos espantados e quase menino (menino doente, criado o tempo todo dentro de casa) para aquele Brasil áspero que os brasileiros hoje estudam com amor que os seus avós bacharéis e doutores quase desconheceram, me parece um dos milagres realizados pelo escritor Monteiro Lobato. Foi por obra e graça do *Urupês* que o maior campeão sul-americano da inocência de Dreyfus verdadeiramente descobriu que a poucas léguas da rua São Clemente havia quem sofresse mais do que o remoto mártir do antissemitismo europeu; sofresse de dores que o 'habeas corpus' não cura; não alivia sequer. Nem 'habeas corpus', nem a anistia; nem o 'sursis'. Nenhuma solução simplesmente jurídica." A crítica ácida a Rui Barbosa vai encontrar, depois dos anos de 1950, abrigo nas páginas do livro *Rui: o homem e o mito*, de Raimundo Magalhães Júnior (Rio de Janeiro, Civilização Brasileira, 1964; 2. ed., 1965). O livro teve enorme repercussão à época. Em 1973, com prefácio de Antônio Gontijo de Carvalho, é publicado o livro *Um piolho na asa da águia: em defesa de Rui Barbosa, resposta a R. Magalhães Júnior*, de Salomão Jorge (Rio de Janeiro, Edições MM, 1973).

[32] Wilson Martins, no volume VII de sua *História da inteligência brasileira*, chamará esse fenômeno de "a vingança de Rui Barbosa", dizendo: "Assim, execrado, ridicularizado, vilipendiado e proscrito durante o período modernista que acabava de findar, seja como figura paradigmática do liberalismo

política, cultural, intelectual e editorial brasileira, seja pela transformação da casa onde morara a família Barbosa num monumento cultural brasileiro, seja pela publicação de um número significativo de biografias, seja, ainda, pela realização de palestras, conferências e da publicação de suas obras, se dava, também, no interior da política cultural do Estado Novo. Esse projeto foi encabeçado, sobretudo, pelo ministro da Educação e Saúde Pública, Gustavo Capanema, e levado a cabo por um grupo de importantes intelectuais por ele mobilizado.[33]

Como que espelhando o que ocorria no âmbito mais geral do ministério (MES) e nas ações de seu superior imediato, Gustavo Capanema, o diretor da Casa de Rui Barbosa[34] vai, também, mobilizar um expressivo grupo de intelectuais e políticos para executar o projeto político-editorial de publicação das Obras Completas. Tais intelectuais e políticos, recrutados a partir de tendências teóricas e políticas diferentes e participando de redes de sociabilidades política, afetiva e intelectual as mais diversas, atuaram conjuntamente na produção e divulgação do legado ruiano como um monumento cultural brasileiro.

Esse grupo, obedecendo a dispositivos regulados pelo ministro da Educação e por uma comissão responsável pela organização da publicação das Obras Completas de Rui Barbosa por ele nomeada e coordenada pelo diretor da Casa, Américo Lacombe, foi convidado a atuar na produção de prefácios e na realização da revisão dos tomos das Obras Completas incluindo, quando necessário, a interposição de notas imprescindíveis ao entendimento do texto pelo leitor.

Para que o empreendimento de publicação das Obras Completas fosse possível, foi preciso, em primeiro lugar, transformar a própria

---

político, seja como grão-sacerdote do purismo gramatical, Rui Barbosa reemergia em nossa vida política e intelectual mais vitorioso do que nunca." (p. 235)

[33] Obviamente, como veremos ao longo deste livro, a mobilização e atualização de Rui Barbosa não se fazia apenas e tão somente como política de Estado, mas também, de política *contra o Estado Novo*. Veja-se, por exemplo, o texto de abertura do livro publicado por Francisco Mendes Pimentel Filho, *Vultos e assuntos de destaque*. Trata-se do texto "Rui Barbosa", proferido na Solenidade Judiciária do Fórum de Campanha, em 31 de março de 1940. Dizia o autor que: "No instante em que o Jurismo é atingido por golpes, arriscado a mergulhar no mais sombrio crepúsculo, o vulto de RUY BARBOSA destaca-se como um farol na mais densa bruma. Iludem-se os que creem haver desaparecido o Direito. As mais brilhantes auroras surgem depois dos ocasos mais inexpressivos. As maiores conquistas do Direito nascem após as violências mais aterradoras." (p. 27)

[34] De agora em diante, e ao longo de todo o livro, sempre que aparecer Casa estamos nos referindo à instituição Casa de Rui Barbosa.

casa onde morou o senador Rui Barbosa – comprada à família pelo governo da República um ano após a sua morte, ou seja, em 1924 – em um lugar de memória e de sociabilidade e, ao mesmo tempo, em uma verdadeira casa editora. Tal processo é estudado detalhadamente no Capítulo 1 deste livro. Nele, além de acompanharmos o processo de institucionalização da própria Casa e as atividades nela desenvolvidas, trazemos um levantamento dos tomos das Obras Completas preparados e publicados até 1949, ano de comemoração do centenário de nascimento de Rui Barbosa e final do período de interesse direto de nossa investigação.

O segundo movimento de nossa pesquisa foi o de identificar e analisar a atuação dos diversos colaboradores mobilizados pelo ministro da Educação e Saúde e pela direção da Casa de Rui Barbosa. Os resultados de nossa investigação nessa direção estão consubstanciados no texto que compõe o Capítulo 2 deste livro. Nele, buscamos analisar a atuação dos prefaciadores e revisores como mediadores culturais e as diversas redes de sociabilidades construídas e/ou mobilizadas para realizar o projeto político-cultural de preparação e editoração das Obras Completas. Nesse capítulo trazemos, ainda, uma análise das dificuldades interpostas ao projeto, seja pela profusão e dispersão da produção ruiana, seja, ainda, pelo engajamento diferenciado dos colaboradores no projeto.

No projeto político-editorial desenhado por Capanema e posto em execução por Lacombe na direção da Casa, os prefácios elaborados pelos diversos especialistas cumpriam um papel fundamental. Seria o prefaciador o responsável pela mediação entre o texto ruiano e o leitor, oferecendo a este chaves de leitura para uma boa interpretação da obra publicada. Seria o prefaciador, também, que zelaria pela adequação do texto publicado aos originais de autoria de Rui Barbosa. Assim, no Capítulo 3, analisamos alguns dos prefácios de modo a demonstrar as funções assumidas por eles no corpo dos textos publicados como *obras completas*, bem como os movimentos retóricos dos prefácios para estabelecer as chaves de leitura dos textos ruianos, para interpretar o momento histórico em que tais textos foram produzidos e, em muitos casos, para mobilizar a produção de Rui Barbosa para atuar nas disputas político-culturais em que os próprios prefaciadores estavam envolvidos.

Na impossibilidade de analisar detidamente o conjunto dos prefácios, seja pela premência do tempo, seja porque tal empreendimento exigiria um conhecimento aprofundado da história das várias áreas do conhecimento e da atuação profissional abarcadas pela produção de Rui Barbosa, no Capítulo 4 tomamos como objeto de análise os prefácios relativos à temática da educação. Num movimento que pretende ser um exercício daquilo que poderia ser realizado nas diversas áreas aludidas, buscamos analisar detidamente cada prefácio e, ao mesmo tempo, mostrar sua repercussão nas discussões da área, investigando em revistas e jornais a intervenção de outros intelectuais sobre o mesmo tema. Nesse capítulo, de forma especial, pensamos ter demonstrado a importância da publicação das Obras Completas não apenas para a divulgação dos escritos de Rui Barbosa sobre educação, mas também, e principalmente, para a promoção do próprio autor como um importante e sistemático pensador da educação no Brasil.

No conjunto dos capítulos buscamos defender a tese de que o projeto político-editorial de publicação das Obras Completas de Rui Barbosa estruturado nos anos de 1930 e posto em execução na década seguinte foi um divisor de águas para a produção do lugar de Rui Barbosa na vida política e intelectual brasileira, bem como para a sua marcante presença no pensamento educacional do país na segunda metade do século XX. Tais posições teriam resultado, sobretudo, do investimento na produção das Obras Completas e da Casa de Rui Barbosa em monumentos erigidos não apenas ao autor e patrono da instituição, mas à própria memória/história da nação brasileira.

O período analisado é aquele que vai de 1930 a 1949. No início dos anos de 1930 observamos o adensamento das discussões sobre a publicação das obras de Rui Barbosa – a qual deixa, definitivamente, de figurar apenas como determinação legal para ser posta em movimento pelos dirigentes da Casa. Já a segunda data lembra o momento de intervenção dos dirigentes e colaboradores da Casa nas atividades de comemoração do centenário de nascimento de seu patrono. Esses marcos temporais, no entanto, são continuamente subvertidos sempre que necessário à produção de uma melhor inteligibilidade do objeto que se analisa.

As fontes que possibilitaram a escrita deste livro foram buscadas, fundamentalmente, no Arquivo Institucional da Fundação Casa de Rui Barbosa e nos Arquivos Pessoais que estão sob a guarda da mesma instituição. O acesso aos documentos do primeiro arquivo foi franqueado à pesquisa sem qualquer tipo de objeção ou restrição: todos os documentos solicitados e que se encontram organizados e em condições de manuseio foram consultados. Já no que se refere aos Arquivos Pessoais, notadamente o Arquivo Pessoal de Américo Jacobina Lacombe, houve restrição ao acesso a alguns documentos, interdição esta imposta pela família do ex-diretor da Casa no momento de doação do acervo. Essa restrição, no entanto, não prejudicou a pesquisa nem a elaboração do livro, mas certamente interpôs alguns limites ao aprofundamento, sobretudo do Capítulo 2, que trata das sociabilidades intelectuais criadas pelo trabalho de edição e/ou que deram suporte a ele. Ainda na Fundação, tivemos acesso a publicações sobre Rui Barbosa, algumas das quais se encontram na Biblioteca São Clemente e outras sob a guarda do Setor de Pesquisa Ruiana da instituição. Do mesmo modo, tivemos acesso à íntegra dos tomos das Obras Completas já publicados, os quais estão disponíveis para a consulta pública e para cópia, via rede mundial de computadores, na página da instituição.

Na Biblioteca Nacional, realizamos uma pesquisa no *Jornal do Comércio* da década de 1940 em busca de notícias sobre o lançamento dos livros e sobre a realização de conferências sobre Rui Barbosa. Buscamos, também, no *Diário da Noite* uma entrevista de José Gomes Bezerra Câmara, um dos principais prefaciadores das Obras Completas de Rui Barbosa, sobre a qual encontramos referência entre os papéis guardados por sua família.

Já a pesquisa que possibilitou a construção de perfis biográficos de praticamente todos os sujeitos envolvidos na publicação das Obras Completas foi, praticamente toda ela, realizada por meio da rede mundial de computadores. Para essa parte da pesquisa, foi de valor inestimável o *Dicionário histórico-biográfico brasileiro* produzido e mantido *online* pelo Centro de Pesquisa e Documentação de História Contemporânea do Brasil (CPDOC) da Fundação Getúlio Vargas (Rio de Janeiro/ Brasil), com acesso gratuito pela rede mundial de computadores. Ainda na Fundação Getúlio Vargas, apesar da interdição à pesquisa presencial devido à construção de um prédio ao lado do CPDOC, tivemos acesso, virtual, a alguns documentos de interesse da pesquisa que se encontram digitalizados. Do mesmo modo, foi por meio de consulta ao sítio da JusBrasil que foi possível localizar praticamente todos os atos legais publicados nos diários oficiais do país. Foi também pela rede mundial de computadores que pudemos, ao longo da pesquisa, adquirir praticamente todas as publicações da Casa de Rui Barbosa relativas ao período estudado e algumas outras edições consideradas esgotadas, mas de grande importância para a pesquisa.

Durante a investigação, mantivemos contato com familiares de um dos prefaciadores mais assíduos das Obras Completas, o advogado, juiz e desembargador José Gomes Bezerra Câmara. Eles nos forneceram documentos para cópia e importantes informações, as quais tornaram possível a localização de entrevistas e textos publicados em jornais.

Cabe frisar, ainda, que ao longo da pesquisa conseguimos reunir a totalidade dos textos publicados pela Casa de Rui Barbosa no período de interesse, bem como informações biográficas de um contingente expressivo de intelectuais e políticos que proferiram conferências ou tiveram seus textos publicados na instituição. A elas se somam, ainda, as informações biográficas dos intelectuais que, convidados a prefaciar algum tomo das Obras Completas, por algum motivo não puderam aceitar o encargo. Esse material pouco aparece neste livro e será, nos próximos anos, analisado no sentido de melhor entender a presença da Casa de Rui Barbosa como espaço de sociabilidade política e intelectual no Rio de Janeiro na década de 1940.

De casa museu a casa editora

As metamorfoses de uma casa

Há uma dívida de nossa pátria para com Rui Barbosa: publicar-lhe as Obras Completas. Somente elas poderão dar a medida da extraordinária figura humana que Rui Barbosa foi, da sua exemplar dedicação às causas humanas e nacionais, do seu vigor intelectual e da sua têmpera moral, do grande realismo do seu espírito, da sua fidelidade inalterável aos princípios da ordem, da liberdade e da justiça, da sua coragem cívica, e enfim dos atributos que dele fizeram um grande homem do seu tempo e de sua vida um grande exemplo humano.[1]

A história das edições das Obras Completas de Rui Barbosa e a sua transformação num lugar de memória,[2] num monumento,[3] confunde-se com o próprio processo de transformação da residência onde morava o então senador Rui Barbosa em uma repartição pública responsável pela guarda, organização, conservação, pesquisa, exposição e publicação de seu acervo e, sobretudo, pelo culto à imagem de seu

---

[1] Exposição de motivos apresentada por Gustavo Capanema para o decreto que instituiu o plano de publicação das Obras Completas de Rui Barbosa, em setembro de 1941. O texto foi publicado no *Diário Oficial da União*, em 4 de outubro de 1941.

[2] Pierre Nora, Entre memória e história: a problemática dos lugares, *Projeto História*, São Paulo, v. 10, p. 7-28, dez. 1993.

[3] Jacques Le Goff, Documento/Monumento, em *Enciclopédia*, História-Memória, Lisboa, Imprensa Nacional/Casa da Moeda, 1997, p. 95-106.

patrono. Todo esse processo vai demorar quase duas décadas para ter seu sentido estabilizado dentro da instituição.[4]

O Decreto n.º 4.789, de 2 de janeiro de 1924, que autorizava "o Poder Executivo a adquirir a casa em que residiu o senador Rui Barbosa, com mobiliário, biblioteca, arquivo etc."[5] determinava, em seu art. 2º, que seria nomeada uma comissão de três notáveis "homens de ciências jurídicas e literárias, para examinar, catalogar e classificar as obras existentes na referida casa".[6] Já seu art. 3º estabelecia que "as obras de Rui Barbosa, depois de classificadas pela referida comissão, serão mandadas publicar pelo governo, pertencendo ao Estado os respectivos direitos autorais, publicando-se também os manuscritos, cuja divulgação, dada a importância dos mesmos, for considerada útil".[7]

Quando da transformação da casa em museu, em 1927, e, logo em seguida, em 1928, em museu-biblioteca, a ideia continua presente. O art. 3º do Decreto n.º 5.429, de 9 de janeiro de 1928, que criou o Museu Biblioteca Casa de Rui Barbosa, determinava: "Dentro dos recursos que forem votados nas leis orçamentárias, o governo mandará organizar o catálogo da biblioteca e do museu, bem como classificar as obras publicadas ou inéditas de Rui Barbosa; devendo iniciar, logo que for possível, a edição definitiva dessas obras."[8]

Com a criação do Ministério da Educação e Saúde Pública (Decreto n.º 19.444, de 1º de dezembro de 1930), a Casa de Rui Barbosa, que, até então, era subordinada ao Ministério da Justiça e Negócios do Interior, é transferida para o recém-criado ministério.

Nos primeiros anos de sua existência, a Casa era dirigida por um zelador. Anualmente os dirigentes eram obrigados a informar ao ministro ao qual a instituição era subordinada sobre os trabalhos

---

[4] A transformação da casa onde viveu Rui Barbosa e sua família em lugar de memória é detalhadamente estudando por Rosaelena Scarpelini. Cf. Rosana Scarpelini, *Lugar de morada como lugar de memória*: a construção de uma casa museu, a Casa de Rui Barbosa, dissertação (mestrado em História), Universidade Estadual de Campinas, Campinas, 2009; Leila Stephanio de Moura, *Rui Barbosa nas exposições comemorativas da Casa de Rui Barbosa*, dissertação (mestrado profissional em Bens Culturais e Projetos Sociais), Fundação Getúlio Vargas, Rio de Janeiro, 2008.

[5] Brasil, Decreto n. 4.789, de 2 de janeiro de 1924, *Diário Oficial da União*, Rio de Janeiro, 2 jan. 1924.

[6] *Ibidem*, art. 2º.

[7] *Ibidem*, art. 3º.

[8] *Ibidem*.

realizados por ela. Já no relatório referente ao ano de 1930, Fernando Néri, zelador da Casa, chama a atenção para a necessidade de se criar um cargo de amanuense para fazer a catalogação do acervo. Tal catálogo, segundo o zelador, deveria ser publicado para "que o público e os visitantes possam conhecer as obras, algumas valiosas e raras, que pertenceram ao senador Ruy Barbosa".[9]

É nesse contexto que é retomada explicitamente, pela primeira vez, nos documentos consultados, a ideia, presente no decreto de criação da Casa, de publicar textos de Rui Barbosa. Perceba-se, porém, que não se fala, ainda, em Obras Completas. No relatório acima referido, após afirmar que o pessoal "é insuficiente para as necessidades e fins da Casa de Rui Barbosa – museu-biblioteca destinado a ser visitado pelo público", o zelador pondera que:

> A diferença da despesa, que acarretaria a criação de mais 4 lugares [...] poderá ser facilmente ressarcida pelo produto da venda anual das obras de Ruy Barbosa, editadas pela Casa, precedida da classificação dos trabalhos publicados e inéditos, bem como documentos e manuscritos arquivados, cuja publicação for considerada útil.[10]

No entanto, mais do que a publicação das obras, o que preocupa a direção da Casa nos primeiros anos de seu funcionamento é a sua falta de estrutura para fazer frente aos seus propósitos e, mesmo, às demandas surgidas com a visitação do público.[11] Ao relatar as atividades referentes ao ano de 1931,[12] o zelador interino, Antônio Gomes da Costa, faz uma veemente defesa da importância da Casa e reclama do descaso com que é tratada. Segundo ele:

> Infelizmente não tem sido bem compreendida a natureza e os altruísticos fins de sua criação, pois destina-se tal monumento à formação de um centro fomentador de outras catedrais idênticas, despertando o gosto ao estudo, à meditação, e do quanto pode o

---

[9] Casa de Rui Barbosa, *Relatório*, Rio de Janeiro, Casa de Rui Barbosa, 1930, p. 1.
[10] Brasil, Decreto n. 4.789, de 2 de janeiro de 1924, art. 3°, p. 5-6.
[11] Segundo o relatório, em 1931 a Casa foi visitada por 1.176 pessoas.
[12] Casa de Rui Barbosa, *Relatório*, Rio de Janeiro, Casa de Rui Barbosa, 1931.

saber, a mentalidade, o gênio, aliados à vontade férrea e ao espírito coordenador da brasílea mentalidade.[13]

No entanto, apesar disso, ele não deixa de lembrar que, passados oito anos, a lei que manda publicar as obras não foi cumprida e afirma:

> A publicação das obras de Ruy Barbosa, "O Grande" na frase de Joaquim Nabuco, deve ser feita em duas edições: uma de luxo e outra popular, saindo um volume de cada edição, mensalmente. Desta forma se facilitaria o conhecimento da obra do grande brasileiro a pobres e ricos, dada a possibilidade de sua aquisição a preço módico.[14]

No relatório relativo a 1932, o zelador Homero Pires reitera que a estrutura e o funcionamento da Casa não estão à altura do patrono nem daquilo que ela pode oferecer ao público. Afirma que "a Casa de Ruy Barbosa deve ser um verdadeiro centro de estudos em contínua ebulição"[15] e apresenta a proposta de a Casa publicar uma revista, "como tantas que existem na Europa"[16] que se dedicaria a divulgar estudos sobre as diferentes facetas de Rui (orador, jurisconsulto, escritor, jornalista, diplomata, parlamentar, homem de Estado, advogado) e, mesmo, "estudos menores e raros do próprio Rui".[17] No entanto, afirma também que "não exclui esta revista a publicação regular e completa das obras do insigne escritor, em volumes bem revistos e de edições populares".[18]

No relatório referente ao ano de 1933, o zelador interino, Humberto de Campos, que havia assumido o lugar de Homero Pires, eleito

---

[13] *Ibidem*, p. 1. Talvez aqui se aplique, de maneira muito clara, aquilo que Jacques Le Goff propõe em suas reflexões sobre a questão do documento/monumento, citado anteriormente, quando afirma: "De facto, o que sobrevive não é o conjunto daquilo que existiu no passado, mas uma escolha efetuada quer pelas forças que operam no desenvolvimento temporal do mundo e da humanidade, quer pelos que se dedicam à ciência do passado e do tempo que passa, os historiadores" e, ainda, "o *monumento* tem como características o ligar-se ao poder de perpetuação, voluntária ou involuntária, das sociedades históricas (é um legado à memória coletiva) e o reenviar a testemunhos que só numa parcela mínima são testemunhos escritos." (Le Goff, Documento/Monumento, p. 95-106.)

[14] Casa de Rui Barbosa, *Relatório*, Rio de Janeiro, Casa de Rui Barbosa, 1931, p. 3.

[15] Casa de Rui Barbosa, *Relatório*, Rio de Janeiro, Casa de Rui Barbosa, 1932, p. 2.

[16] *Ibidem*.

[17] *Ibidem*.

[18] *Ibidem*.

deputado constituinte, dá notícia da realização da conferência do Dr. Antônio Batista Pereira, em 5 de novembro, "a primeira de uma série projetada pelo zelador efetivo, e assim se comemorou o aniversário do nascimento de Rui Barbosa, com grande assistência".[19] Tais conferências se tornarão, dali para frente, como veremos, um lugar fundamental de sociabilidade intelectual, de construção e exaltação da memória de Rui Barbosa e de atuação da Casa na cena cultural e educativa da cidade.

Nesse mesmo relatório, o zelador anunciava que a Imprensa Oficial de Minas Gerais, dirigida por Mário Casasanta, doou à Casa material de expediente, convenientemente timbrado, explicitando, assim, a oficialização de outra faceta da atuação da Casa ao longo de todo o período estudado: a sua articulação com outras instituições para atingir as suas finalidades.

Em 1934, com o Ministério da Educação e Saúde Pública já sob a liderança de Gustavo Capanema, os serviços da Casa são reorganizados.[20] O preâmbulo do decreto justificava a reorganização pela "necessidade de imprimir maior eficiência à organização da Casa de Rui Barbosa, que tem por objeto a conservação da biblioteca, do arquivo, a publicação das obras do grande brasileiro e a realização de cursos e conferências".[21] O decreto determinava, em seu artigo 3º, que "o chefe do Arquivo e das Publicações deverá possuir habilitações especiais para o exercício do cargo"[22] e, em seu artigo 5º, que o "diretor promoverá, sempre que julgar conveniente, a realização de cursos ou conferências sobre a vida e a obra de Rui Barbosa, ou sobre assuntos que com elas se relacionem".[23]

---

[19] Casa de Rui Barbosa, *Relatório*, Rio de Janeiro, Casa de Rui Barbosa, 1933, p. 4.

[20] Brasil, Decreto n. 24.688, de 12 de julho de 1934, *Diário Oficial da União*, Rio de Janeiro, 12 jul. 1934.

[21] *Ibidem*, preâmbulo.

[22] *Ibidem*, art. 3º.

[23] *Ibidem*, art. 5º. Ao organizar o livro *Rui, sua casa e seus livros*, Américo Jacobina Lacombe, não por acaso, escreverá: "Em 1934 a Casa, estimulada pela animação pessoal do ministro Gustavo Capanema, iniciou uma de suas funções mais precípuas: a publicação das Obras Completas do patrono, um dos maiores empreendimentos editoriais do país e, sem exagero, do mundo. Este ano, quando se comemora o cinquentenário de inauguração da Casa nada menos de 116 tomos já estão publicados, devendo a coleção abranger 50 volumes, com cerca de 160 tomos." (Américo

Nesse momento, a direção da Casa vai sofrer uma mudança das mais significativas com a entrada do professor Luiz Camillo de Oliveira Netto. Mineiro de Itabira do Mato Dentro, Luiz Camillo é um dos mineiros que Capanema acolherá no Ministério da Educação, conforme veremos no próximo capítulo. Naquele ano, segundo o relatório do diretor, a Casa foi visitada por 2.140 pessoas, dentre elas o ministro Gustavo Capanema, o ministro J.C. Macedo Soares, os embaixadores Martinho Nobre Mello e Alfonso Reyes, assim como pelo professor Joaquim Amazonas.

O diretor relata também que no dia 8 de agosto, "data de fundação dos cursos jurídicos, realizou-se, nesta Casa, uma conferência que foi irradiada pela Rádio Cruzeiro do Sul Verde e Amarelo".[24] Nessa ocasião, após "lidas palavras de Humberto Campos", foram realizadas conferências pelos "prof. Amazonas, catedrático da Faculdade de Direito de Recife, prof. Vicente Rau, ministro da Justiça, e dr. Martinho Nobre de Mello, embaixador de Portugal. Encerrou-se com fala de Batista Pereira, pela *Revista Brasileira*."[25]

Luiz Camillo de Oliveira Netto solicita, no relatório, "dotação para a publicação das obras raras ou inéditas de Rui" e justifica, em documento à parte, dizendo que "o arquivo de Rui Barbosa encerra material riquíssimo para os estudos jurídicos, filológicos e principalmente para a nossa história política. A sua organização conveniente tem merecido a nossa maior atenção."[26] Por isso, segundo ele:

> Torna-se indispensável, porém, publicar as peças mais importantes. A publicação das obras de Rui Barbosa tem sido feita por particulares e constitui, muitas vezes, sucesso de livraria. Deve, pois, a Casa de Rui Barbosa fazer [riscado: iniciar a publicação de uma edição crítica de suas obras] a publicação de suas obras mais caras, de inéditos, da correspondência etc.[27]

Jacobina Lacombe (org.), *Rui, sua casa e seus livros*, Rio de Janeiro, Casa de Rui Barbosa, 1980, p. IX.)

[24] Casa de Rui Barbosa, *Relatório relativo ao ano de 1934*, Rio de Janeiro, Casa de Rui Barbosa, 1935, s.p.

[25] *Ibidem*.

[26] *Ibidem*.

[27] *Ibidem*. É importante lembrar que nesse mesmo ano de 1934 o governo federal, pelo Decreto n.º 23.811, de 30 de janeiro, autoriza o estado da Bahia a editar as obras de Rui Barbosa. Essa autorização, no entanto, não será levada a efeito pelo governo baiano. Note-se, na citação, um trecho

Como se vê, Luiz Camillo retoma a discussão sobre a necessidade de publicação das obras de Rui, dando a ela uma nova feição, inclusive porque lhe parecia que era preciso que a Casa atuasse nesse campo que vinha sendo ocupado por particulares. Trata-se, novamente, de duas publicações distintas, ambas vistas como muito necessárias: o catálogo e a edição crítica das obras. No entanto, segundo o diretor,

> [...] antes de mais nada, porém, impõe-se a publicação do catálogo da biblioteca e do índice da correspondência, manuscritos e da bibliografia de Rui. Estas duas últimas publicações poderão ser moldadas [riscado: baseadas] no excelente [riscado: trabalho] obra de T. Dufour: *Recherches bibliographiques sur les œuvres imprimées de J.-J. Rousseau: suivies de l'inventaire des papiers de Rousseau conservés à la bibliothèque de Neuchâtel*, Paris, 1925.[28]

Animado por essa perspectiva, Luiz Camillo de Oliveira Netto, ainda na qualidade de diretor interino, inicia o trabalho de organização da publicação dos trabalhos de Rui e, no relatório referente ao ano de 1935, afirma que "encontra-se em revisão final o trabalho de Ruy sobre a parte geral do Código Civil. Tendo sido consignado, no orçamento para corrente ano de 1935, recursos para a impressão de obras raras de Ruy, espera-se a diretoria publicar mais dois volumes."[29]

Essa iniciativa, no entanto, será abortada tendo em vista um plano muito mais ambicioso de Gustavo Capanema para o assunto: a publicação das Obras Completas de Rui Barbosa pela Casa.

Assim, em seu relatório relativo ao ano de 1936, Luiz Camillo, agora diretor, informa que a Casa continua sendo visitada por milhares de pessoas, dentre as quais destaca vários intelectuais e políticos como Mário de Andrade, Alceu Amoroso Lima, Milton Campos, Otávio Tarquínio e outros, e faz a primeira referência à "edição das Obras Completas de Ruy". Segundo ele, "tendo sido determinada a elaboração de um plano para publicação das Obras Completas de Ruy, foi suspensa

---

entre colchetes. Este procedimento será utilizado sempre que necessário para trazer eventuais palavras e ou trechos que tenham sido suprimidos e/ou substituídos do texto final pelo autor.

[28] *Ibidem*. Trata-se de uma obra póstuma do historiador e erudito Théophile André Dufour (1844-1922), organizada por Pierre-Paul Plan, em 1925, em que são publicadas as fichas de anotações de suas pesquisas sobre as edições das obras de J.-J. Rousseau. O exemplar pesquisado encontra-se disponível no site da Biblioteca de Genebra (<http://doc.rero.ch>, acesso em 26 ago. 2016).

[29] Casa de Rui Barbosa, *Relatório*, Rio de Janeiro, Casa de Rui Barbosa, 1935, p. 1.

a edição do parecer sobre o Código Civil, até hoje inédito, que já se encontrava revisto e paginado".[30]

Tem-se início, então, um longo processo para se saber qual a melhor forma de organizar as Obras Completas. A primeira ideia foi seguir um esboço de roteiro elaborado pelo próprio Rui para a publicação de suas obras. No entanto, esse esboço foi considerado inadequado.[31]

A primeira tentativa de propor uma organização alternativa à do patrono da Casa coube, ao que tudo indica, ao próprio diretor. A citação abaixo é elucidativa das opções inicialmente descartadas e/ou adotadas:

> Não sendo considerado conveniente o esboço feito por Ruy, para a impressão de seus trabalhos e julgado inadequado o pensamento de serem eles reunidos por ordem cronológica, procurou-se coordenar toda a produção intelectual de Ruy, dividindo-a nas oito séries seguintes: trabalhos parlamentares; trabalhos jurídicos; trabalhos de imprensa; discursos políticos; trabalhos literários; correspondências; traduções; trabalhos diversos.[32]

Verifica-se, pois, que foi descartada a ideia de uma organização cronológica e, com ela, a reunião num único volume de textos que tratassem de assuntos diversos. A adoção das séries, oito ao todo, mostra a intenção de apresentar ao público os textos de Rui Barbosa a partir de uma organização temática. Por outro lado, a escolha dos títulos das séries nos mostra, também, a forma como essa mesma "obra" era lida e organizada por aquele que, naquele momento, era o principal responsável pelo acervo ruiano.[33] Luiz Camillo buscava, como editor,

---

[30] Casa de Rui Barbosa, *Relatório relativo ao ano de 1936*, Rio de Janeiro, Casa de Rui Barbosa, 1937, p. 3-4. (grifo do original)

[31] Segundo Américo Jacobina Lacombe, que, como veremos, foi o principal responsável pela publicação das Obras Completas de Rui Barbosa, essa inadequação deve-se ao fato de que "trata-se de um simples esboço que não parece sequer abranger a obra completa. Basta observar que o plano deve ser antigo. Refere-se à série de artigos na imprensa sob a denominação de 'Dois Anos de Imprensa'... Ainda há a omissão total da colaboração ao *Diário da Bahia*, que deve fornecer alguns volumes bem nutridos. O número de volumes destinados aos discursos e aos trabalhos forenses é de tal maneira diminuto, que faz supor que Rui tinha em vista antes uma coletânea do que uma publicação monumental como estamos fazendo. De modo que não parece possível seguirmos o esboço." (*Apud* Maximiano de Carvalho e Silva, Prefácio, em Américo Jacobina Lacombe, *Roteiro das Obras Completas de Rui Barbosa*, Rio de Janeiro, FCRB, v. I, p. XII-XIII, 1973.)

[32] Casa de Rui Barbosa, *Relatório*, Rio de Janeiro, Casa de Rui Barbosa, 1937, p. 4.

[33] Como veremos, apesar de essa não ter sido a opção adotada na publicação das Obras Completas, os títulos dos volumes publicados quase sempre nos remetem aos títulos propostos por Luiz Camillo

ordenar o disperso, constituir uma coleção, e, nesse movimento, promover o autor e sua obra.³⁴

Ao propor esse plano de publicação, inclusive da correspondência de Rui, Luiz Camillo

> [...] examina cuidadosamente a obra parlamentar de Rui, pela atenta leitura dos "Anais do Parlamento Brasileiro". Verifica que ela, esparsa em volumes dos anais, constitui "uma das melhores fontes de informação sobre a nossa vida política". Resolve fazer uma pesquisa sistemática, a fim de produzir a relação da coleção completa dos trabalhos de Rui no Parlamento brasileiro. Atualiza a ortografia dos manuscritos.³⁵

Animado por essa perspectiva e engajado na ideia de, afinal, poder trazer a público o legado de Rui Barbosa, Luiz Camillo afirma que:

> Passou-se, então, ao serviço imediato de preparo dos originais para impressão, com o intuito de evitar falhas sensíveis e facilitar o cálculo, com alguma exatidão, da obra total a ser editada. Naturalmente, iniciou-se pela organização dos trabalhos parlamentares (discursos, pareceres, projetos etc.). Verificou-se, então, a insuficiência e insegurança das informações até hoje divulgadas, sobre a atividade de Ruy no Parlamento brasileiro, tornando-se, assim, indispensável proceder, com urgência, a pesquisa nas publicações do parlamento (<u>Anais da Câmara e do Senado</u>) e respectiva separação ou cópia dos trabalhos de Ruy.³⁶

Note-se que, para Luiz Camillo, o lugar "natural" de Rui Barbosa na cultura brasileira parece ser dado, pelo menos inicialmente, por seu lugar na política. Esse lugar, no plano da publicação, traduz-se pela primazia de seus trabalhos parlamentares. No entanto, como se vê, o entusiasmo do diretor encontra seu limite num dos problemas estruturais a serem enfrentados na organização e publicação das Obras

---

para as "séries", o que, de certa forma, atesta a pertinência de sua proposta quando comparada com aquela que foi aprovada pelo ministro Capanema.

³⁴ Cf. M. Foucault, *O que é um autor*, Lisboa, Passagem, Vega, 1992; Roger Chartier, *A ordem dos livros*, Brasília, Editora UnB, 1994.

³⁵ Maria Luiza Penna, *Luiz Camillo*: perfil intelectual, Belo Horizonte, Editora UFMG, 2006, p. 89-90.

³⁶ Casa de Rui Barbosa, *Relatório*, Rio de Janeiro, Casa de Rui Barbosa, 1937, p. 4. (grifo do original)

Completas: a falta das próprias obras de Rui no acervo da Casa. Isso, no entanto, não parecia desanimá-lo. Dizia:

> Este serviço extremamente moroso, pois as dificuldades começaram pela falta na Casa de Ruy de uma coleção completa dos Anais do Parlamento brasileiro, a partir do último decênio do Império (1879) até o falecimento de Ruy, em 1923, está praticamente terminado. No momento em que são relatadas as atividades desta Casa, procede-se à conferência do material já reunido e ainda à verificação das lacunas inevitáveis em serviços desta natureza: discursos cuja publicação integral foi feita em jornais, pareceres editados em separado etc. É de dever salientar a boa vontade encontrada nos drs. Rodolfo Garcia, diretor da Biblioteca Nacional, Rosa Junior, diretor da Secretaria do Senado, Ruy Alencar, diretor da Biblioteca da Câmara dos Deputados, facilitando a consulta demorada das coleções de Anais e doando as duplicatas disponíveis que permitiram recortar os trabalhos de Ruy, evitando-se, desta maneira, a cópia datilografada de milhares de folhas.[37]

Ainda outras dificuldades eram relatadas:

> Relativamente aos trabalhos de Ruy, na Assembleia Provincial de seu estado, em 1878, só agora foi possível obter informações seguras, apesar de se ter procedido a pesquisas sistemáticas na Biblioteca Nacional e nas bibliotecas do Instituto Histórico, Gabinete Português de Leitura e do Ministério das Relações Exteriores. Na biblioteca do Arquivo Público Nacional, entretanto, foi encontrado um exemplar dos respectivos, já posto à disposição da Casa de Ruy para cópia.[38]

A referência a tais dificuldades e as saídas buscadas para superá-las nos dão uma primeira visão da dinâmica de publicação das Obras Completas proposta pelo diretor: estabelecimento do plano de publicação, identificação, busca, classificação, categorização temática, cópia ou recorte dos originais para envio à imprensa oficial para diagramação e composição.

---

[37] *Ibidem*, p. 4-5. (grifo do original)
[38] *Ibidem*, p. 5.

Luiz Camillo finaliza seu relatório apontando um "programa de ação para 1937" em que afirma que "o programa primacial da Casa de Ruy Barbosa, para o corrente ano de 1937, constará do plano minucioso para edição dos trabalhos parlamentares de Ruy, cuja elaboração se ultima e que será submetido, dentro de pouco, à consideração do Sr. ministro".[39]

Em janeiro de 1937, o Ministério da Educação e Saúde Pública é reformulado, passando a chamar Ministério da Educação e Saúde, e a Casa de Rui Barbosa é definida como uma instituição de educação extraescolar vinculada ao ministério, tendo o "objetivo de cultuar a memória de Ruy Barbosa, velando pela sua biblioteca e todos os objetos que lhe pertenceram, e promovendo a publicação de seu arquivo e de suas Obras Completas".[40]

A definição legal da publicação dos arquivos e das Obras Completas como central na missão da Casa vai encontrar seu diretor envolvido na revisão dos projetos de Rui no Parlamento. Assim, no início de 1937, Luiz Camillo escreve a Mario de Andrade dizendo:

> Estou revendo as provas do parecer sobre o ensino primário, do Rui, e você não pode avaliar a extrema dificuldade [de] que a tarefa se reveste dadas as condições de verdadeiro caos ortográfico que vivemos. Não posso respeitar a ortografia do original onde se lê: cattegoria – categoria, fiscalisar, civilisar, neutralisar, e ao mesmo tempo fiscalizar, civilizar, neutralizar etc., hontem e ontem, publico, públco e público, systema e sistema, e centenas de exemplos semelhantes. Não posso, por outro lado, basear-me na edição afamada da *Queda do império*, de 1921, onde, embora em menor número, persiste a mesma diversificação: hontem e ontem; throno e trono; thesoiro e tesoiro; mytho e mito e assim por diante. Tentei fazer um formulário e umas tantas regras gerais, porém as exceções são quase tão numerosas quanto os exemplos e fico sem saber o que é regra geral e o que não é./ Com isto, passam-se os dias e permaneço horas e horas diante da mesma, retomando sempre o trabalho que ainda se prolonga, em casa, até altas horas. Cheguei à conclusão de que, ou se mantém os originais, tais quais

---

[39] Casa de Rui Barbosa, *Relatório*, Rio de Janeiro, Casa de Rui Barbosa, 1937, p. 5.

[40] Brasil, Lei n. 378, de 13 de janeiro de 1937, *Diário Oficial da União*, Rio de Janeiro, jan. 1937, art. 45°.

se encontram, em reedição diplomática ou são uniformizados em ortografia sistematizada como a do acordo, pois qualquer outra tentativa de regularização será, necessariamente, cheia de incorreções e deslizes imperdoáveis./ Enfim, como já estou me considerando um predestinado em aceitar, ou ser obrigado a aceitar, função de carreador de água em balaio, vou me conformando com a sorte.[41]

O ministro Capanema, no entanto, não aprova o roteiro para publicação das Obras Completas tal como proposto por Luiz Camillo e nomeia uma comissão composta pelo próprio diretor, por Homero Pires, arquivista da Casa, e Batista Pereira, genro de Rui Barbosa, para estudar o assunto e oferecer uma proposta ao ministério. A comissão, como veremos mais à frente, realiza o trabalho que lhe foi designado.

Em meados de 1938, já trabalhando na Universidade do Distrito Federal, Luiz Camillo deixa a direção da Casa.[42] Sua passagem pela Casa, embora curta e marcada por embates e frustrações com a burocracia que nada o deixava fazer, como mostra muito bem Maria Luiza Penna, dá outro dinamismo à pesquisa e coloca no centro das preocupações da instituição a questão da publicação das Obras Completas. Ao mesmo tempo, seus relatórios e, sobretudo, suas correspondências nos mostram também alguns dos problemas que o empreendimento teria que enfrentar: a definição de um plano dentre as muitas possibilidades existentes, os procedimentos a serem observados no que diz respeito às correções, a luta contra a burocracia, os materiais prioritários para serem editados, dentre outros.

No lugar de Luiz Camillo assume, interinamente, o também mineiro Cláudio Luís Brandão, bacharel em Direito e professor do Ginásio Mineiro, em Belo Horizonte.[43] O seu relatório relativo ao ano de 1938 é muito sucinto. Informa que

> [...] a 5 de novembro, data natalícia do patrono desta Casa, realizou-se, conforme preceito regulamentar, uma conferência comemorativa, pronunciada pelo Sr. Homero Pires, que discorreu sobre o tema: "Rui e os Livros". A ela estiveram presentes representantes

---

[41] Penna, *Luiz Camillo*: perfil intelectual, p. 451.

[42] O pedido de exoneração é de 8 de julho de 1938. Cf. Penna, *Luiz Camillo*: perfil intelectual, p. 483.

[43] Sua área de especialização e docência era a de línguas e literaturas grega e latina, tendo escrito vários livros didáticos sobre o assunto.

do governo federal e municipal, da imprensa, do corpo consular português, e bem assim o Sr. embaixador da Polônia, membros da família de Rui Barbosa e numerosos amigos e admiradores do ilustre brasileiro.[44]

Preocupado com as novas funções da Casa, determinadas pelo art. 45 da Lei n.º 378, de 13 de janeiro de 1937, o qual se refere explicitamente à publicação das Obras Completas, o diretor interino faz uma reclamação mais contundente sobre a necessidade de a Casa contar com pessoal mais qualificado e afirma que "em vista de tão relevante objetivo, necessita a repartição não só de pessoal inferior suficiente para as tarefas meramente mecânicas".[45].

No que diz respeito às publicações, demonstrando ter conhecimento dos resultados do trabalho da comissão encarregada de propor um roteiro para a publicação das obras de Rui, afirma que as Obras Completas devem "compreender 50 volumes, subdivididos alguns em tomos".[46]

Em 10 de março de 1939, assume a direção da Casa o doutor em Direito Américo Jacobina Lacombe, que desde 1931 ocupava o cargo de secretário do Conselho Nacional de Educação.[47] Tão logo assume, Américo Lacombe dá início a um longo e difícil processo para trazer à luz as Obras Completas do patrono da instituição que dirigia. Talvez em comum acordo com seus antecessores, o novo diretor projetava a existência de duas ordens de publicações: as Obras Completas e as Publicações da Casa de Rui Barbosa. Assim, em 22 de abril de 1939 escrevia ao ministro da Educação solicitando que este se dignasse a autorizar a "impressão no corrente ano dos primeiros volumes das OBRAS DE RUI BARBOSA bem como o primeiro volume das

---

[44] Casa de Rui Barbosa, *Relatório*, Rio de Janeiro, Casa de Rui Barbosa, 1938, p. 5.

[45] *Ibidem*, p. 1.

[46] *Ibidem*, p. 1

[47] Para o conhecimento das funções e da composição do Conselho Nacional de Educação (CNE) no período, ver o detalhado estudo de Carlos Roberto Jamil Cury, *O Conselho Nacional de Educação (1931-1961): memória e funções*. Agradeço ao professor e amigo Jamil Cury pela permissão de acesso ao texto, ainda inédito. Ainda a respeito da composição do CNE na década de 1930 pode-se consultar o trabalho pioneiro de Sérgio Miceli, "O Conselho Nacional de Educação: esboço e análise de um aparelho do Estado 1931-1937", publicado em Sérgio Miceli, *Intelectuais e classe dirigente no Brasil (1920-1945)*, São Paulo, Difel, 1979.

PUBLICAÇÕES DA CASA DE RUI BARBOSA. Neste sentido sugiro a reedição do PARECER SOBRE O ENSINO PÚBLICO (Primário, Secundário e Superior) para início das OBRAS e do CATÁLOGO DA BIBLIOTECA (Autores) para o das PUBLICAÇÕES".[48]

Solicitava ainda que o ministro, caso estivesse de acordo com o plano, "se dignasse também a determinar que seja posta à disposição do Serviço Gráfico a quantia de 200:000$000 (duzentos contos de reis) constante da Subconsignação 47 (n. 12) da verba 3ª do Orçamento da Despesa Vigente".[49]

Apesar de referir-se à publicação do parecer, Lacombe não fazia qualquer referência ao trabalho nem às questões levantadas por Luiz Camillo a respeito das mesmas obras. No entanto, em conformidade com o ex-diretor, percebe-se que na ordem dos livros a serem publicados, ganhava relevo e primazia a atuação parlamentar de Rui Barbosa no campo educacional. Tal prioridade guardava relação com a intensidade dos debates educacionais naquele momento, com as políticas emanadas do Ministério da Educação e Saúde para a área e, por que não, com a trajetória daquele que dirigia a Casa.

Numa demonstração de que os esforços de seus antecessores haviam dado resultado e, sobretudo, de que o Ministério da Educação tratava como prioridade a publicação das Obras Completas e que, para isso, previra substantivos recursos no orçamento para o ano em curso, em 16 de abril, o ministro é informado de que "há a dotação de 200 contos para o corrente ano; que a dotação acha-se intacta".[50] Em 28 de abril, um técnico do Ministério da Educação e Saúde, E. Jansen, opina que o ministro deveria pedir a "autorização do Exmo. Sr. presidente da República,"[51] no que é atendido por Capanema em 15 de maio por meio do seguinte encaminhamento: "De acordo. Trata-se de pedido de alto interesse cultural, que submeto ao alto juízo do Sr. presidente."[52]

Nesse ínterim, Lacombe volta a entrar em contato com o ministro solicitando, em 5 de julho, que 100 contos sejam destinados ao

---

[48] Casa de Rui Barbosa, Doc.14.653/39, Rio de Janeiro, Casa de Rui Barbosa, 1939.
[49] *Ibidem*.
[50] *Ibidem*.
[51] *Ibidem*.
[52] *Ibidem*.

Serviço Gráfico e 100 contos à Comissão Central de Compras para aquisição do material necessário.

Em 7 de agosto Capanema submete ao presidente o seguinte pedido:

> Submeto à consideração do Sr. presidente o pedido do diretor da Casa de Rui Barbosa, no sentido de ser autorizada a entrega, por adiantamento, ao Serviço Gráfico, da importância de 100:000$000 (cem contos de reis), para feitura dos primeiros volumes das Obras Completas de Rui Barbosa, por conta do crédito de 200:000$000 do vigente orçamento (Subconsignação 47 – Serviços de Publicidade, 12).[53]

O processo é remetido ao Ministério da Fazenda, que aprova os recursos para "aquisição de material", mas sugere que o adiantamento não seja feito, pois não se trata de um caso em que esse expediente seja necessário. Sugere a utilização do "regime de concorrências administrativas, nos termos do art. 738, § 2º, letra b, do Regulamento Geral de Contabilidade Pública".[54] Esse encaminhamento é aprovado por Getúlio Vargas em 11 de dezembro daquele ano.

Enquanto todo o processo aguardava a aprovação final do presidente, foram dados encaminhamentos para a compra do material necessário para a edição das obras pela Imprensa Nacional. Já no final de agosto de 1939, todo o processo burocrático é vencido e os 100 contos de réis são colocados à disposição do Serviço Central de Compras "para a aquisição do material destinado à publicação das obras de Rui Barbosa".[55] Por sua vez, o Serviço Gráfico encaminha uma longa lista do material necessário ao serviço.[56]

Ofício do superintendente do Serviço Gráfico do Ministério da Educação e Saúde (Manuel Alves de Souza) ao diretor da Casa de Rui Barbosa, em 28 de setembro de 1939, solicita à Comissão Central de Compras o material necessário à publicação, dando as justificativas para

---

[53] *Ibidem*.

[54] *Ibidem*.

[55] Casa de Rui Barbosa, Carta de Américo Lacombe ao ministro Gustavo Capanema, em 5 de julho de 1939.

[56] Na lista constam desde equipamentos para a impressão, os mais variados, até papéis de diversas qualidades.

as marcas indicadas: manter uniformidade com o material e equipamento já existentes e do qual já se sabe conseguir os melhores resultados.

O relatório referente ao ano de 1939 é assinado por Thiers Martins Moreira, técnico em Educação do Ministério da Educação e Saúde e editor da revista *Educação e Administração*, que estava "respondendo pelo expediente" durante as férias do diretor Jacobina Lacombe. A respeito das publicações, ele informava que o catálogo da biblioteca de Rui Barbosa, organizado por Homero Pires, estava pronto para a publicação e que, também:

> Já estão no prelo quatro volumes das Obras Completas de Rui Barbosa que deverão assim iniciar a coleção oficial que constitui uma das finalidades precípuas desta Casa. Serão dois volumes relativos ao parecer sobre ensino primário (ensino primário e normal), um volume do mesmo parecer (ensino secundário e superior) e um volume com o parecer sobre a parte geral do Código Civil (inédito).[57]

Afirmava também que no decorrer do ano de 1940, "esta direção pretende editar ainda este ano o primeiro volume das Publicações da Casa de Rui Barbosa, com conferências aqui realizadas e alguns documentos interessantes para a história da República" além de um "Guia para os Visitantes contendo uma notícia sobre Rui Barbosa, o histórico da repartição e importância das principais peças do museu".[58]

O relatório fazia menção às seguintes conferências: do escritor e editor Augusto Frederico Schmidt, no dia 11 de agosto – dia da fundação dos cursos jurídicos –, "que teve funda repercussão nos meios intelectuais brasileiros"; de Elmano Cardim, diretor do *Jornal do Comércio*, sobre "Rui, o jornalista da República", convidado pela diretoria da Casa nas comemorações dos 50 anos da República; e, em 5 de novembro, a de Cristino Castelo Branco, da Academia Piauiense de Letras, a convite da Federação das Academias de Letras do Brasil.

Além da perspectiva de começar as publicações, a Casa, segundo esse mesmo relatório, tinha mais o que comemorar: além de ter sido visitada por quase 2.200 pessoas no decorrer do ano, a instituição recebera a visita "coletiva e solene" do presidente da República, acompanhado

---

[57] Casa de Rui Barbosa, *Relatório*, Rio de Janeiro, Casa de Rui Barbosa, 1938, p. 4.

[58] *Ibidem*, p. 4-5.

pelo ministro da Educação, em 11 de novembro de 1939, "durante a semana de comemorações do cinquentenário da República". Segundo o relator, era dispensável "comentar a importância e a significação desta homenagem, pela parte que nela tomou pessoalmente Vossa Excelência".[59]

A visita do presidente à Casa é emblemática do prestígio que vinha adquirindo a instituição e seu patrono, Rui Barbosa, na política cultural estadonovista e, ao mesmo tempo, colocava a instituição no centro das atenções políticas da capital da República. E isso não passava despercebido a seu diretor. Pelo contrário, em seu discurso[60] de recepção ao presidente, Lacombe afirma:

> Como principal responsável por esta joia do patrimônio histórico e moral da nação que é a Casa de Rui Barbosa, cabe-me a honra de apresentar a V. Ex. as saudações mais efusivas e cordiais dos que labutam nesta repartição para essa auspiciosa visita. Neste momento em que toda a pátria se prepara para comemorar o ano da República – acontecimento que o patrono desta instituição sempre considerou como ponto culminante de sua gloriosa carreira política –, no momento em que o Brasil inteiro tem os olhos fixos na figura de seu chefe, a ninguém e muito menos aos a esta Casa ligados pelos laços do sangue e do afeto poderia escapar a significação desta visita.[61]

Na tessitura do texto, falar da Casa e das festas pelo cinquentenário da Proclamação da República é oportunidade de jogar luz na figura do patrono, reafirmando seus vínculos com a causa republicana, pois considerada "ponto culminante de sua gloriosa carreira política", quando se sabe da "conversão" muito tardia de Rui Barbosa ao movimento republicano. Mas o momento e as presenças exigem que esse movimento da Casa para a República e desta para Rui Barbosa tivessem como ponto culminante a passagem de Rui a Vargas, "chefe do Brasil", como se viu.

Noutro movimento, a "joia do patrimônio histórico e moral da nação" transmuta-se, nas palavras do diretor, em "templo de civismo".

> A nós, servidores deste templo de civismo [riscado: só nos cabe] a cuja frente V. Ex. me fez a honra de colocar, [riscado: agradecer]

---

[59] *Ibidem*, p. 5.
[60] Trata-se de um texto manuscrito que se encontra no Arquivo Pessoal de Américo Jacobina Lacombe, da Fundação Casa de Rui Barbosa.
[61] *Ibidem*.

aproveitar tão grata oportunidade para reafirmar perante V.Ex. e sob a inspiração do gênio titular dessa casa os nossos propósitos de concorrer para o engrandecimento da República para que Rui Barbosa concorreu primacialmente.[62]

Segundo o diretor, na "sua missão cívica de cultuar a memória e estudar a obra de seu grande patrono, essa <u>Casa</u> [riscado: <u>de Rui Barbosa</u>] homenageará hoje <u>Rui Barbosa – jornalista da República</u>", pois seria a atuação jornalística a "primeira atividade com que surgiu no mundo [riscado: da inteligência brasileira] político – aquela que por mais tempo exerceu – o jornalismo é um dos aspectos mais ricos dessa personalidade – cujo julgamento histórico constituirá um tema eterno para a inteligência brasileira".[63]

Para abrilhantar a festa, que reúne num mesmo diapasão a Casa e a República, Rui Barbosa e Getúlio Vargas, foi convidado "um expoente do jornalismo brasileiro",

> [...] o Dr. Elmano Cardim, cujas nobres qualidades como homem de inteligência e de alto senso jornalístico [riscado: asseguravam--nos um desempenho cabal] constituem um dos [riscado: segredos] elementos básicos do brilho e do respeito que cercam o nome do grande [riscado: órgão] e venerando órgão que proficientemente dirige.[64]

Convém lembrar que Elmano Cardim, diretor do *Jornal do Comércio*, era o primeiro secretário do recém-criado Sindicato dos Proprietários de Jornais e Revistas do Rio de Janeiro, que tinha como segundo secretário Austregésilo de Ataíde. Em 9 de dezembro de 1939, menos de um mês portanto de sua participação na Conferência da Casa de Rui Barbosa, ele assinará, juntamente com vários diretores de jornais cariocas, uma contundente carta a Vargas contra a censura à imprensa.[65] A iniciativa de Lacombe, convidando o jornalista para falar de Rui Barbosa na presença do presidente da República, reforça, uma

---

[62] *Ibidem*.

[63] *Ibidem*.

[64] *Ibidem*.

[65] Cícero Sandroni e Laura Constância A. de A. Sandroni, *Austregésilo de Athaíde*, o século de um liberal, Rio de Janeiro, Agir, 1998, p. 369 *et seq*.

vez mais, a já demonstrada ambivalente relação de Getúlio e Capanema com os intelectuais brasileiros do período.[66]

Ao relatar as atividades desenvolvidas pela Casa em 1940, Lacombe enfatiza a importância do Museu da Casa de Rui Barbosa e de sua função educativa, sobretudo junto aos estudantes. Ele informa que a Casa fora visitada por mais de 3.000 pessoas (o dobro do ano anterior) e que:

> Segundo a impressão geral do público, o depoimento escrito de vários visitantes ilustres, estrangeiros e brasileiros, o Museu da Casa de Rui Barbosa realiza plenamente sua função educativa. A visita à Casa provoca geralmente uma emoção sincera. Principalmente as visitas coletivas dos alunos de diversos colégios resultam em proveitosas lições, ora dos mestres que os acompanham, ora de funcionários da repartição.[67]

O diretor chama, ainda, a atenção para a visita de uma turma de alunas do Instituto de Educação

> [...] empenhadas em elaborar um estudo sobre Rui Barbosa, escolhido patrono da turma. Para elas organizou mesmo esta Diretoria uma palestra sobre o ensino recebido pelo estudante Rui Barbosa, mostrando-se os compêndios por ele utilizados, palestra essa realizada pelo arquivista, prof. Homero Pires.[68]

Lacombe informa também que os textos das conferências realizadas na Casa seriam publicados e que

> [...] várias sociedades culturais têm-se servido de seus salões para a realização de cerimônias cívicas e literárias, merecendo menção especial a Federação das Academias de Letras do Brasil, que aqui

---

[66] A esse respeito, os clássicos: Helgio Trindade, *Integralismo*: o fascismo brasileiro na década de 30, São Paulo, Difel, Porto Alegre, UFRGS, 1974; Jarbas Medeiros, *Ideologia autoritária no Brasil*: 1930-1945, Rio de Janeiro: Fundação Getúlio Vargas, 1978; Sérgio Miceli, *Intelectuais e classe dirigente no Brasil*; Lúcia Lippi Oliveira, Mônica Pimenta Velloso e Ângela Maria de Castro Gomes, *Estado Novo*: ideologia e poder, Rio de Janeiro, Zahar, 1982; Simon Schwartzman, Helena Maria Bousquet Bomeny e Vanda Maria Ribeiro Costa, *Tempos de Capanema*, Rio de Janeiro, Paz e Terra/FGV, 2000; e também os trabalhos mais recentes de: Helena Bomeny (Helena Maria Bousquet Bomeny (org.), *Constelação Capanema*: intelectuais e políticas, Rio de Janeiro, FGV, 2000); Ângela Maria de Castro Gomes (*Capanema*: o ministro e seu ministério, Rio de Janeiro, FGV, Bragança Paulista, Edusf, 2000, p. 269); José Silvério Bahia Horta (*Gustavo Capanema*, Recife, Massangana, 1910).

[67] Casa de Rui Barbosa, *Relatório do ano de 1940*, [s.l.], Casa de Rui Barbosa, p. 1.

[68] *Ibidem*, p. 2.

realizam todos os anos, no dia do aniversário de Rui Barbosa, 5 de novembro, as comemorações do Dia da Cultura.[69]

Apesar de chamar a atenção para as ações educativas desenvolvidas pela Casa, Lacombe não tem dúvida quanto à sua contribuição mais fundamental à cultura brasileira: a publicação das Obras Completas. Dizia mesmo que o

> [...] dever precípuo desta repartição, estabelecido pela lei que a criou, é a edição monumental das Obras Completas de Rui Barbosa. Estabelecido, após estudo de uma comissão especial, um plano sistemático para esse trabalho, que será seguramente um dos maiores da literatura universal, iniciou a Casa a sua tarefa.[70]

Informa, ainda, que

> [...] acha-se pronto, revisto cuidadosamente pela primeira edição, o primeiro destes volumes: o parecer sobre a reforma do ensino secundário e superior" e que "mais três volumes se acham inteiramente compostos e quase terminada a revisão: o parecer sobre a reforma do ensino primário e o parecer (inédito) sobre o Código Civil parte jurídica. Acham-se também nas oficinas gráficas a Réplica e seis volumes de Oratória Parlamentar (império).[71]

> Assim [dizia ele] os pareceres sobre a reforma do ensino foram revistos pelo técnico de Educação Thiers Martins Moreira (assistente do diretor geral do D.N.E.); o parecer sobre o Código Civil, pelo prof. San Tiago Dantas, catedrático de Direito Civil da Faculdade Nacional; os volumes de oratória parlamentar pelo Dr. Fernando Néri, antigo zelador desta casa e autor de várias obras sobre Rui Barbosa; e a Réplica, pelo Prof. Augusto Magne, da Faculdade Nacional de Filosofia e antigo técnico da Academia Brasileira.[72]

Informava, ainda, que "muitos volumes já se acham programados para o próximo ano, como os primeiros tomos relativos à imprensa a cargo dos profs. Luiz Viana, da Faculdade de Direito da Baía, e Homero Pires, da mesma Faculdade e da do Rio de Janeiro".[73]

Não nos foi possível precisar o momento em que os primeiros prefaciadores foram convidados. A hipótese mais provável é que o

---

[69] Ibidem, p. 4.
[70] Ibidem, p. 3
[71] Ibidem, p. 4.
[72] Ibidem, p. 4–5.
[73] Ibidem, p. 5.

tenham sido assim que Jacobina assumiu a direção da Casa e tomou conhecimento do Plano/Roteiro de publicação das Obras Completas e da determinação de Capanema quanto à necessidade de existência do prefácio. Mas pode-se afirmar com segurança que o convite a alguns deles, como Thiers Martins Moreira, San Tiago Dantas e Fernando Néri, foi feito ainda em 1939. Talvez seja o trabalho intenso na Casa tendo em vista a elaboração do prefácio para o parecer sobre os ensinos secundário e superior que explique, por exemplo, a familiaridade de Thiers Martins Moreira com as atividades da Casa a ponto de elaborar o relatório, relativo a 1939, no lugar de Lacombe, em férias.

Em relatório complementar, de 7 de janeiro de 1941, o diretor acrescenta algumas informações. Segundo ele,

> [...] os quatro volumes das Obras Completas de Ruy Barbosa que o relatório anterior anunciava estarem no prelo, acham-se todos integralmente compostos. Deles, um (Reforma do ensino secundário e superior) acha-se revisto e prefaciado, anotado e pronto para impressão. [...] Os 2 volumes sobre a reforma do ensino primário acham-se também com revisão adiantada.[74]

Informava ainda que,

> [...] além desses volumes, acham-se já na tipografia da Imprensa Nacional um volume da Réplica que será revisto pelo Pe. A. Magne, S. J. (da Faculdade Nacional de Filosofia)[75] e 6 volumes de Oratória Parlamentar (Câmara dos Deputados do Império), organizados pelo Dr. Fernando Néri (antigo diretor desta Casa).[76]

Por fim, ainda a respeito das Obras Completas, o diretor vaticinava que "no presente ano pretende esta diretoria organizar e promover a impressão de mais 10 volumes da obra de Ruy Barbosa, quer da parte parlamentar, quer da jornalística, contando com o concurso de competentes ruistas como Batista Pereira,[77] Luiz Viana e Homero Pires".[78]

---

[74] Casa de Rui Barbosa, *Relatório do diretor*, de 7 de janeiro de 1941, p. 4.

[75] Publicado em 1953, com prefácio de 1951.

[76] Casa de Rui Barbosa, *Relatório do diretor*, de 7 de janeiro de 1941, p. 4.

[77] Apesar de sua posição importante em relação a todas as iniciativas referentes a Rui Barbosa e seus arquivos, não encontrei nenhum outro registro de sua participação na edição das Obras Completas.

[78] Casa de Rui Barbosa, *Relatório do diretor*, de 7 de janeiro de 1941, p. 4-5.

Ao lado da organização das Obras Completas para publicação, o diretor não descuidava da edição de outra série de publicações da Casa: as Conferências. No mesmo relatório ele afirmava que "acham-se também na Imprensa Nacional os originais do primeiro volume das publicações desta casa, contendo as conferências aqui realizadas nos últimos anos".[79]

Em 1941, conforme escreve em seu relatório ao ministro, Lacombe envidou esforços para a aquisição de obras de Rui "para serem utilizadas nas publicações das <u>Obras Completas</u>"[80] e continuou se empenhando para iniciar as publicações da Casa. Assim é que ele relata que "apareceu neste ano a nossa publicação: Conferências compreendendo alguns dos temas das comemorações realizadas em 1939 e 1940 como declara a nota inicial":[81]

> No cumprimento de sua missão de estudar a personalidade solar de seu patrono, tem a Casa de Ruy Barbosa promovido diversas conferências.
>
> Nada poderia constituir matéria mais digna de iniciar a série das Publicações do que estes documentos da intensidade, da permanência e da atuação de Ruy Barbosa na consciência brasileira.
>
> Outros volumes desta mesma série se irão seguindo, com as conferências que se devem realizar, como também outras séries de Publicações deverão aparecer com os Catálogos, Documentos, Exposições e outras demonstrações de atividade da Casa.[82]

Com uma edição em formato 16x23cm, impressa pela Imprensa Nacional, num total de 122 páginas, dava início a Casa de Rui Barbosa às suas publicações. Nesse volume – intitulado *Conferências I* – foram publicados os textos de Homero Pires ("Ruy Barbosa e os livros"), de Augusto Frederico Schmidt ("Ruy defensor do homem"), de Elmano Cardim ("Ruy Barbosa, o jornalista da República") e de Fortunat Strowski ("O livro francês na biblioteca de Ruy Barbosa"). Todos os textos, como já se disse, resultavam das conferências realizadas na Casa

---

[79] *Ibidem*, p. 5.
[80] Casa de Rui Barbosa, *Relatório relativo ao ano de 1941*, Casa de Rui Barbosa, 1942, p. 3.
[81] *Ibidem*, p. 4-5.
[82] *Ibidem*.

nos anos anteriores, prolongando-as. Chama a atenção, no entanto, que não tenha sido incluída a conferência pronunciada por Batista Pereira, em 1934, sob o título de "O Brasil e o antissemitismo", que somente aparecerá no segundo volume das *Conferências*, editado em 1945.[83]

Assim, ao mesmo tempo que anuncia uma série de iniciativas editoriais para divulgar as atividades da Casa e a memória da "personalidade solar" de seu patrono, o diretor lembra ao ministro que "o aparecimento do Decreto-Lei n.º 3.668, de 30 de setembro, sobre a publicação das Obras Completas de Rui Barbosa provocou um grande interesse em torno do assunto. Já se encontram em mãos de V. Ex. as últimas provas do 1º volume a aparecer, com respectivo prefácio e notas."[84]

A ordem dos livros

Depois de um longo período parado no Ministério da Educação, enfim, em 1941, veio à luz o roteiro de publicação das Obras Completas de Rui Barbosa que havia sido proposto pela comissão nomeada em 1937. Trata-se do Decreto-Lei n.º 3.668, de 30 de setembro de 1941, que dispõe sobre a publicação das Obras Completas de Ruy Barbosa, assinado por Getúlio Vargas e Gustavo Capanema. O artigo 1º confirmava o que fora antecipado por Cláudio Brandão em 1938 e determinava: "Serão pelo Ministério da Educação e Saúde publicadas as Obras Completas de Ruy Barbosa, em cinquenta volumes." Tais volumes seriam distribuídos cronologicamente de tal forma que o "primeiro volume abrangerá os trabalhos produzidos até o ano de 1871; o segundo, os trabalhos de 1872 a 1874; o terceiro, os trabalhos de 1875 e 1876; cada um dos demais volumes compreenderá respectivamente os trabalhos correspondentes a cada ano, de 1877 (quarto volume) a 1923 (quinquagésimo volume)" (art. 1º, § 1º).[85]

---

[83] Não conseguimos saber as razões que levaram à não inclusão do texto de Batista Pereira nesse primeiro número das *Conferências*. Pode ser que o texto não estivesse pronto ou fosse muito longo para compor, com os outros, um único volume, ou, ainda, pode ser que o texto não tenha sido incluído por contrapor-se ao próprio fascismo, pelo qual o Governo Vargas cultivava simpatias.

[84] *Ibidem*, p. 5.

[85] Como veremos, o número total de tomos que comporão os 50 volumes jamais teve, até o momento, uma definição precisa por razões, que, inclusive, serão apontadas ao longo deste capítulo. Inicialmente, Lacombe fala em mais de 100, noutras ocasiões em quase 2 centenas e, em outros

Considerando que o volume de materiais a ser publicado em cada ano poderia ser diferente, o decreto criava a possibilidade, em seu § 2º, de, "quando o exigir o número ou extensão dos trabalhos, poderá um volume desdobrar-se em dois ou mais tomos. A distribuição da matéria, neste caso, atenderá ao critério cronológico, ao dos assuntos ou a outro, conforme for julgado mais conveniente". Antevendo dificuldades na datação de alguns trabalhos, o § 3º antecipava que "o trabalho, de que não constar a data, considerar-se-á do dia da publicação pela imprensa, ou, sendo conferência ou discurso, do dia em que houver sido proferido. Para a distribuição de trabalhos inéditos não datados, se os houver, far-se-ão as necessárias pesquisas."

O art. 2º do decreto tratava, muito sucintamente, da necessidade de juntar-se "a uma obra ou a um conjunto de obras, prefácio e notas, sempre que o exigir o esclarecimento bibliográfico". Finalmente, o artigo 3º determinava que "a grafia das Obras Completas de Ruy Barbosa obedecerá ao disposto no art. 1º do Decreto-Lei n.º 292, de 23 de fevereiro de 1938" e o artigo 4º incumbia "à Casa de Ruy Barbosa a execução do disposto no presente decreto-lei, na medida dos recursos orçamentários que, para esse fim, em cada exercício, lhe forem atribuídos".

Cinco dias após a publicação do decreto, em 4 de outubro de 1941, foi publicada, também no Diário Oficial da União, a exposição de motivos que o fundamenta, assinada pelo ministro da Educação. Nela, Capanema ressaltava a importância da obra de Rui Barbosa para a cultura brasileira e a importância de que se revestia a sua publicação:

> Sr. Presidente:
>
> Há uma dívida de nossa pátria para com Ruy Barbosa: publicar-lhe as Obras Completas. Somente elas poderão dar a medida da extraordinária figura humana que Rui Barbosa foi, da sua exemplar dedicação às causas humanas e nacionais, do seu vigor intelectual e da sua têmpera moral, do grande realismo do seu espírito, da sua fidelidade inalterável aos princípios da ordem, da liberdade e da justiça, da sua coragem cívica, e enfim dos atributos que dele fizeram um grande homem do seu tempo e de sua vida um grande exemplo humano.

---

momentos, em 150. Atualmente a equipe da Casa de Rui Barbosa responsável pela publicação das Obras Completas calcula que elas compreenderão 160 tomos.

Representa, pois, considerável esforço compilar e ordenar toda a sua longa produção. Somente o governo, por intermédio de uma instituição devotada a tão árduo trabalho, como é a Casa de Ruy Barbosa, poderá levar a termo o empreendimento.[86]

Na exposição de motivos, Capanema dizia que uma "providência inicial da publicação não poderia deixar de ser o estabelecimento do plano ordenador das Obras Completas" e informava que a solução de ordenação mista assumida pelo decreto – cronológica para os volumes e temática para os tomos – havia sido aprovada pela comissão de especialistas anteriormente constituída.

Ao mesmo tempo que anuncia a importância da edição das Obras Completas, Capanema atualiza e toma posição em uma das maiores controvérsias em relação à obra ruiana no período, qual seja: se ela obedeceria a uma filosofia ou se seriam reflexões produzidas ao calor das batalhas, sejam elas quais forem, e de suas paixões. A esse respeito, dizia o ministro:

> Essa publicação é tarefa difícil, não só pela enorme extensão da matéria, senão ainda e sobretudo porque, havendo Ruy Barbosa escrito continuamente, por mais de meio século, nunca teve a preocupação de sistema, isto é, nunca subordinou a sua produção intelectual a qualquer plano literário ou científico, e não se ocupou jamais da organização e da sistematização de seus escritos.
>
> Rui Barbosa foi um homem de ação, homem de ação política sobretudo, e só escreveu para ação, em virtude da ação, sob as inspirações e ao calor dos acontecimentos numerosos e diversos.[87]

No entanto, contra a apreciação do ministro de que os textos do jurista baiano estariam voltados para a *ação*, a publicação das Obras Completas sob os auspícios do Ministério da Educação, capitaneado por Capanema, estaria criando as condições de possibilidade para aquela que, para muitos, ao longo dos anos de 1940, será uma tarefa importante: encontrar a filosofia (ou as filosofias) subjacente aos textos ruianos, conforme veremos.[88]

---

[86] *Diário Oficial da União*, 4 out. 1941, p. 19.
[87] *Ibidem*.
[88] *Ibidem*. Ainda em 1949, por ocasião do centenário, Miguel Reale voltará ao tema em: *Posição de Rui Barbosa no mundo da filosofia*: subsídios para compreensão de uma trajetória espiritual, Rio de Janeiro, Casa de Rui Barbosa. 1949.

O ministro finalizava a exposição de motivos chamando a atenção do presidente para a vantagem trazida pelo plano proposto nos seguintes termos:

> A Casa de Ruy Barbosa, entrando a executar esse plano, que tem a vantagem de permitir a publicação de qualquer obra independente das outras, preparou o primeiro tomo, a sair nestes próximos dias, e que contém o parecer de Ruy Barbosa sobre a reforma do ensino secundário e superior, trabalho de 1882. Esta obra será o primeiro tomo do nono volume das Obras Completas de Ruy Barbosa.[89]

Como se verá, a exposição de motivos, em sua aparente simplicidade, sintetiza e remete a um conjunto de questões que acompanhará todo o processo de edição das Obras Completas, qual seja: a articulação entre o projeto político-editorial de publicação das Obras Completas e os projetos políticos em jogo naquele momento, a dispersão dos textos produzidos pelo patrono da Casa, a existência ou não de uma filosofia que garantisse um *sentido* para a produção ruiana, dentre outras. Essas questões, no entanto, não impediram que os primeiros tomos das Obras Completas começassem a aparecer.

Com engenho e arte, surgem os livros!

Em 15 de dezembro de 1942, depois de um longo tempo, no qual o texto foi prefaciado, corrigido e anotado por Thiers Martins Moreira e cuidadosamente revisto por Lacombe, Thiers Martins Moreira e Capanema, foi dada como terminada pela Imprensa Nacional a edição do "tomo 1º do volume IX das Obras Completas de Rui Barbosa mandadas publicar pelo governo dos Estados Unidos do Brasil".[90]

---

[89] *Ibidem.*

[90] Há alguma controvérsia sobre o motivo de ter sido esse o primeiro tomo editado. Wilson Martins, no prefácio da 4ª edição do livro *Pedagogia de Rui Barbosa*, de Lourenço Filho, afirma: "Quis o acaso feliz, determinado pelos imprevistos tipográficos, que a série começasse, justamente, pela produção de 1882, compreendendo os dois pareceres sobre a reforma do ensino." (p. 15) Também Lourenço Filho, em sua conferência "À margem dos 'pareceres' de Rui sobre o ensino", analisada no terceiro capítulo deste livro, vai perguntar: "Por que haveria de começar a publicação por aí? Intenção deliberada, ou acaso feliz?" Penso termos reunido material suficiente para demonstrar que se trata de uma deliberação: o material começou a ser preparado por Luiz Camillo, mas foi, como veremos, descartado por apresentar muitos problemas; Thiers Moreira foi, provavelmente, o primeiro prefaciador convidado e já estava trabalhando no material pelo menos desde 1939; o decreto que disciplina a ordem dos livros da coleção estava pronto pelo menos desde novembro

Segundo o diretor da Casa:

> Sobre a parte material de nossas publicações parece fora de dúvidas que tem sido bem recebida. A capa foi ideada por Luiz Jardim. É sóbria e elegante. O papel, os tipos, as margens, os espaços, tudo foi objeto de minucioso exame e de comparação com obras congêneres, bem como com a *Queda do Império*, livro que Rui fez imprimir tendo em vista uma publicação de suas Obras Completas.[91]

Os exemplares em papel vergé têm o formato de 23x15,5cm. A capa não traz imagem, mas apenas a impressão, em alto relevo, das armas da República, como se pode observar na Figura 1.

Após uma "segunda capa" em papel vergé, há uma página que traz apenas a inscrição "Obras Completas de Rui Barbosa – volume IX tomo I", tudo em caixa alta. No verso dessa página há a seguinte informação:

> Foram tirados cem exemplares em **papel buffon** especial, e três mil em papel **vergé**, do presente volume das "**Obras Completas de Rui Barbosa**", mandadas publicar, sob os auspícios do presidente Getúlio Vargas, pelo ministro Gustavo Capanema, dentro do plano aprovado pelo Decreto-Lei n.º 3.668, de 30 de setembro de 1941.[92]

A folha seguinte, em branco, é o verso de uma imagem de "Rui Barbosa quando deputado ao Parlamento da Monarquia", que não traz a data precisa de quando teria sido produzida, pois ela seria, segundo informações constantes no próprio livro, um "clichê (retocado)" de uma fotografia existente na coleção Galeria Biográfica Contemporânea, dedicada a Rui Barbosa, publicada em Lisboa em 1891. A imagem é protegida por uma lâmina de papel de seda. A página seguinte reproduz a capa, sem as armas da República, e acrescenta o ano de publicação. O verso dessa página está em branco. Em seguida, vem a identificação do prefaciador e/ou do revisor

---

de 1940 – quando Carlos Drummond, chefe de Gabinete de Capanema, a ele se refere – e dele já constava que *Os pareceres sobre ensino secundário e superior* seria o primeiro livro.

[91] Américo Jacobina Lacombe, A publicação das Obras Completas de Ruy Barbosa, *Anuário Brasileiro de Literatura – 1943-1944*, Rio de Janeiro, Editora Zelio Valverde, 1945, p. 190.

[92] Laurence Hallewell estima que, nessa época, a tiragem média de um livro era de 5 a 6 mil exemplares por edição. Cf. Laurence Hallewell, *O livro no Brasil*, São Paulo, T.A. Queiroz/Edusp, 1985, p. 407.

e/ou do responsável pelas notas, seguida, por sua vez, da identificação de seu cargo ou vinculação institucional. Essa página tem o verso em branco. Na página seguinte começa o prefácio, numerado com algarismos romanos.[93] No caso do primeiro tomo publicado, o prefácio ocupa 17 páginas e o texto do parecer, outras 372, incluindo-se aí as páginas de bibliografias e índices.

> OBRAS COMPLETAS
> DE
> RUI BARBOSA
>
> VOL. IX. 1882
> TOMO I
>
> REFORMA DO ENSINO
> SECUNDÁRIO E SUPERIOR
>
> MINISTÉRIO DA EDUCAÇÃO E SAÚDE
> RIO DE JANEIRO

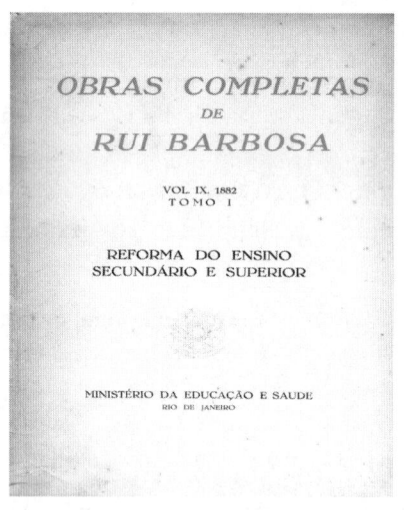

Figura I - Imagem da capa do volume IX, tomo I das Obras Completas, o primeiro a ser publicado, em 1942.
Fonte: Fundação Casa de Rui Barbosa

---

[93] Em geral, o prefácio começava na página IX dos livros. Note-se que a numeração do prefácio em romanos permite a composição/diagramação do tomo independentemente do prefácio, uma solução importante para os momentos em que os prefaciadores atrasavam a entrega do trabalho, o que, como veremos, não era raro. Para uma visão aproximada dos problemas e das soluções gráficas e tipográficas na editoração brasileira dos anos de 1940: Ralph W. Polk, *Manual do tipógrafo*, São Paulo, Editora LEP, 1948. Esse manual foi traduzido por Martin Märtz, com revisão e adaptação para o Brasil de Antônio Sodré C. Cardoso, Consultor Técnico do Sindicato das Indústrias Gráficas no Estado de São Paulo. Em sua apresentação do livro, de outubro de 1948, Rubens Amaral afirma: "No Brasil, temos tido grandes tipógrafos, cujas obras figurariam entre as obras-primas da tipografia mundial. São, porém, produtos de talento inato sob esforço próprio, pessoal e isolado. Na generalidade estamos em atraso. E do que precisamos é de uma aprendizagem, de um progresso geral, que eleve o ofício e faça dele efetivamente uma arte a serviço da ideia e da indústria. É o que procuram, neste 'Manual do tipógrafo', as Edições LEP, ao prestarem benefícios à técnica brasileira com a série de manuais cuja ausência era falta dolorosa. Até hoje, os nossos tipógrafos guiavam-se pela 'regra'. 'Isso está na regra" ou 'isso é contra a regra'. Que regra porém? Quem a fixou? Ninguém sabe... Trata-se de tradições empíricas que se transmitem de oficiais a aprendizes, sem bases outras que não as da rotina. Acertadas frequentemente, na sedimentação de estéticas instintivas. Ou frequentemente absurdas ou pelo menos obsoletas, superadas já por outras técnicas ou novos gostos." (p. 5-6)

Mas a preocupação com a beleza e elegância material do livro não parava por aí. Segundo o diretor:

> Ao mesmo tempo procediam-se a vários estudos e tentativas para conseguir o padrão de impressão afinal adotado, que é uma média excelente de comodidade, de beleza, de nitidez e mesmo de custo. [...] Além disso foram tomadas sérias medidas com relação à escolha e à revisão dos originais, visto como se trata de uma edição nacional, cujo texto precisa ser absolutamente fidedigno. Espero que o público não seja logrado quanto a este aspecto fundamental da publicação de uma obra como esta. Este esforço é tanto mais custoso quanto o nosso meio é de uma displicência inacreditável com relação a estas coisas que considera secundárias. Contudo, mesmo com prejuízo da rapidez, temos feito timbre em que as nossas publicações sejam conformes aos originais (se os conhecemos) ou a edições revistas. Se houve modificações, feitas pelo autor, do original para a publicação, ou de uma edição para outra, sempre as assinalamos. Isto às vezes representa um elemento de grande interesse para o filólogo.[94]

Resta, ainda, um comentário a fazer sobre a escolha do tema desse primeiro volume. Segundo Lacombe, o plano de publicação apresentado no Decreto n.º 3.668, de 1941, tinha, entre as suas vantagens, a possibilidade de "organização e publicação imediata de volumes sem aguardar a terminação das pesquisas relativas a um volume anterior, pesquisas essas que podem consumir esforços e tempo imprevisíveis".[95] Isso tornava "possível a impressão independente dos tomos, desde que a matéria que os componha se encontre devidamente organizada pelo especialista responsável pela pesquisa do material, autenticidade do texto, objetividade do prefácio e das notas bibliográficas".[96] Mas a escolha da ordem das publicações dos tomos não parece ter seguido apenas o ritmo de trabalho dos organizadores e/ou prefaciadores. Analisando os primeiros tomos encomendados e publicados, há uma nítida predominância de temas que pudessem despertar o interesse da

---

[94] Lacombe, A publicação das Obras Completas de Ruy Barbosa, p. 190.
[95] *Ibidem*, p. 189.
[96] Ministério da Educação e Saúde, *Casa de Rui Barbosa*: realizações, Rio de Janeiro, Ministério da Educação e Saúde, Folheto n. 27, 1946, p. 14.

intelectualidade brasileira pelas obras. Assim, não me parece coincidência que o primeiro tomo versasse justamente sobre a reforma do ensino secundário e superior, dois temas de grande atualidade naquele momento.[97]

A publicação do primeiro tomo é anunciada no relatório enviado pelo diretor ao ministro Capanema, em 25 de janeiro de 1943, nos seguintes termos:

> Apareceu no fim do ano o primeiro volume das <u>Obras Completas de Rui Barbosa</u> – correspondente à <u>reforma do ensino secundário e superior</u>. É o início do grande empreendimento no qual temos posto todos os esforços desde que assumimos a direção desta Casa.[98]

Ainda no relatório referente a 1942, depois de afirmar que "cremos firmemente poder cumprir neste setor a programação aprovada e que consta do nosso ofício n. 13, de 19 do corrente",[99] o diretor anuncia ainda que "apareceram também, tendo em vista larga procura, separatas das <u>Conferências</u> editadas em 1941, bem como uma edição de cartões postais com aspectos da casa e retratos de Rui Barbosa".[100] Destas separatas, de longe, a de maior sucesso é aquela relativa à conferência de Homero Pires intitulada "Ruy Barbosa e os livros", que ganhará ainda outras duas edições no decorrer da década de 1940.

A saída do primeiro tomo é saudada com vivo entusiasmo por parte de políticos e intelectuais que mantêm uma relação mais próxima com a Casa, mas os jornais dão pouca cobertura ao fato. Por outro

---

[97] A esse respeito, é importante lembrar que a organização da Universidade do Brasil, criada em 1937, ainda estava em curso e que as Leis orgânicas do ensino secundário foram publicadas em 1942, mobilizando a discussão da intelectualidade brasileira, sobretudo no que diz respeito à questão da formação das elites dirigentes brasileiras. Cf. Schwartzman, Bomeny e Costa, *Tempos de Capanema*; Helena Maria Bousquet Bomeny, *Constelação Capanema*: intelectuais e políticas; Gomes, *Capanema*: o ministro e seu ministério; José Silvério Bahia Horta, *O hino, o sermão e a ordem do dia*: regime autoritário e a educação no Brasil (1930-1945), Rio de Janeiro, UFRJ, 1994.

[98] Casa de Rui Barbosa, *Relatório relativo ao ano de 1942*, Casa de Rui Barbosa, 1943, p. 3-4. (grifos do original)

[99] Esse ofício, infelizmente, não foi encontrado. Em várias outras ocasiões Lacombe se refere a esse plano inicial. No entanto, mesmo as atuais funcionárias da Casa de Rui Barbosa responsáveis pela publicação das Obras Completas desconhecem o paradeiro desse documento.

[100] Casa de Rui Barbosa, *Relatório relativo ao ano de 1942*, Casa de Rui Barbosa, 1943, p. 4.

lado, a prestigiosa Associação Brasileira de Educação (ABE) organiza um evento especial para marcar o acontecimento.

Em 10 de janeiro de 1943, a coluna "Bibliografia", dentro da seção "Livros Novos" do *Jornal do Comércio*, registra o primeiro tomo das Obras Completas, ao lado de vários. Cumpre notar, no entanto, que o livro não foi objeto de qualquer comentário, como aqueles que acompanham livros como *As diretrizes da nova política do Brasil*, de Getúlio Vargas, pela José Olympio; *O domínio do Canadá*, de Hélio Lobo, pela Civilização Brasileira; *Um decênio de política externa*, de José Maia, pelo Departamento de Imprensa e Propaganda (DIP); *Uma folha na tempestade*, de Lin Yutang, pela Cia. Editora Nacional; *Obras Completas*, v. I, de Gil Vicente, pela Livraria Sá Costa Ribeiro Editora, de Lisboa, 1943.[101]

Um mês depois, no dia 14 de fevereiro, o *Jornal do Brasil*, em sua Seção "Educação e ensino", na coluna dedicada às Associações, noticia:

> A Associação Brasileira de Educação vai realizar, em colaboração com a Casa Ruy Barbosa, uma sessão comemorativa para assinalar a reimpressão do parecer sobre a reforma de ensino de Ruy Barbosa.
>
> Será orador da solenidade o Sr. Professor Lourenço Filho, que falará sobre: - A margem dos 'pareceres' de Ruy Barbosa.
>
> A sessão realizar-se-á no próximo dia 18, às 17 horas, na sala de conferências da Casa Ruy Barbosa à rua São Clemente, número 134.

As manifestações em torno do aparecimento do primeiro tomo demonstram que o assunto mobiliza os principais intelectuais da educação do período e, talvez, a pertinência da escolha do primeiro livro a ser editado.[102] Esse fato parece animar o diretor da Casa, que, em seu relatório referente a 1943, informa que outros 35 tomos encontravam-se

---

[101] Nessa mesma época, o livro que, no *Jornal do Comércio*, era anunciado com grande destaque praticamente todos os dias era *O perigo japonês*, livro de atualidade flagrante publicado pelo mesmo jornal. Esse livro, segundo o anúncio, seria o estudo da ameaça que ainda pesa sobre o Brasil em virtude da infiltração imperialista do Japão e estaria à venda em todas as livrarias do país.

[102] Entre outros, Pedro Calmon escreveu, em 14 de janeiro de 1943, a Américo Lacombe dizendo: "Com grande abraço, cumprimento, entusiasmado, pelo advento do 1º volume das Obras de Ruy, majestosamente prefaciada pelo Thiers. Admirável iniciativa, êxito completo, grande serviço, magnífico presente! Abraços do amigo, Pedro Calmon."

em diferentes estágios de organização, "dos quais uns dois terços poderão aparecer ainda no corrente ano".[103]

O informe de Lacombe sobre os 35 tomos em preparação é detalhado e permitir-nos perceber a ordem dos livros organizados, como se pode ver no Quadro 1, abaixo, que traz a relação dos tomos e seus respectivos prefaciadores.

Quadro 1
Situação dos tomos das Obras Completas em final de 1943

ASSUNTO	PREFACIADOR/ORG.	ANO	TOMOS
TOMO PUBLICADO			
Reforma do Ensino Sec. e Superior	Thiers Martins Moreira	1882	1
TOMOS EM PROVA			
Reforma do Ensino Primário	Thiers Martins Moreira		2
A Imprensa	Homero Pires		2
Trabalhos Jurídicos	Levi Carneiro	1892	
TOMOS NA TIPOGRAFIA DA IMPRENSA NACIONAL			
Réplica	Pe. Augusto Magne	1902	1
Oratória Parlamentar	Fernando Néri		6
TOMOS EM ORGANIZAÇÃO PARA ENTREGA			
Cessão de Clientela	Ernesto Leme		
A 2ª Conferência da Paz	José Carlos de Macedo Soares	1907	
Campanha da Bahia	Madureira Pinho	1919	
Direto do Amazonas ao Acre	Antônio Sampaio Dória	1910	
O Papa e Concílio	Edgardo de Castro Rebelo		
TOMOS EM PREPARO NA CASA DE RUI BARBOSA			
Trabalhos Jurídicos	Costa Manso	1893	
Campanha Presidencial de 1919	José Eduardo de Macedo Soares	1919	
Trabalhos Jurídicos	Sampaio Dória	1906	
Questão Minas-Werneck	Rodrigo de Mello Franco Andrade		
Jornalismo	Otávio Tarquínio de Sousa	1884	
TOMOS ENCOMENDADOS[104]			
Parecer sobre Código Civil - Geral	San Tiago Dantas	1902	

Já em seu relatório sobre as atividades realizadas em 1944, o diretor informa:

---

[103] Casa de Rui Barbosa, *Relatório referente ao ano de 1943*, 1943, s.p.

[104] Essa informação não consta no *Relatório referente ao ano de 1943*, mas aparece nos relatórios anteriores.

Está impresso o vol. VII, 1880, tomo I das Obras Completas. É o terceiro volume publicado.[105] Durante todo o decorrer do ano não se pode imprimir um só volume por falta de papel igual ao dos primeiros aparecidos. Apenas foi obtido, em dezembro, o material necessário e reiniciou-se a tarefa de impressão que, segundo as declarações do diretor da Imprensa Nacional, será feita no correr deste ano, na média de um volume por mês.[106]

Vemos, assim, que se a proposta de edição das Obras Completas teve seu fortalecimento em meados da década de 1930, momento em que houve um *boom* no mercado editorial brasileiro,[107] já o início da publicação não poderia se dar em ocasião pior, pois ocorreria em plena Segunda Guerra Mundial. As dificuldades interpostas pelo conflito para a importação do papel, aliadas à relutância dos organizadores da coleção em utilizar um papel de pior qualidade, fizeram com que a impressão dos tomos já organizados sofresse grande atraso, problema que somente viria a ser superado a partir de 1947.[108]

No Quadro 2, as indicações sobre os tomos relativos aos pareceres sobre ensino primário são exemplos de mudanças no plano editorial, ocorridas devido às pesquisas realizadas e ao acúmulo de informações sobre cada assunto. Desde o início estava prevista a publicação de dois tomos sob responsabilidade de Thiers Martins Moreira, que atuaria como organizador e revisor. Essa indicação assim aparece ainda em final de 1944 e início de 1945. No entanto, como se pode perceber no Quadro 3, os pareceres foram desdobrados não em dois, mas em quatro tomos, tendo por título Reforma do ensino primário e várias instituições complementares de instrução pública, sendo o primeiro tomo publicado em 1946 e os três outros em 1947. Apesar de Thiers

---

[105]Em 1943 foi publicado o tomo I do volume VI das Obras Completas, Discursos parlamentares, referentes ao ano de 1879, revisto e prefaciado por Fernando Néri.

[106]Casa de Rui Barbosa, *Relatório referente ao ano de 1944, 1945*, s.p.

[107]Ver, a esse respeito, o trabalho de Sérgio Miceli, *Intelectuais e classe dirigente no Brasil (1920-1945)*, especialmente o segundo capítulo, "A expansão do mercado do livro e a gênese de um grupo de romancistas profissionais"; e o clássico de Laurence Hallewell, *O livro no Brasil*.

[108]Penso que cabe, aqui, uma referência ao trabalho de Robert Darnton, *O iluminismo como negócio: história da publicação da* Enciclopédia *(1775-1800)*, que, ao estudar uma experiência singular, constitui uma referência fundamental para a análise dos diversos sujeitos e das diversas variáveis que intervêm no processo de edição e comercialização de livros em geral e, particularmente, de coleções.

Moreira ter atuado como organizador e revisor, quem escreve o prefácio é Américo Lacombe.

Quadro 2
Preparação das Obras Completas em final de 1944

ASSUNTO	PREFACIADOR/ORG.	ANO	TOMOS
TOMOS PUBLICADOS			
Reforma do Ensino Sec. e Superior	Thiers Martins Moreira	1882	1
Discursos Parlamentares	Fernando Néri	1879	1
Discursos Parlamentares	Fernando Néri	1880	1
TOMOS NO PRELO NA IMPRENSA NACIONAL			
Par. sobre a Redação do Cód. Civil			
Réplica	Pe. Augusto Magne	1902	2
Parecer sobre Código Civil - Geral	San Tiago Dantas	1902	
Reforma do Ensino Primário	Thiers Martins Moreira		2
Discursos		1882	
Jornalismo		1898	2
Parecer sobre Emancipação dos Escravos	Astrojildo Pereira		
Discursos Parlamentares[109]		1891	
Discursos Parlamentares		1892	
Pareceres		1892	
Discursos		1893	
Discursos		1895	
Cartas da Inglaterra			
Queda do Império			4
ASSUNTO	PREFACIADOR/ORG.	ANO	TOMOS
TOMOS EM PREPARO NA CASA DE RUI BARBOSA			
A Constituição de 1891[110]		1891	
Campanha Presidencial		1919	
Campanha da Bahia		1919	
Questão Minas-Werneck	Rodrigo de Mello Franco Andrade		
Actes et Discours		1907	
Trabalhos Jurídicos		1892	
Trabalhos Jurídicos		1893	
Campanha Civilista		1910	2
Trabalhos Jurídicos		1896	2
Trabalhos Jurídicos		1898	

[109] Aparece riscado a lápis no documento original.

[110] No original há uma anotação a lápis ao lado: "pronto".

Cessão de Clientela	Ernesto Leme[113]		
Direto do Amazonas ao Acre	Antônio Sampaio Dória	1910	2
Trabalhos Jurídicos	Sampaio Dória	1906	
Jornalismo	Otávio Tarquínio de Sousa	1884	
Jornal do Brasil			2
A Imprensa			2
Queda do Império[111]			4
Lições de Coisas (Calkins)[112]		1886	
A 2ª Conferência da Paz	José Carlos de Macedo Soares	1907	
Campanha da Bahia	Madureira Pinho	1919	
TOMOS QUE DEVEM ESTAR PREPARADOS NO ANO			
A queda do Império			4
Imprensa			9
Abolicionismo e Imprensa		1885	
Trabalhos Diversos		1887	
Trabalhos Diversos		1888	
Atos Administrativos		1890	2
Relatórios do Ministro da Fazenda			
Trabalhos Jurídicos		1879	
Discursos no Senado			8
Limites entre Ceará e R.G. Norte			
Trabalhos Jurídicos		1904	

Observe-se também que nos quadros 2 e 3 há a omissão de nomes que estavam previstos como colaboradores desde o primeiro momento – como Pereira, Homero Pires e Luís Viana Filho, três dos mais importantes ruistas do período – e que, nos quadros 3 e 4, vários dos convidados apontados nos quadros anteriores não aparecem – caso de San Tiago Dantas, Rodrigo de Melo Franco Andrade e Otávio Tarquínio de Sousa, apenas para citar alguns. Como veremos à frente, uma das dificuldades enfrentadas pelos organizadores da publicação, sobretudo Lacombe, foi a não entrega dos prefácios por alguns de seus convidados mais ilustres. Outra dificuldade foi o esgarçamento da relação entre os próprios convidados a trabalharem sobre um mesmo tema, como foi o caso da briga entre Homero Pires e Luís Viana Filho a propósito da biografia do segundo sobre Rui Barbosa, como veremos no próximo capítulo.

---

[111] Há, no original, um x a lápis ao lado dessa informação.

[112] Há, no original, uma anotação "pronto", seguida de um x.

[113] Há, no original, um x a lápis ao lado dessa informação.

Percebe-se, ainda, nos quadros, que a discussão sobre Rui Barbosa, pelo menos no que concerne à Casa, foi um empreendimento masculino por excelência. Note-se que apenas uma mulher – Lúcia Miguel Pereira – comparece ao lado de dezenas de vozes e penas masculinas.[114] No que se refere aos prefácios, esse viés tem vida longa: vamos ter que esperar mais de quatro décadas para encontrar o próximo, e único até 2002, prefácio escrito por outra mulher. Trata-se, no caso, daquele escrito por Consuelo Novais Sampaio, para o vol. 46, t. 3, referente à Campanha da Bahia, publicado pela Casa em 1988.

Quadro 3
Relação dos tomos das Obras Completas publicados até 1949

Ord.	Vol.	Tomo	Ano	Título	Ano de Public.	Prefaciador	Ano do Prefácio
1	9	1	1882	Reforma do Ensino Secundário e Superior	1942	Thiers Martins Moreira Pereira	1940
2	6	1	1879	Discursos Parlamentares	1943	Fernando Néri	1943
3	7	1	1880	Discursos Parlamentares	1945	Fernando Néri	1942
4	11	1	1884	Disc. Parl.; Em. dos Escravos	1945	Astrojildo Pereira	1944
5	18	1	1891	Discursos Parlamentares	1945	Fernando Néri	1943
6	10	1	1883	Reforma do Ensino Primário	1946	Américo Jacobina Lacombe	1947
7	17	1	1890	A Constituição de 1891	1946	Pedro Calmon	1945
8	23	1	1896	Cartas da Inglaterra	1946	Lúcia Miguel Pereira	s.d.
9	10	2	1883	Reforma do Ensino Primário	1947	Américo Jacobina Lacombe	1947
10	10	3	1883	Reforma do Ensino Primário	1947	Américo Jacobina Lacombe	1947
11	10	4	1883	Reforma do Ensino Primário	1947	Américo Jacobina Lacombe	

[114]Lembremos ainda que Cecília Meireles foi convidada pela Comissão de Preparação do Centenário de Rui Barbosa a escrever um livro sobre a vida de Rui Barbosa para crianças. O livro, *Rui: pequena história de uma grande vida*, foi publicado em 1949 pela Casa de Rui Barbosa, com tiragem de 90 mil exemplares, distribuídos para as escolas brasileiras, conforme informações de Lacombe em seu relatório referente às atividades da Casa em 1949.

12	16	1	1889	Queda do Império	1947	Hermes Lima	1944
13	16	2	1889	Queda do Império	1947	Hermes Lima	1944
14	16	3	1889	Queda do Império	1947	Hermes Lima	1944
15	19	1	1892	Discursos Parlamentares	1947	Fernando Néri	1946
16	25	1	1898	A Imprensa	1947	Antônio Jacobina Lacombe	1946
17	25	2	1898	A Imprensa	1947	Américo Jacobina Lacombe	1946
18	25	3	1898	A Imprensa	1947	Américo Jacobina Lacombe	1946
19	9	2	1882	Disc. e Trabalhos Parlamentares	1948	José Vieira	1944
20	16	4	1889	Queda do Império	1948	Hermes Lima	1944
21	16	5	1889	Queda do Império	1948	Hermes Lima	1944
22	16	6	1889	Queda do Império	1948	Hermes Lima	1944
23	16	7	1889	Queda do Império	1948	Hermes Lima	1944
24	19	2	1892	Discursos e Parec. Parlamentares	1948	Fernando Néri	1946
25	20	1	1893	Visita à Terra Natal; Disc. Parl.	1948	Fernando Néri	1943
26	25	4	1898	Trabalhos Jurídicos	1948	José Gomes Bezerra Câmara ★	1946
27	25	5	1898	Trabalhos Jurídicos	1948	José Gomes Bezerra Câmara	1946
28	40	1	1913	Cessão de Clientela	1948	Francisco Morato	1945
29	16	8	1889	Queda do Império	1949	Hermes Lima	1944
30	18	2	1891	Relatório do Ministro da Fazenda	1949	Oscar Bormann	1947
31	18	3	1891	Relatório do Ministro da Fazenda	1949	Oscar Bormann	1947
32	18	4	1891	Relatório do Ministro da Fazenda	1949	Oscar Bormann	1947
33	20	2	1893	Jornal do Brasil; A Ditadura de 1893	1949	Austregésilo de Ataíde	1945
34	20	3	1893	Jornal do Brasil; A Ditadura de 1893	1949	Austregésilo de Ataíde	1945
35	20	4	1893	Jornal do Brasil; A Ditadura de 1893	1949	Austregésilo de Ataíde	1945
36	26	1	1899	Trabalhos Jurídicos	1949	José Gomes Bezerra Câmara	1947
37	29	1	1902	Parecer sobre Código Civil	1949	Augusto Magne (s.j.)	1947

★ Neste tomo, contrariamente ao que se fazia com todos os prefaciadores, não há a indicação, no início do livro, de que o José Câmara é o prefaciador. Aparece apenas como responsável pela revisão e pelas notas.

Quadro 4
Relação das Obras Completas publicadas após 1949 cujos prefácios foram escritos até 1949

Ord.	Volume	Tomo	Ano Ref.	Assunto	Ano Publicação	Prefácio	Ano Escrita
1	13	1	1888	Lições de Coisas	1950	Lourenço Filho	1945
2	27	2	1900	Trabalhos Jurídicos	1950	José Câmara	1946
3	39	1	1912	Trabalhos Jurídicos	1950	José Câmara	1949
4	1	1	1865-1871	Primeiros Trabalhos	1951	Antônio Gontijo de Carvalho	1949
5	27	3	1900	Discursos Parlamentares	1951	Fernando Néri	1946?
6	22	1	1895	Disc. Parl. Trab. Jurídicos	1952	Não há	1949
7	24	2	1897	Discursos Parlamentares	1952	José Câmara	1946
8	27	1	1900	Trabalhos Jurídicos	1952	José Câmara	1946
9	26	2	1899	Discursos Parlamentares	1953	Fernando Néri	1946?
10	31	1	1904	Discursos Parlamentares	1953	Fernando Néri	1946?
11	31	3	1904	Trabalhos Jurídicos	1953	José Câmara	1947
12	26	3	1899	A Imprensa	1954	Américo Lacombe	1946
13	26	4	1899	A Imprensa	1954	Américo Lacombe	1946
14	31	4	1904	Trabalhos Jurídicos	1954	José Câmara	1947
15	14	1	1887	Questão Militar	1955	Hélio Viana	1947
16	24	3	1897	Trabalhos Jurídicos	1955	José Câmara	1947
17	25	6	1898	Discursos Parlamentares	1955	Fernando Néri	1946?
18	28	1	1901	Discursos Parlamentares	1955	Fernando Néri	1946?
19	32	1	1905	Discursos Parlamentares	1955	Fernando Néri	1946?
20	30	1	1903	Discursos Parlamentares	1956	Fernando Néri	1946?

21	8	1	1881	Castro Alves e outros trabs.	1957	Luís Viana Filho	1947
22	31	5	1904	Trabalhos Jurídicos	1957	José Câmara	1948
23	20	5	1893	Trabalhos Jurídicos	1958	Romão Côrtes de Lacerda	1948
24	23	2	1896	Impostos Interestaduais	1958	Temístocles Cavalcanti	1949
25	33	1	1906	Discursos Parlamentares	1958	Fernando Néri	1946?
26	13	2	1886	Trabalhos Diversos	1962	Américo Lacombe	1947
27	34	1	1907	Discursos Parlamentares	1962	Fernando Néri	1946?
28	40	2	1906	Trabalhos Jurídicos	1962	José Câmara	1949
29	31	2	1904	Trabalhos Jurídicos	1963	José Câmara	1947
30	35	1	1908	Discursos Parlamentares	1963	José Câmara	1948
31	35	2	1908	Trabalhos Jurídicos	1963	José Câmara	1948
32	39	2	1912	Trabalhos Jurídicos	1963	José Câmara	1949
33	32	2	1905	Parecer Juríd. sobre Cod. Civil	1964	José Câmara	1949
34	33	2	1906	Trabalhos Jurídicos	1964	José Câmara	1948
35	42	1	1915	Questões de Limites	1964	José Câmara	1948
36	26	5	1899	A Imprensa	1965	Américo Lacombe	1946
37	26	6	1899	A Imprensa	1965	Américo Lacombe	1946
38	29	4	1902	Discursos Parlamentares	1969	Fernando Néri	1946?

Os quadros anteriores e as informações produzidas pelo diretor permitem-nos aquilatar, também, o impacto da medida tomada, em 1945, de redução do número de prefaciadores a partir de então.[115] Como se pode ver nos quadros 4 e 5, aos 14 colaboradores mobilizados

---

[115] Dizia Lacombe na ocasião: "A demora com que grande parte destes volumes tem sido organizada, porém, leva-nos, em benefício da uniformidade e da rapidez da publicação, a restringir um tanto os convites, confiando as séries dos volumes homogêneos ao mesmo encarregado, sempre sob a

para prefaciar os 38 tomos publicados até 1949 se juntarão apenas 6 novos nomes ao conjunto dos prefaciadores dos 37 tomos já organizados, porém não publicados, em 1949. Em nome da rapidez e da homogeneidade do trabalho foi necessário sacrificar a diversidade dos prefaciadores, característica tão cara à Lacombe para as Obras Completas no início da década de 1940.

Por fim, um último aspecto a respeito da ordem dos livros publicados. Como veremos mais à frente, em 12 de agosto de 1947, Lacombe solicitou ao ministro que este cobrasse dos colaboradores a entrega dos prefácios: segundo ele seria "conveniente que no centenário de Rui Barbosa estejam publicados ao menos os *principais volumes* de suas Obras Completas".[116] Pois não é possível fechar esta parte do capítulo sem uma consideração sobre quais os assuntos da obra de Rui Barbosa eram considerados mais importantes pela Comissão Organizadora da edição de suas Obras Completas.

Em princípio, parece que a escolha não se dava pelo ano (volume), mas pelo assunto ou tema. Sabia-se de antemão, é evidente, que alguns assuntos/temas e, logo, tomos, haviam adquirido, antes ou depois da morte de Rui, uma relevância jurídica ou política, a qual era continuamente atualizada por seus admiradores e adversários, como era o caso dos Relatórios de Rui como ministro da Fazenda e de sua intervenção nas discussões sobre o Código Civil, em 1902.

Outros tomos, no entanto, participavam de outra ordem de importância. Esse é o caso, como veremos no Capítulo 4 deste livro, dos tomos referentes às reformas do ensino público, os quais foram praticamente ignorados, em seu conjunto, pelos intelectuais da educação desde o final do império até justamente o lançamento do tomo sobre a reforma do ensino secundário e superior. Aqui, além da qualidade "intrínseca" do texto dos pareceres, corrobora para produzir a sua importância e primazia na edição tanto o investimento inicial de Luiz Camillo de Oliveira Netto quanto a familiaridade de Lacombe, seu sucessor, com a temática da educação. Mas, parece-me que pesa aqui,

presidência desta direção, e exame da Comissão Organizadora das Obras." (*Relatório*, Casa de Rui Barbosa, 1945, p. 4-5)

[116] Casa de Rui Barbosa, Carta de Jacobina Lacombe ao ministro Clemente Mariani, em 12 de agosto de 1947. (itálico nosso)

sobretudo, a interface do tema do primeiro tomo publicado com as políticas educacionais definidas e operacionalizadas por Capanema no período. Ou seja, na publicação das Obras Completas, a ordem dos livros guardava, de várias formas, relações com a Ordem do Dia.[117]

A produção dos livros: a intervenção dos mediadores

No correr do tempo, o diretor vinha trabalhando na criação de estruturas institucionais para a continuidade da edição. Assim, no final de janeiro de 1943, devidamente autorizado pelo ministro Capanema, ele escreve ao historiador Sérgio Buarque de Holanda, então chefe da seção de publicações do Instituto Nacional do Livro. Nessa carta, Lacombe convida-o para, junto com ele e "Thiers Martins Moreira, constituir uma comissão incumbida de estudar a adaptação do catálogo das obras de Rui Barbosa ao plano de publicação mandado executar pelo Decreto 3.668". Informa, ainda, que junto envia o programa de publicação para o ano, devidamente aprovado pelo ministro, e que, em momento oportuno, enviará o catálogo das obras de Rui, "já em ordem cronológica".[118]

No relatório a respeito das atividades da Casa em 1943, Lacombe relata que "a comissão incumbida de programar e editar os volumes das Obras Completas, constituída de acordo com o ofício de Gabinete n.º OCG/24 de 18.I.943 tem se reunido regularmente".[119]

Como vimos, a edição das obras mobiliza vasto contingente de pessoas que, oriundas das elites intelectuais, como se viu, ou simples funcionários da "repartição" dirigida por Lacombe, cumpriam as variadas tarefas necessárias ao andamento do projeto. É bom lembrar, entretanto, que, como não se tratava de uma casa editora no sentido estrito da palavra, não havia ali, também, uma definição clara das ocupações. Assim, podemos dizer que a força-tarefa mobilizada por Lacombe, sob os auspícios de Capanema, executava uma vasta gama de ações de organização, pesquisa, arquivo, revisão, notação e prefaciação dos tomos publicados. Isso é claro sem contar o trabalho

---

[117]Horta, *O hino, o sermão e a ordem do dia*: regime autoritário e a educação no Brasil (1930-1945).

[118]Unicamp, Carta de Américo Jacobina Lacombe a Sérgio Buarque de Holanda, em 29 de janeiro de 1943, Arquivo SBH, Unicamp.

[119]Casa de Rui Barbosa, *Relatório referente ao ano de 1943*, s.p.

de composição, diagramação e impressão executado pela equipe da Imprensa Nacional.[120]

Se a supervisão de Capanema, do ponto de vista do respaldo e do controle políticos, era absolutamente central para entender o funcionamento e a operacionalização das edições, estas são levadas a cabo no dia a dia pela equipe da Casa, tendo à frente o diretor, Américo Lacombe, e Thiers Martins Moreira, não por acaso membros da Comissão Organizadora das Obras Completas. Se essa comissão, na figura desses dois membros, exerceu papel fundamental, o mesmo não se pode dizer da atuação de Sérgio Buarque de Holanda, já que não há registro de sua participação na operacionalização do trabalho de edição ou de qualquer outra discussão a esse respeito.

Em conjunto com essa comissão trabalham os prefaciadores. Esses realizavam as pesquisas concernentes à realização de uma boa apresentação do tomo, ou de um conjunto de tomos, junto ao público, como já se viu. Para isso, muitas vezes, era necessária a realização de pesquisas exaustivas e demoradas. Quando se tratava de uma série de tomos sobre o mesmo assunto, mesmo que em volumes diferentes, era comum que apenas o primeiro deles trouxesse a introdução, como se pode verificar para o caso dos tomos dedicados à imprensa ou às reformas do ensino primário. Esses prefácios poderiam variar de algumas poucas páginas, mas nunca menos de 10 nos volumes publicados no período, a mais de 100 páginas, dependendo do prefaciador e do assunto.

O trabalho do prefaciador aumentava substancialmente se, além de elaborar o prefácio, a pessoa fosse também responsável pelas notas. Tais notas cumpriam funções as mais variadas dentro do plano editorial levado a cabo por Lacombe a partir das definições iniciais estabelecidas pelo decreto de 1941. Elas podem, às vezes, servir apenas para dar uma informação sobre um determinado assunto ou para informar sobre pessoas ou instituições citadas por Rui Barbosa num determinado texto. Porém, em alguns casos, elas eram absolutamente fundamentais para

---

[120] A Imprensa Nacional cumpriu um papel fundamental nas estratégias de propaganda da Era Vargas, sobretudo durante o Estado Novo e, para isso, teve que ser aparelhada adequadamente. São inúmeros os trabalhos que atestam essa centralidade, entre eles uma referência obrigatória é o de Silvana Goulart Guimarães, *Ideologia, propaganda e censura no Estado Novo*: o DIP e o DIEP, São Paulo, Marco Zero, 1984. Para conhecimento de algumas das preocupações que mobilizavam os dirigentes nacionais e regionais da Imprensa Nacional/Imprensa Oficial no país, cf. os *Anais* da I Reunião das Imprensas Oficiais do Brasil, Rio de Janeiro, Imprensa Nacional, 1944.

o entendimento do texto. Nos tomos dos discursos parlamentares, por exemplo, as notas cumprem o papel de situar cada intervenção de Rui Barbosa num determinado debate, informando a matéria em discussão, o "fato" que a originou, os presentes na sessão, os aparteadores etc., elementos sem os quais o leitor não tem condições de entender o texto.

O mais comum era que a pessoa responsável pelas notas fosse, também, o revisor. Este, pelos indícios presentes em vários textos, principalmente de Lacombe, tinha a função de zelar pela integridade linguística, estilística e tipográfica do texto, devendo, para isso, trabalhar na adequação do texto de Rui às normas da língua oficial em vigor e corrigir as diferentes versões das "provas" enviadas pela Imprensa Nacional. Em alguns poucos casos, aparece também a figura do organizador do(s) tomo(s). Essa função foi exercida, segundo Lacombe, por Thiers Martins Moreira na edição dos pareceres sobre o ensino primário, prefaciados pelo diretor da Casa. E foi do organizador, também, a responsabilidade pela revisão e pela produção das notas. No entanto, mostrando a complexidade do trabalho de edição, o prefaciador adverte que "manda a justiça mencionar os nomes das funcionárias desta Casa Virgínia Côrtes de Lacerda, técnica de educação, e Maria Celina Goulart do Amarante, que dedicadamente fizeram a última revisão e deram os arremates finais, trabalho que exigiu tanta competência quanto carinho".[121]

Pela diversidade de situações que encontramos, é possível perceber que não havia, como já se disse, uma determinação rígida das funções. Uma mesma pessoa, além do próprio Lacombe e do Thiers Martins Moreira, poderia cumprir várias dessas funções ao longo da preparação de tomo. Poderia ocorrer, também, a intervenção de terceiros, sem ligação com o trabalho específico de edição do tomo ou com a Casa, mas participante do círculo intelectual e de amizade de Lacombe. Essa parece ter sido, por exemplo, a posição de Plínio Doyle, amigo do diretor desde os tempos de faculdade.[122]

Havia, ainda, a possibilidade de "recrutamento" de colaboradores fora dos círculos de amizade ou intelectuais para ajudar na tarefa de

---

[121] Américo Jacobina Lacombe, Prefácio, em *Obras Completas de Rui Barbosa*: reforma do ensino primário e várias instituições complementares da instrução pública, Rio de Janeiro, Casa de Rui Barbosa, v. X, t. I, 1947, p. XXV.

[122] Plínio Doyle, *Uma vida*, Rio de Janeiro, Casa da Palavra, Casa de Rui Barbosa, 1999, p. 127.

preparação dos originais. O caso exemplar e, ao que parece, único desse tipo de mobilização foi o de José Gomes Bezerra Câmara. Aluno e admirador de San Tiago Dantas, José Câmara, quando era aluno da Faculdade Nacional de Direito, foi envolvido, segundo seus filhos, pelo seu professor no trabalho de revisão e notação das Obras Completas de Rui Barbosa, ainda no início dos anos de 1940. Tendo começado como revisor e anotador, sob supervisão de Lacombe, logo começa a fazer prefácios, tornando-se no decorrer dos anos o responsável pelo maior número de tomos revisados, notados e prefaciados (40 tomos ao longo de quase 50 anos).[123]

Percursos e percalços do projeto político-editorial

Em seu relatório a respeito do ano de 1943, o diretor informa que a Casa celebrou os 20 anos da morte de Rui Barbosa "com uma sessão solene cujo orador foi João Mangabeira, cuja conferência foi impressa e teve larga repercussão". Relata, ainda, a comemoração do aparecimento do 1º volume das obras de Rui por meio da conferência promovida pela ABE, já aludida.

Nesse mesmo relatório, o diretor informa que o aniversário de morte de Rui Barbosa foi lembrado com uma conferência de Carleton Sprague Smith, realizada na Casa em 1º de março,[124] e que os professores Pedro Calmon, Matos Peixoto e Thiers Martins Moreira utilizam a biblioteca para "aulas práticas de bibliografia de suas cadeiras".

Ao mesmo tempo que se preocupava com os livros em preparação, Lacombe tinha sua atenção voltada para a sorte dos livros já publicados. É assim que, em carta ao ministro da Educação, em 3 de fevereiro de 1945, ele afirma estar "informado de que os volumes já publicados das Obras Completas de Rui Barbosa acham-se completamente esgotados, continuando, tanto a Imprensa quanto esta repartição, a receberem inúmeros [...] pedidos de exemplares"[125] e propõe a Capanema:

---

[123] A específica posição de José Gomes Bezerra Câmara na rede de sociabilidade das Obras Completas será analisada no próximo capítulo.

[124] Carleton Sprague Smith, Os livros norte-americanos no pensamento de Rui Barbosa, *Conferências II*, Rio de Janeiro, Casa de Rui Barbosa, 1945, p. 97-120.

[125] Casa de Rui Barbosa, Carta de Jacobina Lacombe ao ministro Gustavo Capanema, em 3 de fevereiro de 1945. O primeiro anúncio de venda das Obras Completas que encontramos no *Diário*

A reedição daqueles volumes no mesmo papel em que estão sendo impressos os demais volumes viria a sair ainda mais cara do que a primeira tiragem, dada a escassez do material. Como, ao lado do pedido de maior número de exemplares, tem sido aventado, tanto pela Imprensa como por sugestões diretas a esta repartição que, além da edição que está sendo feita, se faça outra, a preços populares em papel mais barato, tenho a honra de sugerir a V. Ex. que me autorize a entrar em entendimento com o diretor da Imprensa Nacional a fim de que sejam reeditados os volumes já esgotados das Obras Completas de Rui Barbosa, obedecendo a nova tiragem a todas as condições adotadas, menos na qualidade do papel, a fim de baratear o preço.[126]

```
              RUI BARBOSA
                OBRAS COMPLETAS
         Acha-se à venda o vol. IX (1882) — Tomo I
      Reforma do Ensino Secundário e Superior
                   Preço: Cr$ 30,00
  Secção de Vendas: AV. RODRIGUES ALVES N. 1  —  Agência I. MINISTÉRIO DO TRABALHO
                     Agência II: PRETÓRIO
           ATENDE-SE A PEDIDOS PELO SERVIÇO DE REEMBOLSO POSTAL
```

Figura II - Anúncio de venda das Obras Completas publicado no DOU em 31/03/1943.
Fonte: *Diário Oficial da União*, 31 mar. 1943

Como se sabe, a proposta de fazer uma edição mais barata dos livros de Rui Barbosa não era nova na Casa. A ideia fora aventada pelo zelador Antônio Gomes da Costa em 1932. No entanto, desde essa época, a proposta esbarrava na falta de recursos para a produção da reedição das obras a preços mais populares. Ciente desse problema, o diretor afirma:

> Como o orçamento consigna uma verba que mal satisfará a impressão dos volumes no prelo, a Imprensa Nacional será consultada se deseja imprimir por sua conta, ficando incumbida da vendagem,

---

Oficial da União data de 31 de março de 1943. O tomo das *Reformas do ensino secundário e superior* era anunciado a Cr$30,00 (ver Figura II). Nesse mesmo ano, segundo o *Anuário Brasileiro de Literatura*, o livro de Fernando de Azevedo, *Velha e nova política: aspectos e figuras da educação nacional*, era vendido por Cr$18,00, e os dois tomos de *Casa-grande e senzala*, de Gilberto Freyre, eram vendidos por Cr$80,00. Cf. *Anuário Brasileiro de Literatura (1943-1944)*, p. 415, 418.

[126] Casa de Rui Barbosa, Carta de Jacobina Lacombe ao ministro Gustavo Capanema, em 3 de fevereiro de 1945.

submetida, porém, as últimas provas, à revisão desta Casa. Os volumes em curso de publicação teriam também aumentada a tiragem nestas condições.[127]

A proposta, assim apresentada, é aprovada pelo ministro em 14 de fevereiro de 1945, mas não encontrei informações de que tenha sido implementada pela Imprensa Nacional. Nesse mesmo ano, aparece o único texto publicado por Lacombe, no período estudado, a respeito do trabalho de edição das Obras Completas de Rui Barbosa. Trata-se de um texto curto publicado no muito prestigioso *Anuário Brasileiro de Literatura*[128] referente aos anos de 1943-1944.[129]

Aparentemente tendo em vista uma comunidade muito heterogênea de leitores e distintos interlocutores, Lacombe utiliza-se de um conjunto de estratégias argumentativas que cumprem funções muito diferenciadas no texto. Inicialmente, ele adota um tom claramente informativo:

> Há dois anos começaram a aparecer os primeiros volumes das Obras Completas de Rui Barbosa. Por uma questão momentânea relativa à falta de papel, não têm aparecido os volumes seguintes. Já foram, porém, tomadas providências pela direção da Imprensa Nacional. Creio que em breve retomaremos o nosso ritmo de impressão. Digo simplesmente *impressão*, porque o trabalho de preparação dos volumes não sofreu a menor solução de continuidade. Temos vários volumes prontos a serem impressos logo que chegue o material em falta. Entre eles o de Discursos parlamentares de 1880, o parecer sobre a Emancipação dos escravos de 1884, e dos Discursos no Senado de 1891. O primeiro e o terceiro foram organizados por Fernando Néri, o segundo por Astrojildo Pereira. É provável, portanto, que possamos até o fim do ano dar cumprimento ao nosso programa de publicações.[130]

Em seguida, sob o argumento de que o plano de publicação não teria sido "devidamente compreendido", utiliza-se do texto como

---

[127] *Ibidem.*

[128] Para mais informações sobre o *Anuário*, cf. Sérgio Miceli, *Intelectuais e classe dirigente no Brasil (1920-1945)*, p. 83.

[129] Lacombe, A publicação das Obras Completas de Ruy Barbosa, p. 189-191.

[130] *Ibidem*, p. 189.

recurso para explicitar as opções feitas, estabelecer comparações e distanciamentos de outras coleções congêneres e, finalmente, para chamar a atenção para a adequação do plano adotado. Assim, afirmava ele que:

> Até agora, pelas consultas e pedidos que recebemos, verificamos que o plano adotado pelo governo para a publicação das obras de Rui ainda não foi devidamente compreendido. O sistema cronológico tem sido adotado em várias publicações de Obras Completas. Algumas vezes mesmo o sistema cronológico *absoluto*. Assim é que nas obras de Carl Shurtz, os discursos, as cartas, os pareceres e os opúsculos se sucedem rigorosamente pelas datas. Não seria concebível tal sistema relativamente à obra de Rui, pela sua vastidão, pela sua variedade e pela sua diversidade de assuntos, espalhados por obras em vários volumes e opúsculos de todos os formatos. O sistema adotado é misto: cronológico para a organização dos volumes correspondentes aos anos. Dentro de cada volume, porém, os assuntos se distribuirão em tomos, tanto quanto possível homogêneos.[131]

Segundo diretor e organizador das obras, "este sistema tem falhas, como qualquer deles certamente apresentará, mas possui uma vantagem que para nós é sobremodo importante", qual seja: "permite a organização e publicação imediata de volumes sem aguardar a terminação das pesquisas relativas a um volume anterior, pesquisas essas que podem consumir esforços e tempo imprevisíveis."[132]

Assim, continuava o autor,

> [...] é que já temos em provas, em composição ou em preparo, cerca de quarenta volumes, a cargo de nomes tirados das várias correntes contemporâneas, de modo a dar à publicação o caráter de uma legítima consagração nacional, de um monumento erigido em memória do patrono dessa casa. Estão organizando tomos das Obras Completas os seguintes srs.: Pe Augusto Magne, Homero Pires, Lourenço Filho, San Tiago Dantas, Hermes Lima, Levi Carneiro, Costa Manso, Ernesto Leme, Sampaio Dória, Milton Campos, José Carlos e José Eduardo de Macedo Soares, Madureira de Pinho, Lúcia Miguel Pereira, Otávio Tarquínio de Sousa, Pedro Calmon, Castro Rebelo, Austregésilo de Ataíde e Wanderley Pinho.[133]

---

[131] *Ibidem.*
[132] *Ibidem.*
[133] *Ibidem.*

Informa, em seguida, que

> [...] cada tomo, ou série de tomos, quando a matéria for conexa, fica entregue a um especialista, responsável pela pesquisa do material e autenticidade do texto. Deverá haver também, quando for julgado necessário, um prefácio de caráter o mais possível objetivo e que se destina a orientar o leitor com relação à importância da obra, as condições em que foi elaborada, indicações bibliográficas etc.[134]

E sentencia: "Como se vê, é quase certo que nossa produção virá aparecendo num ritmo crescente, pois que a parte da imprensa, por exemplo, uma vez preparados os primeiros volumes, se processará com uma relativa facilidade."[135]

A seguir, Lacombe passa a fazer considerações sobre a "parte material" da publicação, a qual foi citada anteriormente, neste livro, quando da apresentação do primeiro tomo publicado. Por fim, o diretor da Casa e organizador das obras faz um apelo às pessoas que possuíssem obras de Rui Barbosa para que as doassem ou emprestassem à Casa para que esta pudesse fazer cópias delas. E finaliza dizendo: "E assim nossa geração terá resgatado, em parte, a grande dívida para com uma das maiores e legítimas glórias da nossa cultura."[136]

Nos anos seguintes, o trabalho de Américo Lacombe na divulgação das Obras Completas e, sem dúvida, de sua própria obra à frente da Casa não cessaria. Do respeitado *Anuário Brasileiro de Literatura* à desconhecida *Águia. Revista literária, artística e educativa*,[137] publicada em Fortaleza, o apostolado deveria continuar. É nesta última que o diretor publica, em novembro de 1947, um texto bastante esclarecedor, inclusive pelo tom nitidamente didático que adquire.

Américo Lacombe iniciava seu texto informando aos leitores da revista que

> [...] se há um fenômeno indiscutível no momento atual é a volta ao cartaz do tema *Rui Barbosa*, volta tanto mais significativa quanto

---

[134] *Ibidem.*

[135] *Ibidem.*

[136] *Ibidem.*

[137] Américo Jacobina Lacombe, Atualidade de Rui Barbosa, *Águia. Revista Literária, Artística e Educativa*, Fortaleza, n. II, p. 71-72, 5 nov. 1947.

as vozes dos aclamadores não são de saudosistas: é um coro uníssono de homens dos temperamentos mais díspares, das correntes mais diversas, que vêm celebrar alguns princípios fundamentais da civilização ocidental e da alma brasileira nele encarnados.[138]

Essa "ascensão do culto de Rui", no entanto, em nada surpreende a quem trabalha na Casa de Rui Barbosa, pois "vários termômetros" a estavam anunciando:

> Primeiro é o número de visitas ao museu: ano a ano, o público vem aumentando no desfile perante as relíquias da *Águia de Haia* recolhidas ao solar da rua S. Clemente. O segundo são os recortes de jornais. Uma consulta rápida ao nosso arquivo de imprensa é uma demonstração de como a figura do chefe do civilismo vem gradualmente reassumindo perante o povo o lugar que ocupara nos seus áureos tempos de popularidade.[139]

É possível, inclusive, datar o momento em que se torna perceptível "um gradual amadurecimento e uma formação espontânea popular para o surto recente". A data seria, simbolicamente, a "conferência do Sr. João Mangabeira, que convidei para fazer a 1º de maio de 1943, quando se completavam vinte anos da morte do mestre. O que foi a repercussão todo mundo o viu. Mas o que ainda virá é mais animador."[140]

Outro indicador importante desse crescente interesse por Rui Barbosa seria a publicação de inúmeros livros e biografia a respeito da vida e obra do patrono da Casa. Isso porque:

> Desde a morte de Rui só dispúnhamos de um trabalho completo relativo à sua biografia: o livro de Fernando Néri. Mas tratava-se de um trabalho sumário especialmente informativo, visto como se destinava, inicialmente à série biobibliográfica da Academia Brasileira. De repente a bibliografia ruína se enriquece com o trabalho do Sr. Luiz Viana Filho, que rapidamente atinge a segunda edição, como o livro do Sr. João Mangabeira, que se esgota com incrível rapidez, ao mesmo tempo que do norte o Sr. Luiz Delgado anuncia

---

[138] *Ibidem*, p. 71.

[139] *Ibidem*.

[140] *Ibidem*.

importante ensaio sobre a obra de Rui e mesmo do estrangeiro, o Sr. Turner, americano amigo do Brasil, promete uma biografia em inglês do grande brasileiro. E ainda poderíamos mencionar uma série importante de opúsculos, alguns representando contribuições realmente notáveis para o esclarecimento de um aspecto ou outra obra de Rui, como os de Mota Filho ou o de João Mendes Neto. As conferências promovidas pela Casa de Rui Barbosa, por sua vez, têm atraído um público interessado. A sua divulgação teve também excelente repercussão. A de Homero Pires, sobre os *Livros de Rui Barbosa*, já vai ter sua quarta tiragem feita pela *Casa*, tal a procura que tem tido.[141]

Tais indicadores, aos quais se soma "a comemoração do Dia da Cultura, a 5 de novembro, aniversário de Rui, iniciativa da Federação das Academias de Letras, que vêm tendo, por todo o Brasil, êxito cada vez maior", demonstrariam cabalmente, para Lacombe, que "a atualidade de Rui é um fato palpável e flagrante dos nossos dias".[142]

Apesar de todas essas manifestações de apreço por Rui, as pessoas não haviam encontrado, em contrapartida, uma maneira de ter acesso a textos completos e confiáveis do "venerando mestre". Assim, apesar de ser possível "ver alguns aspectos brilhantes dessa ressurreição", a maioria dos estudantes ou dos estudiosos, a quem tenho tido a ocasião de interrogar, desconhece qualquer trabalho completo de Rui Barbosa". Reclamava Lacombe que o acesso que as pessoas comuns ou, mesmo, acadêmicos tinham à obra de Rui Barbosa era por meio de "antologias escolares, [ou] no máximo nas coletâneas especiais. Isto não seria tão grave se não víssemos, entre os próprios letrados, uma incompreensão de sua obra que só pode ser explicada pela ignorância de quase todos os seus trabalhos."[143]

Por todas essas razões, afirmava Lacombe:

> Só há, pois, um meio lógico de conduzir este sentimento telúrico e avassalador de simpatia popular pelos ideais, pela glória e pela repercussão dos ensinamentos de Rui para um elemento de cultura na construção do edifício de nossa civilização: é a divulgação

---

[141] *Ibidem*, p. 71-72.

[142] *Ibidem*, p. 72.

[143] *Ibidem*.

autêntica de sua obra. É este, pois, o fim primordial da *Casa de Rui Barbosa*, não só na ordem de seus trabalhos, como na projeção no ambiente brasileiro.[144]

No entanto, se eram grandes os méritos e o trabalho da Casa, o diretor reconhecia também que

> [...] até o presente momento muito pouco transpareceu do nosso esforço de vários anos. Só os colaboradores e alguns auxiliares mais dedicados têm acompanhado o que representa a pesquisa minuciosa do seu arquivo para se elaborar uma relação, tanto quanto possível completa, de uma produção quase miraculosa.[145]

Ao mesmo tempo que, na sequência do texto, trazia as informações básicas sobre o plano de edição das Obras Completas e os nomes dos colaboradores mais ilustres, um de seus trunfos para mostrar o prestígio da obra da qual estava à frente, Lacombe terminava anunciando que "como se vê a publicação das Obras Completas de Rui Barbosa é algo mais do que um acontecimento editorial, é uma realização fundamental para a construção do Brasil do futuro".[146]

Mas a divulgação para um público mais amplo, que não o acadêmico ou especializado, da iniciativa do Ministério da Educação e da Casa de Rui Barbosa em publicar as Obras Completas difundindo sua importância para a cultura brasileira não se resumia à ação de Américo Lacombe. Nesse empreendimento ele podia contar com intelectuais e homens de letras do prestígio de um Carlos Drummond de Andrade, que, aliás, vira a *obra* nascer nos bastidores do Ministério da Educação e Saúde. Assim, em texto publicado nas "Notícias Literárias" do jornal *Minas Gerais* em 19 de junho de 1949, e enviado a Lacombe pelo próprio autor, Carlos Drummond saudava o aparecimento de "mais um tomo das Obras Completas: o vigésimo quinto".

> A série está ainda na metade da metade. Publicação assim tão vasta correria o risco de exaurir o leitor, não fosse Rui uma personalidade capaz de atrair o interesse de seus patrícios, quase trinta anos após a sua morte (decorrido, naturalmente, aquele período de sombra e

---

[144] *Ibidem*.
[145] *Ibidem*.
[146] *Ibidem*.

mesmo de antipatia que vem imediatamente depois de uma popularidade intensa). Esse interesse não resulta apenas da circunstância de avizinhar-se o centenário do nosso grande civilista; outros passam mais ou menos restritos às celebrações oficiais. A verdade é que na figura de Rui Barbosa já nos reabituamos a admirar um desses autênticos heróis civis, que não tiveram a seu favor nem o frenesi dos combates a céu aberto, nem a sugestão dos lances românticos e aventurosos de uma vida errante. Era homem de escritório, de tribuna, e essa tribuna muitas vezes foi a de simples advogado. Em vez de batalhas campais ou de andanças pelas sete partes, sua biografia nos apresenta discursos, artigos de jornais, petições de *"habeas-corpus"*. Contudo, que impressão de força indomável, de valentia moral (e mesmo física), de generoso amor à verdade e à justiça nos invade ao fitarmos por alguns instantes essa figura franzina e austera de amigo dos livros, que jamais se curvou à tirania e que durante toda a vida se colocou na defesa do "cidadão contra os poderes".[147]

Irmanando-se, pois, com Lacombe no anúncio da ressurreição de Rui, Drummond busca, também, seduzir o leitor para uma obra de aparente desinteresse, chamando a atenção, dentre outros aspectos, para a atualidade do pensamento ruiano para todos aqueles que se interessam pela vida pública, mesmo, ou, sobretudo, quando Rui faz as vezes de humorista:

> Os assuntos tratados nesses artigos são os mais diversos. [...] A crítica dos costumes políticos é cáustica, e mesmo cruel, à boa maneira, ruista, que incorporou aos nossos anais literários um vultuoso número de epítetos, expressões e frases sarcásticas ou candentes. Mas, sempre conceituoso, o autor tira de cada caso uma lição geral, e suas cutiladas nunca visam a pessoas, senão o que está representado de daninho para a marcha da ideia defendida. E a prova está em que, mortos já tanto tempo os homens a que ele se referia, e desfeitos os interesses por eles representados, a construção polêmica de Rui permanece viva, interessando o amador da vida política, prendendo, seduzindo, convencendo ou apenas emocionando. Realmente, há sempre atualidade para as reflexões nascidas do quotidiano político, se nelas o militante se revela também crítico social e moralista. Em Rui a esses diversos semblantes se junta por vezes o humorista.

[147]Carlos Drummond de Andrade, *Minas Gerais*, 19 jun. 1949.

Assim, quando, em poucas linhas, fixa todo um retrato malicioso da vaidade de uns, da candidez de outros: "A patetice nacional. Perdão... Queríamos dizer: a guarda nacional." Para ele, a cena política do Império não tinha segredos.[148]

Outro texto citado por Drummond é "Como se faz um deputado", em que às vezes irônico, ou às vezes dramático, mas sempre cáustico, mostra os processos pelos quais os políticos são entronizados em suas posições de mando nos bastidores da política brasileira (ou não tão bastidores assim, já que, para Rui, é ativa a participação dos eleitores no processo).

Mas Lacombe podia contar, também, com a contribuição de pessoas menos conhecidas para o grande público, mas profundamente envolvidas na edição das obras e com a Casa, para a divulgação dos livros publicados junto ao público leitor de jornais. Um deles era, sem dúvida, José Câmara, advogado no Rio de Janeiro, e principal revisor das obras. É a ele, por exemplo, que o jornal *Diário da Noite*, órgão dos Diários Associados, vai recorrer para uma entrevista em 8 de dezembro de 1949.

Anunciada, na primeira página, com o título de "Rui, um tema inesgotável", a entrevista era antecedida por uma manchete em grandes letras, "A Federação, tendo sobrevivido à derrubada de constituições, é sua obra eterna", parte da resposta de José Câmara a uma das perguntas que lhe foi dirigida pelo jornalista. Ainda na primeira página, o jornal anunciava que:

> Nunca foi mais oportuna do que hoje, nesse choque de ideologias e de impérios, a doutrina ruibarboseana da neutralidade.
>
> Como falou ao DIÁRIO DA NOITE o advogado José Câmara, que colaborou na edição das "Obras Completas", do grande brasileiro.
>
> No ensejo das comemorações em curso, do centenário do nascimento de Rui Barbosa, DIÁRIO DA NOITE julgou oportuno ouvir a palavra do advogado José Câmara, que durante anos, cooperou com a direção da Casa da Rua São Clemente, na organização das "Obras Completas" do insigne brasileiro.[149]

O texto afirmava, ainda, que "José Câmara é hoje um erudito em temas ruibarboseanos, e daí a oportunidade de suas palavras, em

---

[148] *Ibidem*.
[149] *Diário da Noite*, 8 dez. 1949.

um momento em que o povo se mostra receptivo a todos os aspectos da vida e da obra de Rui Barbosa".[150]

Tratando do tema relacionado a "Rui e a República", Câmara reafirmava a autoria de Rui em relação à constituição republicana, aproveitando, ainda, para provocar aqueles que criticam o jurista por seu suposto romantismo:

> O ponto nuclear da influência de Rui no sistema de 24 de fevereiro – começou dizendo-nos o nosso entrevistado – é, sem dúvida, o da estruturação dos estados vinculados pelos laços da federação. [...] [Os que acusam a carta de imperfeição] "Fala-se em uma tal 'realidade nacional', cujo conteúdo nem definem os que a apregoam, nem jamais se saberá em que há de se constituir. Os que acusam Rui de romântico, de estranho à tal 'realidade', esquecem-se de que, com todos os seus defeitos, permitiu o regime de 91 quarenta anos de existência legal ao país, enquanto a constituição de 1934 apenas teve três de existência, muito embora sua sorte estivesse decidida desde 20 de julho daquele ano."[151]

José Câmara mobiliza também a linguagem religiosa para descrever as atividades do patrono da Casa no "período que se segue à promulgação da lei magna, em 1892" como um verdadeiro *Apostolado de Rui*. Ressalta ele, também, aquilo que há muito vinha sendo difundido pelos estudiosos de Rui Barbosa e pelos responsáveis pela edição de sua obra: o gigantismo de sua produção intelectual.

> Gigantesca é sua produção intelectual. Mas o seu caráter fragmentário, a dificuldade de sua obtenção, a ausência de unidade, de conjunto e outros característicos têm permitido muitos juízos apressados, levianos, não raro que mais revelam precipitação e ignorância do que opinião sensata do homem que se preza de cultivar os ensinamentos de seus grandes antepassados, quando sábios e construtivos. E o que há de pior é que juízos de tal ordem temos ouvido de professores universitários, nos quais deploramos menos a leviandade do que o exemplo. Há muito devia ter passado o período de lendas infundadas. Precisamos de estudos objetivos, informações seguras, jamais de narrativas novelescas sem qualquer base positiva...[152]

[150] *Ibidem.*
[151] *Ibidem.*
[152] *Ibidem.*

Não deixa o entrevistado de enfocar, também, a *Atualidade da pregação de Rui em Haia* e, de uma forma geral, das proposições ruianas. Essa atualidade estaria na afirmação dos direitos dos pequenos estados que, segundo o jornal, "o professor José Câmara salienta [...] que a doutrina de Rui sobre a neutralidade é ainda atualíssima, ou melhor, é mais atual hoje do que nunca, nesse choque surdo de ideologias e potências".[153]

Segundo o jornal, "em conclusão à sua entrevista, ponderou o professor José Câmara" que "a obra de Rui é tão vasta, tão complexa e variada, problemática e dispersa que somente no futuro, quando toda ela achar-se reunida, será possível um julgamento mais preciso a respeito do mais insigne dos filhos de nossa pátria, inclusive sua influência em nossos destinos culturais".[154]

Os problemas do trabalho de edição

Se até 1945 o diretor da Casa é francamente positivo na apresentação do trabalho realizado e nas decisões que vinham sendo tomadas, no decorrer daquele ano Lacombe explicita, de várias formas, sofrer o impacto dos problemas enfrentados. Passados quase sete anos desde que iniciou o trabalho de edição das obras, período em que intensamente mobilizou dezenas de amigos e intelectuais do mais alto prestígio, atiçando-lhes o interesse pela causa, apenas quatro dos livros haviam sido editados. Pior do que isso, pela primeira vez, ele demonstrava ter consciência da real dimensão das Obras Completas e que, por isso e pela morosidade da Imprensa Nacional, elas não ficariam prontas antes da comemoração do centenário de nascimento de Rui Barbosa, que se avizinhava, algo que, ao que parece, estava no seu horizonte desde o início.

Assim, ao mesmo tempo que justifica e defende as opções tomadas para a publicação, como o fez no artigo publicado no *Anuário Brasileiro de Literatura*, sente que é preciso criar condições para fazer com que a obra do patrono da Casa chegue até o público, seja na forma das Obras Completas ou não. É assim que em 20 de maio de 1945 ele escreve uma carta ao ministro da Educação fazendo uma proposta de publicação de números avulsos – coletâneas – com textos de Rui.

---

[153] *Ibidem*.

[154] *Ibidem*.

Informa ele, inicialmente, que "a publicação das Obras Completas de Rui Barbosa prossegue regularmente devendo aparecer um volume por mês de acordo com o plano feito pela Imprensa Nacional".[155] No entanto, "mesmo assim [...], ao atingirmos o centenário de Rui Barbosa, em 1949, não poderá estar completa a série de mais de 150 volumes". E continua:

> Atendendo assim à sugestão de vários ruistas ilustres tomo a liberdade de propor a V. Excelência a organização imediata de uma série de 5 vols, de tipo semelhante ao das Obras Completas a serem distribuídos conjuntamente, compreendendo uma coletânea de trabalhos, dentro de cada gênero. Cada volume não teria mais de 500 páginas e conteria trabalhos menores <u>completos.</u>[156]

Ainda segundo o diretor, os volumes seriam organizados tendo em vista as diversas facetas da atuação do patrono da Casa. Assim, dizia, "um volume seria de imprensa, outro, discursos parlamentares, outro, discursos literários e políticos e dois de trabalhos forenses". Todos os volumes, no entanto, "seriam organizados e editados dentro das mesmas condições das Obras Completas". Como tinha pressa, Lacombe informava, ainda, que "caso Vossa Excelência aprove esta sugestão tais volumes começariam a ser organizados desde já, a fim de serem impressos conjuntamente dentro do mais breve espaço de tempo".[157]

Mas é no relatório referente ao ano de 1945 que sentimos, pela primeira vez, um Lacombe pesado, taciturno, parecendo desanimado diante do resultado do esforço até então empreendido e do que havia por fazer.

> Como verá V. Ex. trata-se de um ano normal de trabalho que infelizmente não transpareceu para o público porque continuamos numa intensa e fatigante pesquisa de elementos dispersos para a publicação das <u>Obras Completas de Rui Barbosa</u>, através dos arquivos, públicos e particulares, bibliotecas e hemerotecas, sem encontrar sempre as peças assinaladas pelos catálogos e pelos

---

[155] Casa de Rui Barbosa, Carta de Jacobina Lacombe ao ministro Clemente Mariani, em 20 de maio de 1945, s.p.

[156] *Ibidem*.

[157] *Ibidem*. Não há, na documentação pesquisada, mais informações sobre a sorte dessa proposta.

apontamentos do próprio autor. É um trabalho silencioso, pouco compreendido, e que muitas vezes tem resultados negativos após extenuantes esforços. Uma publicação feita em vários jornais do país com uma relação das peças de que necessitamos com mais urgência não obteve uma só resposta sequer.[158]

À falta dos textos de Rui na Casa e a não resposta aos seus apelos por doação e/ou pelo empréstimo das obras em mãos de particulares somava-se a crônica falta de papel no mercado devido à guerra. Assim, o balanço que faz do ano é francamente negativo:

> O ano de 1945 não pode ser considerado satisfatório no que toca à realização do programa de trabalho. O número de volumes publicados foi somente de três, em vez de doze, como havia sido programado. Isto pelas causas gerais semelhantes às do ano de 1944, agravadas pelo fato de terem sido rejeitadas duas grandes partidas de papel necessário à impressão, papel esse que só nos últimos dias do ano deu entrada na Imprensa Oficial. É de esperar que no presente ano, estando já obtido o material necessário para a maior parte dos trabalhos entregues, não sofra retardamento o principal encargo desta instituição.[159]

No balanço do trabalho vão sendo listados os problemas decorrentes da falta de estrutura da Casa para dar suporte ao projeto, como a falta, na biblioteca da Casa, dos próprios textos de Rui, conforme já havia antecipado Luiz Camillo há quase 10 anos. Assim, ele informa que:

> Quanto ao preparo dos volumes a serem remetidos à Imprensa, continuamos a sofrer duas espécies de dificuldades. A primeira é a que se refere à coleção das obras de Rui Barbosa, ainda muito longe de estar completa, principalmente no que se refere a trabalhos forenses. Estamos intensificando as pesquisas e, com o auxílio de alguns colecionadores, que gentilmente têm cooperado conosco, esperamos no presente ano poder assinalar um completo êxito neste setor.[160]

Contudo, além da questão com a impressão, o grande problema enfrentado naquele momento era decorrente das próprias opções

---

[158] Casa de Rui Barbosa, *Relatório referente ao ano de 1945*, Rio de Janeiro, 1946, p. 1.

[159] *Ibidem*, p. 3-4.

[160] *Ibidem*, p. 4.

feitas pelos organizadores e estava relacionado à demora na entrega dos prefácios pelos convidados. Antes, porém, de entrar no problema propriamente dito, Lacombe, sabendo se tratar de um novo ocupante do cargo de ministro da Educação, o recém-empossado Pedro Ernesto, faz uma pequena, mas elucidativa síntese da proposta que está sendo executada. Primeiramente justifica a necessidade dos prefácios:

> Outra dificuldade consiste no preparo dos volumes para a publicação. É óbvio que a publicação dos opúsculos, trabalhos forenses inéditos ou artigos avulsos, exige uma advertência ao leitor relativamente ao processo de que deu origem à peça, seus antecedentes e seu êxito. Da mesma forma, os discursos políticos e os artigos de imprensa exigem uma nota explicativa do assunto em debate. Nas próprias obras de caráter literário é imprescindível que o leitor seja esclarecido acerca das condições e das circunstâncias da produção da obra. Qualquer publicação monumental de Obras Completas, mesmo não críticas, é feita com esse mínimo de aparato técnico.[161]

No entanto, apesar de alguns colaboradores entregarem os textos dentro do prazo acordado, agilizando assim o processo de preparação dos originais, isso não ocorre com todos, o que leva o diretor da Casa a tomar uma providência importante para os rumos do trabalho. Diz ele:

> A demora com que grande parte destes volumes tem sido organizada, porém, leva-nos, em benefício da uniformidade e da rapidez da publicação, a restringir um tanto os convites, confiando as séries dos volumes homogêneos ao mesmo encarregado, sempre sob a presidência desta direção, e exame da Comissão Organizadora das Obras.[162]

Percebe-se, pois, que, em busca de uma maior eficiência, ou seja, da necessidade de que pudesse contar com prefaciadores que estivessem dispostos a entrar na dinâmica temporal da coleção, Lacombe vai sacrificar um dos elementos mais caros de sua proposta inicial: o leque abrangente dos prefaciadores convidados. Essa opção, como veremos, resultará numa redução significativa dos convidados e, sobretudo, na

---

[161] *Ibidem*.
[162] *Ibidem*, p. 4-5. (grifo do original)

intensificação da participação de alguns prefaciadores no conjunto da coleção. Tendo tomado essa decisão, Lacombe podia anunciar ao ministro que:

> A eficiência deste serviço deverá, pois, aumentar no presente ano [1946]. Será da maior conveniência que seja reservada na verba 3 – Material Consignação I – Subconsignação 51 a quantia para a impressão de 12 volumes, calculando-se a despesa média de Cr$4.000,00 cruzeiros por volume. Tal despesa poderá ser compensada para os cofres da União, com um pequeno aumento no preço dos volumes que estão sendo vendidos a preço abaixo do custo. Mas pelo pequeno vulto da despesa, não parece necessário tal providência, já que o fim desta publicação é a ampla divulgação da obra de Rui Barbosa.[163]

Àquela altura haviam sido publicados apenas 3 tomos, outros 9 achavam-se em preparação e um outro achava-se "em provas". Além deles, 17 outros estavam na Imprensa aguardando composição, bem como outros 5 tomos estavam prontos para a remessa à Imprensa Nacional. Se somarmos todos esses aos 34 tomos que estavam em mãos de especialistas convidados para fazerem os prefácios, teremos o total de 68 tomos publicados, preparados ou em preparação para publicação até aquele momento.

Nesse ínterim, Lacombe passa a enfrentar outro tipo de problema: o atraso no pagamento dos prefaciadores e a falta de verbas para fazê-lo. Assim, em ofício ao ministro Ernesto de Souza Campos, de 10 de junho de 1946, o diretor da Casa de Rui Barbosa solicita recursos para pagar os colaboradores dizendo:

> De acordo com as instruções recebidas dos dignos antecessores de V. Ex. tenho convidado vários especialistas para coadjuvarem a publicação das Obras de Rui Barbosa por meio de prefácios e notas, imprescindíveis para a compreensão de certos volumes das produções do patrono desta Casa.[164]

Lembra que o trabalho tem sido "naturalmente retribuído: quando se trata de funcionário do ministério, pela verba I, sub 13; quando se trata de pessoa estranha ao ministério, pela verba III, sub. 51" e, porém, que

---

[163] *Ibidem*, p. 5.

[164] Casa de Rui Barbosa, Carta de Jacobina Lacombe ao ministro Ernesto de Souza Campos, em 10 de junho de 1946.

no presente orçamento, a redação desta subconsignação não "permite que corram por ela tais despesas".[165] Como alguns trabalhos encomendados já tinham sido entregues e estavam prestes a aparecer e a Casa não tinha como pagar os convidados, solicita o encaminhamento que o ministro achar melhor. Aproveita a ocasião para requerer, ainda, Cr$30.000,00 (trinta mil cruzeiros) para pagar 10 volumes em preparação.

A partir de então, o ofício de Lacombe gera um processo que conta com a intervenção de vários funcionários. Eles confirmam que os prefaciadores não mais poderiam receber como se estivessem prestando um "serviço técnico científico" ao ministério, se fossem funcionários deste, ou por "serviços educativos culturais", se fossem "estranhos" a ele, conforme vinha ocorrendo desde o primeiro volume publicado. Além disso, o diretor-geral da Divisão de Orçamento lembrava que a Casa nada havia "pedido para 1947" e que não havia uma solicitação explícita de recursos no ofício do diretor da Casa.

Lacombe tinha, assim, que lidar com o novo governo e com as novas formas de gestão dos recursos públicos implantadas, dentre elas os limites para o uso das verbas relacionadas aos "serviços educativos culturais" que tanta liberdade havia dado ao ministro Capanema para mobilizar os serviços especializados dos intelectuais ao longo de seu trabalho à frente do Ministério da Educação.

Comunicado do parecer do diretor-geral da Divisão de Orçamento em 12 de agosto de 1946, Lacombe envia, quatro dias depois, um novo e detalhado ofício ao Ministério da Educação. Afirma que "esta diretoria já solicitou formalmente o pagamento dos seguintes colaboradores pela verba 1.III.13: Prof. Pe. Augusto Magne (2 tomos) Cr$6.000,00; Prof. Pedro Calmon (1 tomo) 3.000,00".[166]

Segundo o mesmo ofício do diretor, "pela mesma verba solicitará, ainda neste ano, à medida que os respectivos volumes forem se preparando, o pagamento destes outros colaboradores".[167]

---

[165] Ibidem.

[166] Casa de Rui Barbosa, Ofício de Jacobina Lacombe ao ministro Ernesto de Souza Campos, em 16 de agosto de 1946.

[167] A referência é aos professores Francisco Morato (da Faculdade de Direito de São Paulo – 1 tomo) – 3.000,00; Thiers Martins Moreira (3 tomos) 9.000,00; Lourenço Filho (1 tomo) – 3.000,00, num total de Cr$15.000,00. Informava, em seguida, que "devem ainda ser pagos no corrente ano os seguintes colaboradores que não são funcionários deste ministério": o Dr. Fernando Néri – 2

Solicitava, portanto, o diretor o pagamento do trabalho que já havia sido feito e a "reserva" de verbas para esta finalidade no orçamento do ano seguinte, terminando por justificar:

> Devo ainda esclarecer a V.Ex. que os volumes editados pela Imprensa Nacional estão se vendendo com rapidez, achando-se esgotados os dois primeiros volumes aparecidos que serão reeditados. Sua venda representará, pois, lucro apreciável para os cofres da União. Trata-se, portanto, de uma despesa perfeitamente compensada, ainda que a receita apareça através de outro ministério.[168]

Percebe-se, pois, que a edição das obras representava uma despesa considerável para o ministério e, por outro lado, um ganho nada desprezível para os colaboradores. Num momento em que o salário mínimo era de Cr$380,00 (trezentos e oitenta cruzeiros), o valor pago por cada prefácio correspondia a quase oito vezes esse valor. Outros termos de comparação podem ser buscados nos valores de impressão e venda das Obras Completas: segundo Lacombe, ele calculava em Cr$4.000,00 a impressão de cada tomo e, por outro lado, como vimos, cada um deles poderia ser adquirido por Cr$30,00. E, ainda, como podemos notar anteriormente, nem sempre o valor era pago pelo prefácio, mas pelo trabalho de organizar e revisar, como é o caso do pagamento solicitado para Thiers Moreira referente aos tomos da reforma do ensino, que, como sabemos, foram prefaciados por Lacombe.

Em 29 de abril de 1946, o diretor Jacobina Lacombe solicita ao ministro da Educação a indicação do substituto do Sr. Sérgio Buarque de Holanda na "comissão incumbida de acompanhar a publicação das Obras Completas de Rui Barbosa" – que foi indicado para diretor do Museu Paulista – e indica o "Sr. Luiz Camillo de Oliveira Netto,

---

tomos; a D. Lúcia Miguel Pereira – 1 tomo; José Gomes Bezerra Câmara – 1 tomo, num total de Cr$12.000,00. No que se refere ao ano seguinte, 1947, eram os seguintes os colaboradores e quantias a serem pagos. Colaboradores funcionários do ministério: Prof. Ernest Leme (da Faculdade de Direito de São Paulo / – 3 tomos), e o Prof. Augusto Magne – 1 tomo, também num total de Cr$12.000,00. Colaboradores não pertencentes aos quadros do ministério: Dr. José Gomes Bezerra Câmara – 6 tomos; Dr. José Vieira – 1 tomo; Dr. Fernando Néri – 5 tomos; Dr. Temístocles Cavalcanti (Procurador Geral da República / – 2 tomos); Dr. Levi Carneiro – 1 tomo; Dr. Romão Cortes de Lacerda (Procurador Geral do Distrito Federal / – 1 tomo); Dr. Milton Campos – 1 tomo, num total de 51.000,00.

[168] Casa de Rui Barbosa, Ofício de Jacobina Lacombe ao ministro Ernesto de Souza Campos, em 16 de agosto de 1946.

antigo diretor desta casa e diretor do Serviço de Documentação do Ministério das Relações Exteriores".

Lacombe informa, também, que "não houve ato de designação de Sérgio Buarque de Holanda e de outros para constituição da comissão incumbida de acompanhar a publicação das Obras Completas daquele brasileiro, mas apenas despacho ministerial no processo relativo à proposta então feita".

Apesar de o diretor-geral do Departamento de Administração achar que fosse melhor uma indicação formal, por meio de uma portaria, de todos os membros da comissão, para "guardar melhor a tradição de seus trabalhos", ele concorda com a indicação, por despacho, e assim é feito em 6 de junho, sendo o fato informado a Luiz Camillo de Oliveira Netto em 15 de junho do mesmo ano. Desse modo, Luiz Camillo retornava oficialmente ao trabalho de organização das Obras Completas, trabalho este que ele havia iniciado com empenho, mas do qual se encontrava afastado há quase oito anos.

Paralelamente à busca de recurso para pagar os prefaciadores e às articulações junto ao novo governo para se manter à frente da Casa, conforme veremos, e para a substituição de Sérgio Buarque na Comissão Organizadora das Obras Completas, Lacombe é pressionado, inclusive por amigos,[169] a buscar meios de contornar a lentidão da Imprensa Nacional na edição das obras.

Em 27 de março de 1946, Lacombe envia carta ao ministro da Educação e Saúde argumentando que "a rápida publicação das Obras Completas de Rui Barbosa, função precípua da Casa de Rui Barbosa, é objeto das preocupações intensas desta direção", mas que, apesar dos esforços e da boa vontade da Imprensa Oficial, somente cinco exemplares foram publicados, "quando o plano prevê um conjunto de quase duas centenas". Informa, ainda, que, naquele ano, a Imprensa Nacional não poderia fornecer senão metade dos volumes programados. Diante disso, sugere buscar a colaboração do "aparelhamento gráfico

---

[169] Nessa época, mas em data imprecisa, seu amigo Antônio Gontijo lhe escrevia de São Paulo asseverando: "Agora, mete mãos à obra. A principal missão confiada a v. é a publicação das 'obras completas'. Se dentro de 5 anos, no máximo, vc. não publicar toda a obra, com franqueza penso que v. fracassou como diretor. O problema, dividida a impressão com a Imprensa Nacional e A Noite, é só o de revisão. Consiga uma verba para aumentar o número de revisores especializados. Peça, rapaz. Nada, de timidez."

e da editora A Noite para a solução deste problema que é tanto mais premente quanto o centenário de Rui Barbosa se avizinha, e o modo mais digno de celebrá-lo é o lançamento da maior parte de suas Obras Completas".

Ele se depara, no entanto, com o problema de que, legalmente, o diretor da Casa não poderia estabelecer tal contrato e que a responsabilidade de imprimir as Obras Completas era da Imprensa Nacional. Sugere, então, a publicação de um decreto que permita ao diretor da Casa assinar o contrato e, ao mesmo tempo, autorize a intervenção de outras casas editoriais na publicação das obras.

Em paralelo, Lacombe entra em contato com a gráfica e editora A Noite, então incorporada ao Patrimônio Nacional,[170] perguntando se lhes interessava editar as obras e quais seriam as condições. Em carta de 13 de maio de 1946, Otávio Lima, gerente da editora, informa que, de acordo com a decisão do superintendente desta empresa, Coronel Leony de Oliveira Machado, comunica que "será grato editar as Obras Completas de Rui Barbosa", constando, de início, de *Cartas da Inglaterra* e *Lições de coisas*, nas seguintes condições: 1 – Edição de 5.000 exemplares em papel vergé e 100 exemplares em papel Buffon, de 1ª; 2 – Entrega à Casa de Rui Barbosa de 1.500 exemplares mais os 100 exemplares especiais; 3 – Comercialização pela casa A Noite dos 3.500 restantes e teria direito desta a todos os exemplares das reedições necessárias; 4 – Exclusividade na edição e reedição destas obras.

De posse do aceite e das condições da editora e da informação de que esta poderia começar imediatamente o trabalho, Lacombe escreve ao ministro da Educação e Saúde em 21 de maio afirmando que entrou em contato com A Noite e que obteve um acordo pelo qual a Casa de Rui Barbosa não terá nenhuma despesa na publicação. Fala que é preciso a publicação de um decreto-lei – para o qual ele já sugere a redação – tornando possível a publicação das Obras Completas em outra editora que não a Imprensa Nacional.

---

[170]Segundo o Advogado Geral da União, em 1975, Luiz Rafael Mayer, "as empresas incorporadas ao Patrimônio da União, na forma dos Decretos-leis nos. 2.073 e 2.436, de 1940, são unidades autônomas, desempenhando serviços industriais, em regime semelhante ao de uma empresa privada, sob gestão estatal direta. Nem são autarquias, nem empresas públicas carecendo de personalidade jurídica e de patrimônio próprio, pois os respectivos acervos integram o patrimônio da União." Cf. <http://www.agu.gov.br/atos/detalhe/7552>, acesso em 13 out. 2016.

No mesmo dia, Lacombe escreve ao gerente de A Noite dizendo que encaminhou carta ao ministro da Educação e Saúde com o "expediente que habilita esta diretoria a contratar a empresa" para a edição. Diz que concorda com as condições, menos com a ideia de exclusividade, já que isso comportaria outros procedimentos administrativos e que, além disso, há a possibilidade de A Noite se transformar numa editora particular. Sugere substituir a exclusividade por reedições posteriores até certo limite de exemplares.

Em 23 de maio, o gerente comunica que a empresa poderá editar as Obras Completas, começando com a *Constituição de 1891,* e que, no lugar da exclusividade, propõe o direito de publicar até 10 edições de 5.000 exemplares cada.

O decreto tal como proposto pelo diretor é publicado em 17 de maio, autorizando o diretor da Casa a contratar, desde que com a devida anuência do ministro, os serviços com "as empresas incorporadas ao Patrimônio Nacional, a edição de volumes das Obras Completas de Rui Barbosa, a fim de acelerar os serviços executados pela Imprensa Nacional, na forma do Decreto-Lei n.º 3.668, de 30 de setembro de 1941",[171] devendo, inclusive, reservar recursos para essa despesa. Determinava, ainda, que deveriam ser observadas as mesmas características, exigências e padrões gráficos das edições anteriores e o que fora estabelecido no Decreto-Lei n.º 3.668, de 30 de setembro de 1941, garantindo-se, assim, a uniformidade da coleção.

Garantida a edição do decreto, a coroação do sucesso do movimento de Lacombe vem com a tranquila tramitação do contrato até a sua assinatura: em 12 de junho, o gerente de A Noite encaminha minuta do contrato; ainda em julho, uma versão mais detalhada deste é enviada ao Ministério da Educação e Saúde e à empresa A Noite; aprovado pelas partes em 15 de agosto, o contrato é publicado em 22 de outubro de 1946.

O contrato estabelece, em linhas gerais, que a empresa A Noite, "tendo em vista servir à cultura do país e à difusão do pensamento de Rui Barbosa",[172] passaria a editar as Obras Completas, de acordo com o decreto de 27 de maio, e que seria de responsabilidade da casa a preparação

---

[171] *Diário Oficial da União*, 17 maio 1946.
[172] *Idem*, 22 out. 1946.

dos originais. Estabelece, ainda, que serão "respeitados integralmente os padrões tipográficos dos volumes até hoje publicados (VI, T. I; VII, T. I; IX, T I; XI, T. I e XVIII, T. I), não só no que se refere ao formato, qualidade de papel e demais requisitos materiais, mas ainda quanto à tipagem, margens, espaços e outras características de impressão".

Define, ainda, o contrato que a tiragem da 1ª edição seria de 5.000 exemplares *vergé*, mais 100 exemplares em papel *buffon* de primeira. Do total, seriam entregues "gratuitamente, ao Ministério da Educação e Saúde 1.500 (mil e quinhentos) exemplares em papel *vergé* e mais 100 (cem) exemplares em papel *buffon* de 1ª".[173] O contrato estabelecia, ainda, que 1.100 (mil e cem) seriam enviados ao Instituto Nacional do Livro e 400 (quatrocentos) à Casa de Rui Barbosa, sendo que os 100 exemplares em papel especial seriam divididos igualmente entre estas duas últimas instituições.

Congratulava-se, ainda, que a empresa A Noite poderia vender, pelo preço estabelecido a seu critério, os 3.500 exemplares restantes da edição, assim como o total dos exemplares das edições subsequentes, até o limite de 50.000 exemplares, contada a primeira edição. Esses novos exemplares poderiam ser produzidos "em papel de outra qualidade, de modo que os volumes possam ser vendidos a preços populares".[174] Garantia-se, no entanto, que a as "provas das novas tiragens serão visadas pela Casa de Rui Barbosa". Dessas novas tiragens, seriam enviados à Casa cinco exemplares "para suas coleções".[175]

Finalmente, definia-se que a

> [...] edição de cada obra será acordada entre as partes por meio de troca de cartas que ficarão fazendo parte integrante do presente contrato, e nas quais se fixará data para *a* entrega dos originais e prazo para *a* respectiva edição. Nessas cartas poderão ser acrescidas outras condições que não contrariem as estatuídas no presente contrato.[176]

E que, "desde já, neste ato fica estabelecido entre as partes que serão editadas nos termos do presente contrato as seguintes obras:

---

[173] *Ibidem.*
[174] *Ibidem.*
[175] *Ibidem.*
[176] *Ibidem.*

A Constituição de 1891 (vol. XVII), *Cartas da Inglaterra* (vol. XXIII) e a tradução das *Lições de coisas* - de Calkins (vol. XII)".[177]

Enquanto o contrato tramita pelas repartições do ministério, A Noite inicia o processo de produção dos livros inicialmente acordados. No entanto, em 12 de dezembro de 1946, o diretor do Tribunal de Contas comunica a Lacombe a recusa do Tribunal em registrar o contrato, preliminarmente, por estar, este, fora do prazo. Em 17 de dezembro Lacombe solicita que o MES, tendo em vista que "o contrato em questão limitava-se a entregar a uma empresa, incorporada ao patrimônio nacional e, no momento, administrada diretamente por um delegado do governo, o encargo da difusão das Obras Completas de Rui Barbosa",[178] submeta a questão à apreciação do consultor jurídico do ministério.

Em 21 de dezembro Lacombe, por sugestão do consultor jurídico de que a melhor solução seria a assinatura de um novo contrato, apresenta essa saída ao MES e envia nova minuta de contrato. Em 14 de janeiro de 1947, Lacombe solicita ao ministro a apreciação da minuta e informa "que a empresa A Noite lançou dois tomos, de feitura gráfica irrepreensível, no período de julho a dezembro, ao mesmo passo que a Imprensa Nacional não imprimiu nenhum dos muitos que lá se encontravam compostos".[179] Afirma ainda "que se deve insistir em tal sistema" e que

> [...] o inconveniente já apontado por Vossa Excelência em audiência anterior – preço superior ao da edição da Imprensa Nacional – resulta de não contribuir o governo com qualquer quantia para a impressão n´A Noite, devendo a empresa ressarcir seus gastos com a vendagem dos exemplares que lhe são atribuídos.[180]

Afirma, finalmente, que

> [...] a empresa deverá lançar nova tiragem em edição popular. Mas se a Vossa Excelência entende que, além de distribuir 1.500 exemplares da 1ª edição, o governo deve baixar o preço dos volumes em papel de boa qualidade postos à venda, parece-me que, em

---

[177] *Ibidem*.

[178] Casa de Rui Barbosa, Ofício de Jacobina Lacombe ao Ministério da Educação e Saúde, em 17 de dezembro de 1946.

[179] Casa de Rui Barbosa, Ofício de Jacobina Lacombe ao Ministério da Educação e Saúde, em 14 de janeiro de 1947.

[180] *Ibidem*.

vez de alterar o contrato que está feito em bases menos possível burocráticas, o governo teria meios eficazes e indiretos de obter esse *desideratum* adquirindo 1 ou 2 milhares de tomos para distribuição entre as escolas primárias ou professores, conforme o assunto.[181]

Em 3 de fevereiro Lacombe envia uma nova minuta do contrato, já considerando as observações do consultor jurídico, estabelecendo, em sua cláusula quarta, que A Noite deverá entregar 1.100 exemplares ao Instituto Nacional do Livro e outros 400 à Casa de Rui Barbosa. Do mesmo modo, em vez de A Noite entregar apenas 5 exemplares das edições subsequentes à Casa, como constava do contrato anterior, a cláusula sexta determina que sejam entregues 20% das tiragens.

Em 19 de março Lacombe é comunicado pelo diretor da Secretaria do Tribunal de Contas de que o contrato não poderá ser registrado por: a) Não estar em conformidade com o Decreto n.º 21.182, de 27 de maio de 1946, "quanto a forma de pagamento das publicações"; b) Não constar a aprovação do ministro; c) Não se referir à sua data de início e término.

Esse despacho dá ensejo a uma longa carta de Lacombe ao ministro presidente do Tribunal de Contas, prof. Bernardino José de Souza, em 25 de março de 1947. Ele parece não acreditar na incompreensão, pelo Tribunal, dos Termos do Contrato. Sua carta é educada, mas incisiva. Nela, ele solicita a reconsideração da decisão do Tribunal de Contas e afirma:

> De fato, Exmo Sr. presidente, o contrato celebrado entre a <u>Casa de Rui Barbosa</u> e a empresa editora A Noite, visa somente e acima de tudo habilitar o governo a mais prontamente desempenhar-se do compromisso sagrado assumido por ocasião da compra dos direitos autorais das obras de Rui Barbosa, feita por escritura pública no inventário do egrégio brasileiro.[182]

Lembra que a Casa detém os direitos sobre as obras, pois "a compra dos direitos autorais justificava-se pelo fato da obra de Rui Barbosa constituir um manancial de ensinamentos jurídicos e cívicos cuja divulgação

---

[181] *Ibidem.*

[182] Casa de Rui Barbosa, Carta de Jacobina Lacombe ao ministro presidente do Tribunal de Contas, em 25 de março de 1947.

representa uma necessidade para a cultura nacional".[183] No caso das obras de Rui, argumenta que a Casa "não tem o direito, mas o dever de divulgá-las, ao mesmo tempo que zelar pela sua pureza e autenticidade".[184]

Argumenta que o Decreto n.º 3.668 determinava a preparação e revisão dos originais dos textos para "a monumental edição que atinge mais de 100 volumes" e que a Casa, com a Imprensa Nacional, conseguiu estabelecer "um padrão de impressão que mereceu os mais francos elogios técnicos. Ousamos afirmar que no meio brasileiro poucas publicações atingiram o apuro, a apresentação material e o rigor técnico da revisão que apresentam os volumes até agora aparecidos."[185]

Lembra que no contrato com a Imprensa Nacional, para facilitar a divulgação e compensar as vultosas despesas com "caprichosa edição", metade dos livros poderia ser vendida pela própria Imprensa Nacional. No entanto, verificou-se "que publicações feitas pela IN eram demasiadamente lentas".[186]

Argumenta, finalmente, que

> [...] aproximando-se, pois, o centenário de Rui Barbosa e sendo desejável que nessa oportunidade pelo menos a metade das Obras Completas esteja divulgada, ocorreu ao Ministério da Educação recorrer a oficinas gráficas das empresas incorporadas ao patrimônio da União. Daí, após entendimento com o digno superintendente, a expedição do Decreto 21.182, de 27 de maio de 1946.[187]

Em seguida, trata especificamente da "impugnação do contrato" e diz que vai examinar cada razão detalhadamente. No que se refere às formas de pagamento, afirma que houve problema de entendimento, pois o referido decreto não fala nada a respeito da forma de pagamento das edições. Acrescenta ainda que, longe de ferir o decreto, "o contrato encontrou uma fórmula prática e extremamente eficiente de cumprir o decreto citado, sem despender um centavo e sem compromisso por parte do tesouro".[188]

---

[183] *Ibidem.*

[184] *Ibidem.*

[185] *Ibidem.*

[186] *Ibidem.*

[187] *Ibidem.*

[188] *Ibidem.*

A respeito da segunda justificativa diz que há duas aprovações do ministro no contrato enviado para ser registrado e, no que se refere à terceira justificativa, afirma que, nesta matéria, é difícil determinar um tempo e que é melhor determinar o número de edições. Nesses termos, solicita a revisão da decisão do Tribunal, o que ocorre logo em seguida, conforme é comunicado a Lacombe pelo diretor da Secretaria do Tribunal de Contas em 6 de maio de 1947.

Assim, ao mesmo tempo que vive um entusiasmo pelo aparecimento de um tomo das obras por mês, escreve carta ao ministro Clemente Mariani solicitando providências junto àqueles convidados que não haviam entregado os prefácios, não sem antes justificar o seu pedido. É então que, em 12 de agosto de 1947, escreve que "de acordo com as ordens dos dignos antecessores de Vossa Excelência tenho convidado diversos especialistas a colaborarem na organização das <u>Obras Completas de Rui Barbosa</u>".[189] Cumprindo o acordado no momento do convite, "já entregaram a esta <u>Casa</u> os originais de diversos tomos devidamente revistos, anotados e prefaciados os srs. Pedro Calmon, Astrojildo Pereira, Lúcia Miguel Pereira, Thiers Martins Moreira e Fernando Néri, cujos trabalhos já foram impressos".[190]

Dizia, ainda, que "já entregaram igualmente suas contribuições, achando-se em impressão os respectivos tomos, os srs. Lourenço Filho, Francisco Morato, Fernando Néri, José Vieira, José Câmara, Hélio Viana, San Tiago Dantas,[191] Augusto Magne, Luís Viana, Hermes Lima

---

[189] *Ibidem*.

[190] Casa de Rui Barbosa, Carta de Jacobina Lacombe ao ministro Clemente Mariani, em 12 de agosto de 1947.

[191] Na verdade, vê-se que Lacombe está protegendo seu amigo San Tiago Dantas do constrangimento de ser cobrado pelo ministro, pois jamais entregou seu prefácio, apesar de nele trabalhar. Quando da publicação do tomo III do volume XXXII – *Código civil: parecer jurídico* – em 1968, o qual foi publicado com o prefácio de Dantas, Lacombe escreveu, em nota: "A revisão desse tomo apresenta dificuldades especiais. Trata-se de um manuscrito não considerado completo pelo autor, que se recusou a fornecer o original para impressão. Há sinais evidentes de que o próprio Rui Barbosa queria dar-lhe os últimos retoques, em que costumava esmerar-se. Indicações em branco, para serem completadas posteriormente; dados bibliográficos obtidos alhures e incluídos com a nota de que faltava verificação posterior; hesitações na redação, lapsos evidentes, tudo isso foram obstáculos à preparação do texto que aqui se apresenta com o máximo de fidelidade. Incumbido desde 1949 do preparo do presente tomo, o saudoso jurista San Tiago Dantas realizou extensas pesquisas. Como nota prévia desses estudos, elaborou a conferência pronunciada na Casa de Rui Barbosa em 20 de agosto de 1949. Assinalou, igualmente, na leitura do manuscrito original, os trechos a serem anotados. Não nos resta senão publicar, à guisa de prefácio, o texto da conferência que resume as

e Oscar Bormann", mas que "ainda não devolveram os trabalhos que lhes foram confiados apesar de repetidos apelos desta diretoria os srs. José Carlos Macedo Soares, Milton Campos, Levi Carneiro, Wanderley Pinho, Ernesto Leme, Romão Côrtes de Lacerda, Temístocles Cavalcanti e Castro Rebelo".[192]

Lacombe terminava a carta colocando à mesa o trunfo da proximidade do centenário dizendo que, sendo

> [...] conveniente que no centenário de Rui Barbosa estejam publicados, ao menos os principais volumes de suas Obras Completas, tomo a liberdade de sugerir à V. Ex. que seja enviado um apelo, por parte de V. Ex. aos colaboradores que ainda não enviaram a contribuição [...] a fim de que remetam, quanto antes, os prefácios e os originais em seu poder.[193]

Em atenção ao pedido de Lacombe, o ministro envia a cada um dos convidados em atraso um telegrama apelando "no sentido de remeter com possível brevidade sua apreciada colaboração Obras Rui Barbosa a fim podermos editar centenário nascimento autor número apreciável volumes".[194]

A iniciativa, no entanto, não surte grandes resultados: apenas Temístocles Cavalcanti e Romão Cortes de Lacerda entregam seus textos em 1949. Os outros jamais o farão, o que obrigará Lacombe a lançar mão dos seus mais fiéis colaboradores. Mas o problema da deserção dos colaboradores era mais grave. Para se ter uma ideia, da lista de 19 colaboradores apresentada por Lacombe no texto publicado no *Anuário Brasileiro de Literatura*, de 1945, apenas 8 (Pe. Augusto Magne, Homero Pires, Lourenço Filho, Hermes Lima, Ernesto Leme, Lúcia Miguel Pereira, Pedro Calmon e Austregésilo de Ataíde) entregaram seus prefácios antes de 1949 e outro (Levi Carneiro) entregou o seu

---

ideias do prefaciador. Quanto às notas, foram seguidas as suas indicações nos apontamentos reunidos pela preparadora de textos, que acompanhou o trabalho desde o início, D. Edmée de Carvalho Brandão."

[192] Casa de Rui Barbosa, Carta de Jacobina Lacombe ao ministro Clemente Mariani, em 12 de agosto de 1947.

[193] *Ibidem*.

[194] Fundação Casa de Rui Barbosa, Telegrama do ministro da Educação aos prefaciadores das Obras Completas, 1947.

em 1951. Os demais jamais entregaram e foram substituídos, ou o volume não foi publicado até o momento.[195]

Em 3 de dezembro de 1947, Lacombe apresenta ao Ministério da Educação e Saúde o relatório "parcial" das atividades da Casa informando que:

> A publicação das Obras Completas de Rui Barbosa conseguiu a sua maior produção no presente ano, no total de 12 tomos impressos [...] O acabamento perfeito e, portanto, demorado, dos volumes não permitiu que a distribuição dos mesmos fosse feita com presteza. Quatro desses volumes ainda se encontram na brochura.[196]

O diretor afirma que "não é possível deixar de mencionar entre as ocorrências honrosas do ano a visita do Exmo. presidente da república cuja extraordinária repercussão nos meios jurídicos brasileiros ainda se pode observar"[197] e anuncia aquela que será a atividade fundamental da Casa no decorrer dos próximos anos, ao lado da edição das Obras Completas: as comemorações do centenário de nascimento de Rui Barbosa.

> No próximo ano começarão os preparativos para o centenário de Rui Barbosa em 1949. Neste sentido a proposta orçamentária já consigna elementos necessários para os primeiros preparativos. Urge, especialmente, iniciar as publicações de catálogos e antologias que deverão ser distribuídos por ocasião do centenário [...][198]

Em 30 de janeiro de 1948 envia outro relatório, mais completo, em que reitera as informações de dezembro último, e, entre exultante e comedido, afirma que "atingiu-se o máximo na publicação das Obras Completas de Rui Barbosa. Seria isso motivo de bastante satisfação se já houvéssemos atingido o nível de produção de desejar-se. Ainda estamos, porém, abaixo do que podemos produzir."[199]

---

[195]Trata-se do tomo relativo às atividades jornalísticas, de 1884.

[196]Casa de Rui Barbosa, *Relatório parcial relativo ao ano de 1947*, Casa de Rui Barbosa, 1947.

[197]*Ibidem*.

[198]*Ibidem*.

[199]Casa de Rui Barbosa, *Relatório relativo ao ano de 1947*, Casa de Rui Barbosa, 1948, p. 1.

Ao mesmo tempo que recebia elogios[200] e as publicações estavam em ritmo intenso na Imprensa Nacional e nas oficinas de A Noite, Lacombe se vê constrangido pelo excesso de trabalho e pelo acúmulo dos problemas linguísticos, técnicos e operacionais da edição. Resolve, então, solicitar ao ministro da Educação e Saúde a autorização para a contratação de um filólogo para assessorar permanentemente o trabalho de edição e revisores que possam trabalhar sob a supervisão do pessoal da Casa. Ao apresentar a solicitação, o diretor adianta que "a despesa a ser feita com a remuneração do assessor técnico para o texto e para a revisão deve ser feita da mesma maneira pela qual se paga o trabalho dos prefaciadores e organizadores de volume".[201] Em continuidade, o diretor informa como, já para o próximo ano, os recursos poderiam ser mobilizados:

> Poderemos imprimir no ano próximo vinte volumes das Obras. A três mil cruzeiros cada um, teríamos uma despesa de sessenta mil cruzeiros. Como porém doze destes volumes dispensaram prefácio porque são sequências de outros já prefaciados, por eles não se devem pagar senão mil cruzeiros pela organização e revisão do texto. Há, pois, uma diferença pa.[para] menos de 24 mil cruzeiros com os quais se poderá pagar a despesa com o consultor filológico e o revisor especializado que trabalhe sob a orientação da Casa.[202]

Lacombe, finalmente, apresenta a sua solicitação: a autorização para contratar especialistas, filólogos e revisores, para, sob orientação dos técnicos da Casa, trabalharem na edição das Obras Completas. Ele o faz nos seguintes termos:

---

[200] Em março de 1948, Walter Alexandre de Azevedo congratula-se com Lacombe e auxiliares pela publicação das *Cartas da Inglaterra*: "Realmente tal publicação das obras de Rui Barbosa é um título de glória para essa admirável instituição sobre a competente direção do seu atual chefe, coadjuvado condignamente por auxiliares da mesma, não olvidando, no caso das 'Cartas da Inglaterra', o luminoso prefácio de Da. Lúcia Miguel Pereira, a primeira dama intelectual do Brasil. Com um abraço Walter Alexandre Soares."

[201] Casa de Rui Barbosa, Documento enviado ao Ministério da Educação, [s.d.]. Trata-se de um documento organizado em itens numerados de 1 a 15, dos quais os 13 primeiros descreviam os procedimentos da revisão das obras e serão apresentados e discutidos no capítulo 3 deste livro. O documento é, provavelmente, do final de 1948 ou início de 1949, já que Lacombe faz referência às "recentes ordens providenciais determinadas pelo Exmo. Senhor ministro da Justiça à Imprensa Nacional", e estas são de outubro de 1948. O item citado é o de número 13.

[202] *Ibidem*. (grifos do original) Esse é o primeiro e único documento que encontramos que informa que o pagamento ao prefaciador/organizador/revisor era diferenciado quando se tratava de tomo prefaciado ou apenas organizado e revisto.

14. Solicito, pois, a Vossa Excelência, caso esteja de acordo com as ponderações acima feitas, que se digne determinar: 1) o destaque da quantia de sessenta mil cruzeiros da verba... sc... a fim de atender aos serviços de publicação das Obras de Rui Barbosa; 2) autorize a comissão organizadora a convidar um técnico em filologia a se ocupar permanentemente em acompanhar as dificuldades surgidas de cada volume; 3) autorize o diretor da C.R.Br. a convidar revisores especializados para a revisão a ser feita sob orientação de um técnico do quadro da C.R.B., sendo retribuídos dentro dos recursos acima apontados.[203]

Fechando o documento, Lacombe, diante da possibilidade de os recursos referidos não serem suficientes, sugere, como em outras ocasiões, que "bastará que o governo acresça de uma pequena quantia o preço da venda dos volumes, aliás esgotados rapidamente, para que possa compensar um eventual aumento de despesa no próximo orçamento".[204]

Apesar de não termos mais informações sobre tal documento – nem mesmo se foi encaminhado ao ministro –, percebe-se que, conforme havia sugerido Antônio Gontijo, dois anos antes, Lacombe, premido pelo trabalho e pelas dificuldades, resolve "pedir". Mas, aparentemente, se encaminhou mesmo o pedido ao ministro, não há registro que tenha sido atendido, já que nos tomos seguintes não há menção à atuação de revisores filológicos, continuando a aparecer as mesmas pessoas de sempre – funcionários ou colaboradores da Casa – como revisores das Obras Completas. E o pior, para Lacombe, é que uma nova e grande tarefa aumentava ainda mais o seu já volumoso trabalho: os festejos do centenário de Rui Barbosa.

O centenário: Rui Barbosa para todos os brasileiros

No que se refere ao programa de trabalho para 1948, o diretor volta a enfatizar, no relatório de janeiro de 1948, que "o principal ponto do trabalho a ser executado no corrente ano é a preparação das comemorações do centenário de Rui Barbosa em 1949".[205]

---

[203] *Ibidem.*

[204] *Ibidem.*

[205] Casa de Rui Barbosa, *Relatório de atividades*, Rio de Janeiro, Casa de Rui Barbosa, 1947, p. 9.

Apesar de começar os preparativos para o centenário, ou já como parte deles, pois, para Lacombe, a principal homenagem a Rui era a publicação de suas obras,[206] o diretor não deixa de se preocupar com o andamento da edição das Obras Completas, ocupando-se inclusive com detalhes que tinham impacto num número muito pequeno, mas influente, de leitores: os colecionadores dos 100 exemplares em papel especial!

Em carta ao ministro da Educação, datada de 10 de abril de 1948, Lacombe lembra que "a edição das Obras Completas de Rui Barbosa tem sido feita com a tiragem de 2.900 exemplares em papel *vergé* e 100 em papel '*buffant* especial', de acordo com a justificativa constante em todos os volumes".[207] Lamenta, no entanto, o fato de que a "Imprensa Nacional tem adiado, por acúmulo de serviço, a impressão dos exemplares em papel especial, que são também em formato maior. Já dez volumes foram impressos sem que esta Casa receba os exemplares especiais."[208]

Ao mesmo tempo que informa que "esta tiragem é feita em obediência às ordens dos seus dignos antecessores", solicita ao ministro que

> [...] se digne indagar ao titular da Justiça, a que são subordinados os serviços da Imprensa Nacional, se esta repartição não poderá mais confeccionar os ditos volumes especiais, a fim de ser modificada a justificação da tiragem, e, ao mesmo tempo, serem prevenidos os colecionadores acerca dessa alteração.[209]

---

[206] Em conferência na Casa de Rui Barbosa, em outubro de 1948, Lacombe se utiliza de "uma simples marca feita a tinta vermelha" por Rui Barbosa na epígrafe das obras completas de Bourdaloue para dizer que, para o patrono da Casa, a edição de suas obras era um monumento muito mais valioso do que uma estátua. Dizia a epígrafe: "Aucune statue ne saurait honerer plus dignement un grand homme qu'une édition savante de ses œuvres", em Américo Jacobina Lacombe, *Rui Barbosa e a primeira constituição da República*, Rio de Janeiro, Casa de Rui Barbosa, 1949, p. 31. Parece irônico que, no ano seguinte, a comissão, presidida por Lacombe, encarregada de fazer os encaminhamentos para a instalação de uma estátua de Rui Barbosa, encontre dificuldade para alocá-la no lugar definido pela Câmara Municipal. Isso porque a Câmara havia proposto a Praça Duque de Caxias ou Largo do Machado; esses lugares foram considerados inadequados pela comissão porque qualquer deles "é insuficiente e inadequado para um monumento de vastas proporções como terá de ser o de Rui Barbosa". Propõe, então, a Praça Paris "no trecho compreendido entre o sítio atual da herma erigida a Francisco Adolfo Varhagen e do lago próximo". (Ofício sem data enviado ao ministro da Educação, Arquivo Pessoal Américo Jacobina Lacombe, FCRB.)

[207] Casa de Rui Barbosa, Carta de Jacobina Lacombe ao ministro da Educação, em 10 de abril de 1948.

[208] *Ibidem*.

[209] *Ibidem*.

Por fim, argumenta também que lhe parece "que será preciso dispensar as empresas autorizadas a imprimir as mesmas obras, na forma do Dec. n.º 21.182, de 27 de maio de 1946, desde que o governo cessou de cumpri-la".[210]

Em carta dirigida ao ministro da Justiça, em 30 de abril, Clemente Mariani encaminha a solicitação do diretor da Casa de Rui Barbosa afirmando caber-lhe "encarecer a Vossa Excelência a necessidade de ser mantida a unidade da coleção, quanto ao papel, mediante o cumprimento, se possível, por parte da Imprensa Nacional, das exigências anteriormente formuladas para a execução daquele importante trabalho gráfico".[211]

Em 1º de outubro, o diretor da Imprensa Nacional informa ao ministro da Justiça "que tenho a honra de comunicar a Vossa Excelência que esta diretoria determinou as necessárias providências no sentido de serem confeccionados os volumes em formato especial por ocasião da tiragem popular da aludida coleção".[212] Em 5 de outubro, o ministro da Justiça comunica ao seu colega do Ministério da Educação que,

> em atenção ao Aviso [...], tenho a honra de transmitir-lhe, em anexo cópia do ofício [...], pelo qual o diretor da Imprensa Nacional comunica ter determinado as necessárias providências no sentido de serem confeccionados os volumes em formato especial por ocasião da tiragem popular das "Obras Completas de Rui Barbosa".[213]

Lacombe termina o ano de 1948 em vivo entusiasmo pelo andamento do trabalho. Parece abatê-lo apenas a perda de um de seus mais diletos, assíduos e competentes colaboradores: Fernando Néri, falecido naquele ano. Em 21 de dezembro de 1948, Jacobina relata já terem sido impressos 30 tomos das Obras Completas e "acrescente-se, ainda, a esta lista, o vol. XIII (1886) – tomo I – Lições de coisas – em vias de conclusão nas oficinas d'A Noite e verificar-se-á que mantivemos a média do ano passado, de um tomo por mês".[214] Acrescenta ainda que o "bom

---

[210] Ibidem.

[211] Casa de Rui Barbosa, Carta de Jacobina Lacombe ao ministro da Educação, em 30 de abril de 1948.

[212] Casa de Rui Barbosa, Ofício do Diretor da Imprensa Nacional informa ao ministro da Justiça, em 1º de outubro de 1948.

[213] Ibidem.

[214] Casa de Rui Barbosa, *Relatório relativo ao ano de 1948*, Casa de Rui Barbosa, 1948, p. 1-2.

andamento em que se encontram os trabalhos nas oficinas da Imprensa Nacional, e a organização, cada vez mais completa da confecção dos volumes, assegura a manutenção desse ritmo que é satisfatório".[215]

Em relação ao ano do centenário, que logo se iniciará, adverte que "quanto à preparação do centenário de Rui Barbosa, funcionou regularmente a Comissão constituída para esse fim".[216] Tal comissão, composta por Rodrigo Melo Franco de Andrada, Augusto Meyer, Thiers Martins Moreira e Luiz Camillo de Oliveira Netto, fora nomeada em 14 de janeiro de 1947, tendo apresentado um amplo plano de atividades, o qual fora aprovado pelo ministro ainda no final daquele ano e posto em execução. Dizia Lacombe, a respeito da aprovação do plano, que "com o apoio indefectível de V. Ex. as comemorações do centenário de Rui há de se realizar com o brilho que a nação espera".[217] Segundo o diretor, em 1948:

> Foram constituídos representantes, junto à comissão, de quase todos os ministérios, de órgãos do poder judiciário, bem como dos governos estaduais. A comissão está providenciando ativamente uma série de publicações comemorativas do centenário – biografia – livros infantis – álbum – monografias –; organizando uma série de conferências já iniciadas; – traçando o plano de uma exposição comemorativa com o respectivo catálogo.[218]

Relata, ainda, iniciativas junto ao Legislativo no sentido de instituir o Feriado Nacional e uma Medalha Comemorativa. Em relatório de 30 de janeiro de 1949, acrescenta que:

> O ano de 1949, ano do centenário de Rui Barbosa, será o ano mais importante na história dessa casa. Ela contribuirá para tal acontecimento com uma exposição histórica, com um catálogo da mesma, e com publicações que deverão estar à altura da importância e da repercussão daquela comemoração.
>
> O planejamento de tal exposição, a cargo do artista Tomás de Santa Rosa, será em breve objeto de estudos por parte da Comissão para a sua execução.[219]

---

[215] *Ibidem*, p. 2
[216] *Ibidem*.
[217] *Ibidem*.
[218] *Ibidem*.
[219] Casa de Rui Barbosa, *Relatório de atividades relativo ao ano de 1948*, Casa de Rui Barbosa, 1949, p. 8-9.

O relatório da Casa referente ao ano de 1949, apresentado pelo diretor em 18 de fevereiro de 1950, detalha o conjunto de atividades desenvolvidas ao longo do centenário. Afirma que "as comemorações do centenário decorreram de maneira perfeitamente de acordo com nossa expectativa. O entusiasmo popular manifestado por ocasião da transladação dos restos mortais, quer na capital, quer na Bahia, revelou o clima em que a nação assistia ao transcurso do primeiro século da existência de Rui Barbosa."[220]

Dentre as atividades relacionadas à edição, chama a atenção para a:

> Impressão de uma biografia de Rui Barbosa para crianças de autoria da escritora Cecília Meireles. Tal trabalho, numa tiragem de 90.000 exemplares, foi distribuído por todas as escolas do país que atenderam ao nosso apelo enviando a relação dos alunos do último ano. A distribuição desse volume por todo o território nacional foi feita com a patriótica e valiosa cooperação das Forças Aéreas Brasileiras.[221]

Na verdade, no que se refere às edições, 1949 foi um ano atípico e de muito movimento para a Casa. Não apenas foi dada sequência à publicação das Obras Completas como foi publicado um impressionante número de livros e separatas dos textos das conferências pronunciadas na instituição e em vários outros órgãos, tanto no Rio de Janeiro quanto em São Paulo. O Quadro 5, a seguir, permite-nos visualizar melhor o movimento para o qual chamo atenção.

Chama a atenção o fato de que, ao final de 1949, 38 tomos haviam sido publicados e outros 37 se encontravam prefaciados.[222] Para se ter uma dimensão do que representou o esforço de Lacombe e do pessoal da Casa na primeira década de trabalho, basta ver que a edição do centésimo tomo das Obras Completas – *Discursos Parlamentares*, 1914 – somente foi concluída em 1973, com prefácio e notas de

---

[220] Casa de Rui Barbosa, *Relatório de atividades relativo ao ano de 1949*, Casa de Rui Barbosa, 1950, p. 2.

[221] *Ibidem*, p. 6.

[222] Para se ter uma ideia do volume de publicações cabe uma comparação com outra importante coleção do período. Segundo levantamento de Fábio Franzini, publicado no livro *À sombra das palmeiras*: a coleção Documentos Brasileiros e as Transformações da Historiografia Nacional (1936-1959). A coleção Documentos Brasileiros, dirigida por Gilberto Freyre e, depois, por Otávio Tarquínio, na José Olympio, publicou 60 volumes entre 1936 e 1949.

Lacombe, ou que, significativamente, os 75 tomos organizados na primeira década representam mais da metade de tudo que se publicou das Obras Completas até hoje. Do mesmo modo, se retirarmos da contagem das obras publicadas antes de 1949 as coleções de cartões postais e as separatas das conferências – pois, na verdade, são reedições de textos já publicados –, veremos que a Casa publicou, somente em 1949, a mesma quantidade que publicara até então, aproximando-se, assim, muito mais de uma *casa editora* do que de uma *casa museu*.

Quadro 5
Balanço das publicações da
Casa de Rui Barbosa (CRB) até 1949

Natureza da publicação	Publicadas	Prontas	Total	Publicadas em 1949
Tomo das Obras Completas	38	37	75	9
Publicações da CRB – Conferências	2	0	2	0
Separata das Conferências	7[223]	0	7	0
Relatório	1[224]	0	1	1
Texto sobre Rui	28	0	28	23
Texto avulso de Rui	2	0	2	2
Catálogo da Biblioteca	1	0	1	0
Coleção de Postais sobre a CRB	2	0	2	0
Biografia	1	0	1	1
Anais	1	0	1	1
Total	83	37	111	37

Dos 28 livros sobre Rui Barbosa publicados em 1949, 27 têm quase o mesmo formato. São brochuras medindo em torno de 16x23 cm, com capas com orelhas em papel cartão. Eles têm entre 28[225] e 263[226] páginas, sendo que muitos têm mais de 100 páginas. A exceção a esse formato padrão é o livro *Rui e a caricatura*, de Herman Lima,

---

[223] A separata do texto da conferência de Homero Pires, "*Ruy Barbosa e os livros*", teve quatro edições no período.

[224] Em 1946, foi publicado um relatório com as *realizações* da Casa de Rui Barbosa. No entanto, a edição deste foi de responsabilidade do Serviço de Documentação do Ministério da Educação e Saúde.

[225] Edmundo de Macedo Soares e Silva, *Rui Barbosa*, Rio de Janeiro, Casa de Rui Barbosa, 1949, 28 p.

[226] Humberto Bastos, *Rui Barbosa*: Ministro da Independência Econômica do Brasil, Rio de Janeiro, Casa de Rui Barbosa, 1949, 263 p.

que mede 24x32 cm e tem 108 páginas ricamente ilustradas com as caricaturas publicadas sobre Rui Barbosa ao longo de sua vida pública.

Se 1949 foi um ano atípico para a Casa de Rui Barbosa, não o foi menos para as hostes de ruistas espalhados por todo o Brasil. É impossível precisar o número de eventos, pronunciamentos e publicações em homenagem ao centenário de Rui Barbosa. O que se pode afirmar com segurança é que praticamente todas as principais instituições educativas, culturais e políticas do país prestaram-lhe homenagens. No entanto, se tudo era festa, nem tudo eram flores na comunidade ruiana. Ao publicar na revista *O Cruzeiro* de 24 de dezembro de 1949 um conjunto de charges sobre o que de mais importante ocorrera em cada mês do ano findo, o chargista Millôr Fernandes (sob o pseudônimo de Vão Gogo) representa o mês de novembro por meio de charges em que as pessoas estão em luta e do seguinte texto: "Transcorre o centenário de Rui e em seu nome briga-se, mata-se, ofende-se, ataca-se, defende-se, excomunga-se e abençoa-se."[227] É, pois, dessa *comunidade* e de suas redes de sociabilidades de que trataremos no próximo capítulo.

---

[227] *O Cruzeiro*, p. 65, 24 dez. 1949.

Fios, tramas e dramas da edição

A Casa de Rui Barbosa: espaço em disputa

> O Estado Novo, pela sua própria essência de renovação, teve, desde o início, a preocupação de entregar os postos de comando aos maiores valores mentais do país.[1]

A constituição da Casa de Rui Barbosa e, dentro dela, a edição das Obras Completas foram, nas décadas de 1930 e 1940, empreendimentos em que se conjugaram investimentos de pessoas conectadas por relações de várias naturezas.[2] Lado a lado estavam os familiares, correligionários, políticos, intelectuais, todos investidos da ideia de perpetuação da memória do grande homem público, jornalista, jurista, político, intelectual, homem de letras que seria Rui Barbosa. A compra da residência da família, de sua biblioteca e de parte dos móveis e a transformação desses elementos numa casa-museu, num museu-biblioteca e, finalmente, numa casa-museu-biblioteca-centro

---

[1] Rogério Pongetti e Rodolfo Pongetti (ed.), O Estado Novo e os intelectuais, *Anuário Brasileiro de Literatura – 1940*, Rio de Janeiro, n. 4, p. 328, 1940.

[2] Ao longo deste capítulo inspiro-me, sem, no entanto, levar às últimas consequências, nos procedimentos propostos por vários historiadores a respeito do chamado método prosopográfico, ou da biografia coletiva. Os fundamentos teórico-metodológicos que sustentam essa perspectiva, bem como ensaios de sua utilização em pesquisas históricas, podem ser vistos no livro organizado por Flávio M. Heinz, *Por outra história das elites* (Rio de Janeiro, FGV, 2006). Também o trabalho de Marco Morel, *As transformações dos espaços públicos*: imprensa, atores políticos e sociabilidades na cidade imperial (1820-1840), trabalha com essa perspectiva. Em nosso grupo de pesquisa, o estudo de Marcilaine Soares Inácio, *As sociedades político-literárias e o processo de escolarização em Minas Gerais (1825-1842)*, foi o que mais se aproximou da prosopografia.

de pesquisa, não nos esqueçamos, tiveram seu início não apenas num momento muito próximo à morte de Rui Barbosa (1924), mas também de outro acontecimento também marcante de construção de seu legado e de sua memória: o seu jubileu cívico-literário em 1918.[3]

Nesse evento, realizado em 1918, como detalhadamente nos mostra o pesquisador João Felipe Gonçalves,[4] não apenas é celebrada a história gloriosa do grande brasileiro, mas principalmente é realizada a sua entronização no pavilhão dos grandes heróis nacionais.[5] Nesse sentido, a compra da residência em que morou o senador Rui Barbosa, autorizada pelo Decreto n.º 4.789, de 2 de janeiro de 1924, e, posteriormente, a sua transformação em um museu-biblioteca vinculada ao recém-inaugurado Ministério da Educação e Saúde Pública, podem ser vistas como parte de um único movimento de perpetuação da memória do jurista baiano.

Como elementos simbólicos a atestar a unidade do movimento que vai de um momento ao outro, estão as próprias pessoas que deles participam e a mesma data escolhida: 13 de agosto. Na inauguração da Casa de Rui Barbosa, em nome do governo, fala o senador João Mangabeira, que inicia seu discurso afirmando o seu lugar outro que não o de familiar: "Quis o governo prestar uma derradeira e efetiva homenagem ao grande morto, escolhendo, fora do círculo dos que se lhe prendiam pelo sangue, para falar nesta solenidade, quem tivesse

---

[3] Segundo João Felipe Gonçalves: "Em agosto de 1918, realizara-se em todo o Brasil, mas com especial concentração no Rio e em Salvador, o Jubileu Cívico-Literário de Rui Barbosa, que comemorava o suposto cinquentenário de seu primeiro discurso público [...]. Nunca o país parara de tal forma para celebrar um personagem vivo e consagrá-lo de forma tão grandiosa. Consolidou-se então a prática de tratar Rui como 'gênio', 'semideus', 'apóstolo', 'super-homem' e outros epítetos do gênero. Rui consolidara na ocasião seu prestígio de prócer da *civilização* nacional e de ápice da *cultura* brasileira, de ser o homem que trazia o Brasil ao nível daquelas que então se chamavam *as nações adiantadas*." (João Felipe Gonçalves, Enterrando Rui Barbosa: um estudo de caso da construção fúnebre de heróis nacionais na primeira república, *Estudos Históricos*, n. 25, p. 135-136, jul. 2000.)

[4] João Felipe Gonçalves, As imponentes festas do sol: o jubileu cívico-literário de Rui Barbosa, em Isabel Lustosa *et al.*, *Estudos históricos sobre Rui Barbosa*, Rio de Janeiro, Casa de Rui Barbosa, 2000, p. 151-204.

[5] Em seu livro *A construção do "herói": leitura na escola – Assis, 1920-1950* (São Paulo, Editora Unesp, 2001), Raquel Lazzari Leite Barbosa mostra a intensa presença de Rui Barbosa na memória de ex-professores e de ex-alunos da escola primária de Assis (SP), no período coberto pela pesquisa. Também para essas pessoas, como já reclamava Américo Lacombe em 1947, a lembrança não é da leitura dos textos de Rui Barbosa, mas, sobretudo, da Águia de Haia. Cf., sobretudo, o primeiro capítulo, "Construindo o herói" (p. 17 *et seq.*). No livro, a autora chama a atenção, também, para a pesquisa realizada por João R. Moreira, em 1957, "sobre escolas das zonas urbanas do Brasil, abrangendo vários estados [...] [que] constatou que Rui Barbosa estava entre os heróis mais cultuados dos livros didáticos de terceiras e quartas séries dessas escolas." (p. 19)

de mais de perto escutado o bater daquele coração."⁶ Ele lembrava a importância da data na trajetória de Rui – do início de sua vida pública, a 13 de agosto de 1868, à realização do seu jubileu cívico literário, a 13 de agosto de 1918. Lembrava também as façanhas do herói nacional, Rui Barbosa, que, tal qual o apóstolo Paulo, "trabalhou mais do que os outros" na construção da pátria e sentenciava:

> Foi a crença nas forças eternas, foi essa fé na supremacia das forças morais que te levou, grande morto, a trabalhar mais do que os outros. Não trabalhaste em vão! Esta casa, testemunha muda de seus trabalhos, das tuas vigílias e dos seus sacrifícios, a nação transformou-a num templo, santificando-a para o culto da democracia e da lei. Doravante, será aqui que virão pedir inspirações, beber ensinamentos, reacender a chama da fé bruxuleante, os amigos do direito, os defensores da liberdade, os devotos da lei, os sacerdotes da justiça. Nesta Casa se reverá todos os dias tua pátria, orgulhosa do monumento que, à sua própria glória, fundastes com as tuas mãos.⁷

Em seguida, em nome da família fala Batista Pereira, genro de Rui. Suas palavras são de agradecimento: ao presidente da República – Washington Luís – e ao ministro do Interior e Justiça – Viana do Castelo – por atenderem "a uma aspiração nacional" e fundarem a Casa; e ao senador Mangabeira, pelo engrandecimento da cerimônia. Nas figuras referidas nos agradecimentos, outros sujeitos estão representados: nas primeiras, o povo brasileiro; na figura do senador Mangabeira, o povo baiano. Reforçam-se, assim, os laços que vão tecendo a rede que constrói e sustenta a Casa de Rui Barbosa como a Casa do Povo Brasileiro ou, se preferirmos, da família brasileira!

Nos fios dessa rede de sentido construída, a comunidade familiar dos Barbosa se articula com a "comunidade" intelectual e política baiana e destas desloca-se para a própria nação brasileira como uma comunidade imaginada, para utilizarmos a consagrada expressão de Benedict Anderson.⁸

---

⁶ João Mangabeira, Discurso pronunciado pelo senador João Mangabeira, em nome do governo da República, em 13 de agosto de 1930, na Casa de Rui Barbosa, *Rui, sua casa e seus livros*, Rio de Janeiro, Casa de Rui Barbosa, 1980, p. 3.

⁷ *Ibidem*, p. 11-12.

⁸ Benedict Anderson, *Comunidades imaginadas*: reflexões sobre a origem e a difusão do nacionalismo, São Paulo, Companhia das Letras, 2008.

Com a Casa em funcionamento, é possível perceber o adensamento da rede que lhe dá sustentação e expressão. Para isso, numa primeira visada pode-se voltar para os próprios diretores. Como se pode ver na lista abaixo, de 1927 a 1939 a Casa teve 10 dirigentes, sendo que os seis primeiros eram denominados zeladores e os demais, diretores.

Quadro 6
Zeladores/Diretores da Casa de Rui Barbosa – 1927-1992

NOME	PERÍODO	CONDIÇÃO
Artur Luís Viana	1927-28	Zelador (Titular)
Fernando Néri	1928-30	Zelador
Alberto Barcelos	1930-32	Zelador
Múcio Vaz	1932	Zelador (Interino)
Antonio Joaquim da Costa	1932	Zelador (Interino)
Homero Pires	1933	Zelador
Humberto de Campos	1934	Diretor (Interino)
Luiz Camillo de Oliveira Netto	1935-38	Diretor
Cláudio da Silva Brandão	1938-39	Diretor
Américo Jacobina Lacombe	1939-92	Diretor

Pode-se considerar, no entanto, que a Casa começou mesmo a funcionar com a zeladoria de Fernando Néri, que traz para a instituição o prestígio e as relações que lhe conferiam a secretaria de uma das mais tradicionais instituições culturais e intelectuais do país, pela e na qual Rui Barbosa havia militado durante décadas: a Academia Brasileira de Letras (ABL). Acostumado, desde 1924,[9] às lides de secretário da ABL e, portanto, com as vicissitudes de gestão de autores e livros e, sobretudo, com os processos de fabricação dos imortais,[10] não é por acaso que em sua gestão é mobilizado o argumento de que era necessário, por um lado, organizar um catálogo da biblioteca de Rui Barbosa e, por outro, publicar as Obras Completas, inclusive como uma forma de financiar, com sua venda, o próprio funcionamento da instituição.

---

[9] Karina Anhezini, Teoria e metodologia na escrita da história no Brasil: Afonso de Taunay e a Academia Brasileira de Letras, *Dimensões*, Vitória, UFES, v. 24, p. 75-113, 1910.

[10] *Ibidem*; Regina Abreu, *A fabricação do imortal*: memória, história e estratégias de consagração no Brasil, Rio de Janeiro, Lapa/Rocco, 1996.

Fernando Néri, além de sua contribuição ao estabelecer um discurso inaugural da Casa em relação à operacionalização de sua missão de publicar as obras de Rui Barbosa, será, como veremos, um dos pilares de sustentação da edição das Obras Completas na década seguinte. Os gestores da Casa que sucederam a Fernando Néri – Alberto Barcelos e Múcio Vaz – por ali passaram praticamente sem deixar vestígios.[11] Quem, de fato, vai retomar a gestão da Casa é Antonio Joaquim da Costa, ex-mordomo da família de Rui Barbosa. Acostumado há anos com o cuidado desprendido à biblioteca pelo ex-morador da Casa, tendo mesmo ajudado em sua manutenção em condições impecáveis,[12] ao novo zelador não deixa de incomodar a situação em que a instituição se encontra. São a familiaridade e, mesmo, sua ligação afetiva com aquele "acervo" que talvez nos ajudem a compreender o tom áspero de suas críticas à falta de estrutura da Casa e sua enfática defesa de que era necessário dotar aquela catedral de condições de funcionamento.

No entanto, a presença de um ex-mordomo na direção da Casa, se por um lado reforçava a rede de relações familiares na gestão da instituição, por outro poderia significar, também, o pouco apreço da República para com aquela que deveria ser *a casa de todos os brasileiros*. Sem romper com os parâmetros da familiaridade e das redes de amizade, é nomeado como zelador o advogado, professor e escritor baiano, companheiro de Rui de longa data, Homero Pires.

Nascido em Ituaçu, na Bahia, em 1887, Homero Pires[13] formou-se em Direito pela Faculdade de Direito do Rio de Janeiro em 1910. Participou da Campanha Civilista ao lado de Rui Barbosa em 1910 e, a partir do início da década de 1920, atuou na docência – como professor de Direito Constitucional da Faculdade Livre de Direito da Bahia –, no jornalismo e no parlamento – como deputado no final da década de 1920 e na década seguinte –, tendo sido, inclusive, um

---

[11] Não foram encontrados relatórios assinados por eles nem informações a respeito destes nos arquivos onde procuramos nem na internet. Também não encontrei as razões que levaram à saída de Fernando Néri da zeladoria.

[12] Em 1949, incentivado, dentre outros, por Luís Viana Filho, Antonio Joaquim da Costa publica, pela Casa de Rui Barbosa, um livro – *Rui Barbosa na intimidade* – em que relata o cotidiano da família Barbosa e de seu trabalho como mordomo.

[13] Cf. o verbete sobre Homero Pires publicado no *Dicionário histórico-biográfico brasileiro* em <http://www.fgv.br/CPDOC/BUSCA/Busca/BuscaConsultar.aspx>, acesso em 26 ago. 2016.

dos redatores do manifesto que apresentou a candidatura de Vargas à presidência da República. Quando assumiu a zeladoria da Casa, gozava, portanto, de prestígio junto à família Barbosa, à comunidade política e intelectual, além de ostentar a origem baiana. Sua gestão será marcada também pela crítica às condições em que a Casa se encontrava, as quais eram impeditivas da realização de sua missão, e pela defesa de que a instituição deveria transformar-se num "centro de estudos em constante ebulição" e de que a Casa deveria publicar uma revista para divulgar as várias facetas de Rui Barbosa.

Apesar de entusiasmado com o trabalho na direção da Casa, Homero Pires foi eleito deputado constituinte em 1933 pelo Partido Social Democrático (PSD), tendo sido também eleito para a legislatura ordinária seguinte. Para seu lugar, Vargas indicou o escritor e jornalista maranhense radicado no Rio de Janeiro Humberto de Campos. Nascido em Miritiba, Maranhão, em 1886, Campos transferiu-se para o Rio de Janeiro em 1912. Tendo participado da Campanha Civilista, no Rio de Janeiro, ligou-se ao jornal *O Imparcial*, que, sob a direção de José Eduardo de Macedo Soares, tinha como "redatores ou colaboradores [...] Goulart de Andrade, Rui Barbosa, José Veríssimo, Júlia Lopes de Almeida, Salvador de Mendonça e Vicente de Carvalho".[14] Entrou para a Academia Brasileira de Letras em 1919 e "em 1920, já acadêmico, foi eleito deputado federal pelo Maranhão. A revolução de 1930 dissolveu o Congresso e [ele] perdeu o mandato." Como "o presidente Getúlio Vargas, [...] era admirador do talento de Humberto de Campos, procurou minorar as dificuldades do autor de Poeira, dando-lhe os lugares de inspetor de ensino e de diretor da Casa de Rui Barbosa". Como se vê, a motivação do presidente da República ao nomeá-lo zelador da Casa nos mostra, ao mesmo tempo, o funcionamento das redes e o comprometimento do bom funcionamento da instituição devido às injunções políticas e de amizade.

A posição de Humberto de Campos nessas redes de sociabilidades, apesar de sua especificidade – não tinha formação superior nem era do círculo familiar, por exemplo –, reforça vários laços aqui já analisados – o circuito da ABL e a atuação político-parlamentar,

---

[14] As informações aqui utilizadas sobre Humberto de Campos são as que se encontram no site da Academia Brasileira de Letras (<http://www.academia.org.br>).

por exemplo – e nos permite anunciar dois outros: a participação na Campanha Civilista, a qual dará um acento geracional na atuação de alguns intelectuais e políticos junto à Casa de Rui Barbosa, como veremos, e a atividade jornalística como um ambiente fundamental de sociabilidade intelectual no período.

Em sua curta gestão, Humberto de Campos dá prosseguimento às atividades que haviam sido organizadas pelo zelador efetivo, Homero Pires, sendo a principal delas a realização da conferência *inaugural* das atividades intelectuais da Casa, proferida por Antônio Batista Pereira, genro de Rui, no dia 5 de novembro, data de nascimento do patrono da Casa, sob o expressivo título de *O Brasil e o antissemitismo*.[15] Batista Pereira, tendo acompanhado Rui em suas atividades desde a primeira década do século, era também um sujeito de grande articulação política. Esteve do lado de São Paulo na Revolução Constitucionalista de 1932, tendo sido preso por isso. É interessante acompanharmos a abertura de sua longa conferência na Casa em 1934:

> Obedecendo à imperativa designação de Homero Pires, ilustre diretor desta Casa, para iniciar a série de Conferências que aqui se vão realizar, procurando na obra e vida de Rui Barbosa a lição de justiça que fosse mais útil de recordar ao mundo contemporâneo, cheguei logicamente ao Caso Dreyfus e ao antissemitismo. Nada mais oportuno. A sua atitude de então define e vaticina a do Brasil de hoje.[16]

Numa perspectiva lúcida dos dias que transcorriam, mas que poderia também ser vista como alarmante para aqueles que o ouviam, Batista Pereira caracteriza-os como "um minuto de climatério". Segundo ele, "nunca houve momento tão decisivo", pois "deslocou-se o eixo de todos os princípios": "o direito à vida, ao trabalho, ao pensamento são discutidos"; mesmo "o sol ainda continua a ser de todos, porque ainda não acharam o meio de expropriá-lo" e o "o direito já começa a ser tão somente de alguns".[17] Nesse contexto, considera necessário mobilizar a autoridade de Rui Barbosa e afirmar que este "execrava

---

[15] Batista Pereira, O Brasil e o antissemitismo, em *Conferências II*, MES/Casa de Rui Barbosa, p. 5-68, 1945.

[16] *Ibidem*, p. 5.

[17] *Ibidem*.

o antissemitismo. Atribuía-o na quase totalidade dos casos à inveja e à rivalidade, e, excepcionalmente, à paixão."[18]

Ao mesmo tempo que fazia loas à tradição alemã e à sua contribuição para a cultura ocidental, vaticinava o conferencista que, no entanto, naquele momento "a Alemanha é o Antissemitismo. É o crime. É o antidireito. É o Cainismo. Defender a humanidade não é acatá-la."[19] Nesses polêmicos termos para aquele momento, começava a Casa com a tradição de realizar conferências nos dias de aniversário de Rui Barbosa e, ao mesmo tempo, reforçava os laços familiares em torno da instituição. Importantes alterações, todavia, estavam para ocorrer ali.

Uma conjunção de vários fatores leva a nova mudança na direção interina da Casa e, com ela, os sonhos de Homero Pires de retornar à direção da instituição. Primeiro, o agravamento da doença do zelador interino, que viria a falecer ainda naquele ano de 1934. Também contribuiu a eleição de Homero Pires para o mandato ordinário na Câmara dos Deputados, depois de finda a Constituinte. Em terceiro lugar, as próprias institucionalidade e missão da Casa se viram fortalecidas pela publicação do Decreto n.º 24.688, de 12 de julho de 1934, pelo qual eram reorganizados seus serviços tendo em vista a "necessidade de imprimir maior eficiência à organização da Casa de Rui Barbosa, que tem por objeto a conservação da biblioteca, do arquivo, a publicação das obras do grande brasileiro e a realização de cursos e conferências".[20] Doutra parte, nesse mesmo ano chegava ao Rio, para dirigir o Ministério da Educação e Saúde Pública, o jovem advogado mineiro Gustavo Capanema e, com ele, um grupo de entusiasmados conterrâneos.

É nesse contexto que Gustavo Capanema, tendo assumido o Ministério da Educação e Saúde Pública em julho de 1934, nomeia, para dirigir a Casa, em 24 de dezembro do mesmo ano, o engenheiro mineiro Luiz Camillo de Oliveira Netto. Nascido em Itabira do Mato Dentro, Minas Gerais, em 1904:

> Formou-se em química industrial na Escola de Engenharia de Belo Horizonte em 1924 e aí se tornou professor de química inorgânica.

---

[18] *Ibidem*, p. 15.

[19] *Ibidem*, p. 59.

[20] Pelo decreto foram, também, criados os cargos de diretor e de chefe do Arquivo e das Publicações.

Em 1933, durante a interventoria de Gustavo Capanema, trabalhou como perito químico na Secretaria do Interior e Justiça de Minas Gerais. Passou então a dedicar-se ao estudo da história do Brasil, organizando e dirigindo a biblioteca da secretaria e iniciando suas pesquisas no Arquivo Público Mineiro. Em 1934, ano em que Capanema foi nomeado ministro da Educação, transferiu-se para o Rio de Janeiro, então Distrito Federal, passou a servir no Ministério da Educação e foi nomeado diretor da Casa de Rui Barbosa, onde elaborou o plano de publicação das Obras Completas do patrono da instituição. Em 1936 foi nomeado membro do Conselho Nacional de Educação por Gustavo Capanema.[21]

Maria Luiza Penna, filha e biógrafa de Luiz Camillo, escreve: "os pedidos para tal cargo [diretor da CRB] deviam ter sido muitos, mas parece que o novo ministro da Educação de Getúlio confiava mais no seu companheiro de conversa e discussões, já agora pesquisador respeitado."[22]

Luiz Camillo, que até então vinha trabalhando com Capanema, mas dividindo-se entre Belo Horizonte e o Rio de Janeiro, com a nomeação, teve que se deslocar com a família para a capital federal. Coincidentemente, naquele mesmo momento, vinha para Belo Horizonte o professor San Tiago Dantas, àquela altura ainda ligado à Ação Integralista Brasileira, o que oportunizou aos dois trocarem de casa: a família de Luiz Camillo foi morar na residência de Dantas e este passou a residir, em Belo Horizonte, na casa de propriedade daquele. Nesse momento, irmanado com Carlos Drummond de Andrade, então diretor/chefe de Gabinete de Capanema, Luiz Camillo desenvolve esforços para "achar colocações" para outros mineiros no Rio de Janeiro.

Como vimos, à frente da Casa, Luiz Camillo envida esforços sistemáticos para que a instituição pudesse cumprir suas finalidades, sobretudo aquelas relacionadas à publicação das Obras Completas de

---

[21] Luiz Camillo de Oliveira Netto, em Fundação Getúlio Vargas, *Dicionário histórico-biográfico brasileiro*, disponível em <http://www.fgv.br/CPDOC/BUSCA/Busca/BuscaConsultar.aspx>, acesso em 25 ago. 2016.

[22] Maria Luiza Penna, *Luiz Camillo*: perfil intelectual, Belo Horizonte, Editora UFMG, 2006, p. 87. Sobre a mobilização e participação da jovem intelectualidade mineira no Estado Novo, pelas mãos de Gustavo Capanema, ver o excelente livro organizado por Helena Maria Bousquet Bomeny, *Constelação Capanema: intelectuais e políticas*, sobretudo o capítulo "Infidelidades eletivas: intelectuais e política", de sua autoria.

Rui Barbosa. A morosidade da burocracia o incomoda e o leva a escrever a seu amigo Mário de Andrade, em 15 de novembro de 1935, que "aqui no Rio sou forçado a me limitar à função de mero procurador de pastas. Na Casa de Rui Barbosa faço o que me é possível, porém são mínimos os resultados tal a engrenagem emperrada da administração federal"[23] e, um ano depois, em 19 de setembro de 1936, elogia o trabalho do amigo à frente do Departamento de Cultura de São Paulo, dizendo "já que não me deixam fazer, permito-me bater palmas, com violência, ao processo e à ação construtora dos outros".[24]

Esses percalços, entretanto, não impedem o diretor, como vimos, de intensificar seus esforços na preparação de textos para publicação e, por determinação do ministro, no planejamento de publicação das Obras Completas. Na Comissão nomeada por Capanema para tratar desta última providência, lembremos, participaram o próprio Luiz Camillo junto com Batista Pereira e Homero Pires, este último cumprindo as funções de arquivista da Casa de Rui Barbosa depois de fechados os órgãos legislativos pelo golpe impetrado por Getúlio Vargas.

Em meio a essa burocracia, foi com entusiasmo que Luiz Camillo recebeu sua nomeação, em 13 de julho de 1937, por parte do também mineiro, Afonso Pena Júnior, então reitor da Universidade do Distrito Federal, para, junto com Gilberto Freire, representar a universidade no Congresso de História da Expansão Portuguesa no Mundo. Aproveita a viagem para trabalhar nos arquivos portugueses, nos quais faz um amplo levantamento de documentos para a história do Brasil.[25] Em julho do ano seguinte, torna-se professor catedrático de História do Brasil da Universidade do Distrito Federal (UDF).[26]

A Casa, que já vinha se constituindo em um importante espaço de sociabilidade intelectual – seja pela realização de conferências, seja pelo acolhimento de visitas de políticos do porte dos ministros Gustavo

---

[23] Penna, *Luiz Camillo*, p. 90.

[24] *Ibidem*, p. 91.

[25] Alguns dos textos do *historiador* Luiz Camillo de Oliveira Netto foram reunidos em livro, organizado por Maria Luiza Penna e publicado postumamente pela José Olympio, na Coleção Documentos Brasileiros. A segunda parte do livro é dedicada à *Viagem a Portugal*. Cf. Luiz Camillo de Oliveira Netto, *História, cultura & liberdade*, Rio de Janeiro, José Olympio, 1975.

[26] Cf.: Luiz Camillo de Oliveira Netto, em Fundação Getúlio Vargas, *Dicionário histórico-biográfico brasileiro*, e Penna, *Luiz Camillo*, p. 97 *et seq*.

Capanema e José Carlos Macedo Soares e de intelectuais como Mário de Andrade, Alceu Amoroso Lima, Milton Campos, Otávio Tarquínio e outros –, ganhou também, com a atuação de Luiz Camillo, presença e respeitabilidade nos meios acadêmicos e culturais do país. No entanto, Luiz Camillo deixa a direção da Casa em meados de 1938 em virtude de sua maior atuação na UDF, tendo, inclusive, a insatisfação de, já como reitor, ver a universidade ser fechada, ainda que *sob veementes protestos*.[27] Continuava, no entanto, vinculado à temática da educação e da cultura brasileiras, devido tanto à sua atuação, de 1936 a 1940, no Conselho Nacional de Educação quanto no Instituto de Estudos Brasileiros, do qual fazia parte.

Para o lugar de Luiz Camillo na direção da Casa, Capanema foi buscar outro mineiro, amigo e correspondente do ex-diretor e da jovem intelectualidade mineira presente na cena carioca, entre eles Carlos Drummond de Andrade e Abgar Renault: o professor Cláudio da Silva Brandão. Nascido em Ouro Preto em 1894, Cláudio Brandão era formado em Direito mas teve toda a sua atuação profissional voltada para o ensino secundário e superior na capital mineira na área de letras, tendo sido um dos fundadores daquela que veio a se constituir na atual Faculdade de Letras da UFMG, que inicialmente funcionou como um curso da Faculdade de Filosofia de Minas Gerais (FAFI-MG), fundada em 1939.

Cláudio Brandão, fundamentalmente, deu continuidade ao trabalho que vinha sendo realizado por Luiz Camillo, reforçando, inclusive, as reclamações sobre a falta de estrutura da Casa para atender ao que lhe fora atribuído pela lei de 1937. Cláudio Brandão, no entanto, ao que parece, não tendo a paciência de Luiz Camillo com a burocracia, resolve deixar a direção da instituição em 1939.

---

[27] Em 7 de julho de 1939 foi realizada uma conferência, seguida de debates, no Instituto de Estudos Brasileiros, cujo tema era A educação secundária e a formação das elites. O conferencista foi Castro Barreto e, entre os debatedores, estava Francisco Venâncio Filho e Luiz Camillo de Oliveira Netto. No momento dos debates, Venâncio Filho afirmou que "criada a Universidade [do Distrito Federal] – instituição audaciosa, mas necessária ao Distrito Federal – essa universidade desapareceu e desapareceu sem menos abalo e até com aplausos", ao que Luiz Camillo reagiu imediatamente dizendo: "– Mas com protestos e dos mais veementes", no que foi replicado por Venâncio Filho, que dizia: "– Entretanto, sem o menor abalo." Os textos referentes a essa conferência e a esse debate, assim como a vários outros temas educacionais que preocupavam a intelectualidade brasileira à época, foram publicados na revista *Estudos Brasileiros*, do IEB, ano II, v. 3, n. 8, de 1939. A passagem a que me reporto acima se encontra na página 151 da revista.

A saída de Cláudio Brandão mobiliza, rapidamente, Homero Pires, que solicita ao político baiano Juracy Magalhães que apresentasse o seu nome a Capanema. Àquela altura, Homero Pires apresentava todas as credenciais para voltar à direção da Casa. Se não bastasse o fato de já ter sido diretor da instituição, era, agora, seu funcionário; era, ainda, um dos maiores conhecedores da biblioteca de Rui Barbosa, elemento simbólico dos mais distintivos da Casa, conhecimento do qual já havia dado publicidade em uma concorrida conferência, realizada na própria instituição, em 5 de novembro de 1937, sob o sugestivo título de "Ruy Barbosa e os livros". Era, além disso, baiano e contava com o apoio de um dos mais expressivos políticos daquele estado.

No entanto, contra as pretensões de Homero Pires levantaram-se obstáculos que se mostraram instransponíveis. Em primeiro lugar, fundamentalmente, os mineiros se articularam para colocar na direção da Casa alguém do seu círculo de relações. Em segundo lugar, Homero Pires não gozava de bom conceito junto àquele que era o principal responsável pela Casa e pela apresentação do nome do candidato ao cargo a Getúlio Vargas: o ministro Gustavo Capanema. Por fim, a posição de direção da Casa despertara interesse de um jovem doutor em Direito que, atuando como secretário do Conselho Nacional de Educação e nos círculos católicos, construíra relações de amizade e de lealdades com Gustavo Capanema, com Carlos Drummond, Luiz Camillo O. Netto, Alceu Amoroso Lima e vários outros importantes intelectuais do período: o professor Américo Jacobina Lacombe.

Américo Lacombe apresentava, assim como Homero Pires, um conjunto de credenciais que o colocavam numa posição de relevo na disputa. Em primeiro lugar, gozava de prestígio e respeito junto à família Barbosa, à qual sua família era ligada por laços de parentesco e amizade que vinham desde o século XIX. Em segundo lugar, Américo Lacombe havia, em 1934, organizado e prefaciado um livro, *Mocidade e exílio*, que, publicado na coleção Brasiliana, se transformará numa referência importante para todos que se interessavam pela trajetória ruiana.[28] Em terceiro lugar, ocupando, desde 1931 a secretaria do Conselho Nacional de Educação, Lacombe mantinha estreito contato tanto com Carlos

---

[28] Américo Jacobina Lacombe, *Ruy Barbosa*: mocidade e exílio – cartas, São Paulo, Editora Nacional, 1934, v. 38. (Coleção Biblioteca Pedagógica Brasileira, Série Brasiliana).

Drummond quanto com Luiz Camillo, ambos membros do Conselho. E, finalmente, Lacombe trazia consigo, também, a credencial de pertencer aos círculos católicos capitaneados por Alceu Amoroso Lima, inclusive com passagem pela Ação Integralista Brasileira.

O resultado dessa disputa todos nós já sabemos. Mas é muito interessante acompanharmos o desenrolar do processo tal como foi narrado pelo protagonista vencedor,[29] Américo Jacobina Lacombe, algumas décadas depois. Na narrativa, percebem-se perfeitamente as redes de sociabilidades intelectuais e políticas em funcionamento. Segundo conta o próprio Lacombe:

> O Washington Luís tinha nomeado o Fernando Néri, autor de uma biografia de Rui Barbosa, para a direção da Casa. Quando veio o Getúlio, o Néri foi demitido e nomeado o Humberto Campos (1934). Depois veio o Luiz Camillo (1935-1938), meu amigo pessoal, sogro do Marcílio Marques Moreira. O Camillo era muito meu amigo. Ele me preveniu: "– O Cláudio Brandão, que me sucedeu, não gostou da burocracia e saiu. Trate de se candidatar. Você tem um livro sobre o Rui Barbosa e o Capanema gosta de você. Quem sabe ele não lhe dá o lugar?" Fui falar com o Capanema, que me disse: "– Olha, eu sou político, tenho um compromisso com o Juraci de levar o nome do Homero Pires que quer ser diretor da Casa de Rui Barbosa. Mas eu não gosto do Homero Pires. Escreva uma carta ao Getúlio, diretamente, dizendo quais são as suas condições, fale do livro que você escreveu, diga que você se candidata a revisar o arquivo, faça uma carta bem feita." Então, completou Capanema, "se o Getúlio, na hora, em que eu levar o decreto, disser: '– Eu tenho aqui uma carta' e perguntar: '– Você o que é que acha?' Eu então direi o que penso a seu respeito." Quer dizer, foi de uma lealdade absoluta. Eu levei a tal carta ao General Pinto, que era secretário de Getúlio. O Capanema cumpriu a palavra dada ao Juraci, de levar o nome do Homero Pires ao Getúlio. Durante a reunião, quando o Getúlio perguntou: "– Quem é este Lacombe?", ele disse. Depois, ele me contou que o Getúlio ia me nomear. Foi assim que fui nomeado.[30]

[29] Homero Pires foi vencido na disputa pela direção da Casa, mas, segundo funcionários da Casa, não desistiu na posição. Na documentação da Casa de Rui Barbosa há uma fita em que a funcionária Maria Celina Goulart do Amarante, que trabalhou na instituição de 1941 a 1985, relata "a disputa pela direção da Casa por Homero Pires". Cf. FCRB 05.07 FCRB 05.07/Fk7 39, 14/06/1995.

[30] Isabel Lustosa, *Lacombe, narrador*, Rio de Janeiro, Casa de Rui Barbosa, n. 24, p. 29, 1996. (Série Papéis Avulsos).

Assim, aos 30 anos, Américo Jacobina Lacombe assumia a direção da Casa de Rui Barbosa. Nascido no Rio de Janeiro em 1909, mas com passagem de estudos no Colégio Arnaldo, em Belo Horizonte, em que foi colega de turma de Guimarães Rosa, Américo Lacombe formou-se em Direito, em 1932, pela Faculdade de Direito do Rio de Janeiro, instituição na qual se doutorou dois anos depois, na mesma área. Durante o curso:

> Ligou-se por laços de amizade a um grupo de jovens – seus colegas de turma ou de vida acadêmica – que depois se projetaria nos mais diversos campos da vida nacional. Foram eles, entre outros, San Tiago Dantas, Antônio Gallotti, Elmano Cruz, Aroldo Azevedo, Almir de Andrade, Hélio Viana, Otávio de Faria, Vicente Chermont de Miranda, Antônio Balbino, Gilson Amado, Thiers Martins Moreira, Plínio Doyle e, mais moço que todos, Vinicius de Moraes.[31]

Lacombe, junto com San Tiago Dantas, Antônio Gallotti, Vicente Chermont de Miranda, Hélio Viana e Thiers Martins Moreira, formou, a partir de 1932, uma "célula" da Ação Integralista Brasileira (AIB) na capital da República e com ela estiveram envolvidos até, pelo menos, 1935.[32] Nesse ínterim, Américo Lacombe, que era sócio ativo da Associação Brasileira de Educação (ABE), tendo sido, inclusive, o secretário da Diretoria empossada em 1928, deixa a associação,[33] seguindo, assim, outros membros católicos que fizeram o mesmo movimento.[34] Católico convicto, atuou junto ao Centro Dom Vital,

---

[31] Cf. informações sobre Américo Jacobina Lacombe publicadas no site da Academia Brasileira de Letras (<http://www.academia.org.br>).

[32] Na documentação sob a guarda da Casa de Rui Barbosa há um "negativo da ata de reunião realizada em 20 de agosto de 1935, entre Américo Jacobina Lacombe, Francisco Clementino de San Tiago Dantas, Helio Vianna, Antonio Gallotti e Thiers Martins Moreira para deliberarem a responsabilidade na amortização do empréstimo solicitado por Vicente Constantino Chermont de Miranda à Caixa Econômica Federal". (cf. FCRB AL-AL. 20/08/1935.)

[33] No Arquivo Pessoal de Américo Jacobina Lacombe na Casa de Rui Barbosa há uma "Carta de Américo Jacobina Lacombe a Adalberto Menezes de Oliveira, em resposta ao ofício de 09 de novembro de 1933, tratando dos motivos de seu afastamento da Associação Brasileira de Educação" (AL-AL. 14/11/1933). A carta está datada de 14 de novembro de 1933. Infelizmente, não tive acesso à correspondência.

[34] A história da ABE até início da década de 1930 e as razões que levaram à saída dos educadores-militantes católicos da associação podem ser vistas detalhadamente no brilhante trabalho de Marta

dirigido por Alceu Amoroso Lima, e aos círculos católicos, tendo inclusive trabalhado na fundação da Universidade Católica do Rio de Janeiro, no início da década de 1940.

É, pois, com toda essa bagagem que Lacombe assume a direção da Casa em 1939. Numa demonstração de que queria fazer da Casa uma instituição de referência na cidade e, mesmo, no país, uma das providências do novo diretor é o envio de uma circular (a sua primeira circular na direção da Casa) a várias instituições culturais e científicas brasileiras informando a sua nomeação.[35] Logo que assume o posto em que, sem ainda saber, ficará até 1992, Lacombe se envolve com aquele que será o mais importante projeto de sua vida e da história da Casa de Rui Barbosa: a publicação das Obras Completas de Rui Barbosa. É das redes de sociabilidades que possibilitaram ou dificultaram a realização desse ambicioso empreendimento editorial que vamos tratar no próximo tópico.

Edição e sociabilidades intelectuais

Como sabemos, Gustavo Capanema não tendo aprovado o Plano de Edição das obras de Rui Barbosa proposto por Luiz Camillo, nomeia uma comissão para estudar e propor um plano definitivo a esse respeito. Dessa comissão, como já foi dito, participaram o próprio Luiz Camillo, Homero Pires e o genro de Rui Barbosa, Batista Pereira. As informações básicas a respeito deles estão organizadas no quadro abaixo.

Maria Chagas de Carvalho, *Molde nacional e forma cívica:* higiene, moral e trabalho no projeto da Associação Brasileira de Educação (1924-1931), Bragança Paulista, Edusf, 1998.

[35] Não encontrei, nos arquivos da *Casa de Rui Barbosa*, cópia da circular ou a lista das instituições para as quais foi enviada. No entanto, as respostas, com cumprimentos e agradecimentos, das instituições listadas a seguir dão uma mostra da abrangência dos destinatários: Colégio Pedro II; Universidade do Brasil, Reitoria, Serviço do Patrimônio Histórico e Artístico Nacional (SPHAN); Serviço de Obras, Ministério da Saúde; Serviço de Transporte; Biblioteca Nacional, Ministério da Educação e Saúde; Departamento Nacional de Saúde, Secretaria de Estado; Museu Histórico Nacional, Ministério de Educação e Saúde; Imprensa Nacional; Instituto Nacional de Cinema Educativo; Divisão de Contabilidade; Comissão Central de Compras: Colégio Pedro II: Externato; Comissão de Eficiência; Tribunal de Contas; Serviço de Comunicações; Museu Nacional; Departamento dos correios e telégrafos; Instituto Nacional do Livro; Escola Naval de Engenharia; Museu Nacional de Belas Artes; Diretoria de Estatística; Diretoria de Despesas Públicas; Serviço Nacional de Teatro; Secretaria Geral de Educação e Cultura.

Quadro 7
Comissão encarregada da elaboração do Plano de Publicação das Obras Completas de Rui Barbosa

NOMES	Nascimento			Formação		
	Ano	Cidade	Estado	Área	Data	Instituição
Antônio Batista Pereira	1879	Pelotas	RS	Direito	?	FD-SP
Homero Pires	1887	Ituaçu	BA	Direito	1910	FD-BA
Luiz Camillo de Oliveira Netto	1904	Itabira	MG	Engenharia	1924	EE-BH

O Plano ficou pronto antes da saída de Luiz Camillo da direção da Casa, ou seja, em meados de 1938, pois o seu substituto se refere a detalhes nele presentes em relatório escrito no início de 1939. O Plano, no entanto, como vimos, não se refere à necessidade de cada tomo ou conjunto de tomos ser acompanhado por um prefácio escrito por uma autoridade no assunto da obra. Isso, segundo Lacombe e o próprio Capanema, teria sido uma ideia introduzida e sustentada por este último.

Assim como coube a Capanema aprovação do Plano de publicação e a proposição da existência do prefácio, cabia a ele, em última instância, a aprovação dos nomes dos prefaciadores. Em entrevista concedida a Isabel Lustosa, referindo-se a Gustavo Capanema, Lacombe afirma que ele "era um homem de centro, mas tinha muito respeito pelo pessoal da esquerda. Sabe de quem foi o primeiro prefácio à obra de Rui Barbosa aprovado por ele? Do Astrojildo Pereira."[36] Mas a participação do ministro não era apenas essa. Cumpre notar o zelo com que o próprio ministro Capanema acompanhou a revisão e a edição do primeiro tomo das obras, como atesta Lacombe:

> Fomos também eu e o ministro Gustavo Capanema que organizamos o primeiro volume das Obras Completas de Rui. O Luiz Camillo tentou fazer, mas a revisão foi tão má que o Capanema mandou cortar. Não mandou jogar fora, mandou guilhotinar, porque estava tudo errado. Não era possível fazer uma edição da obra de Rui Barbosa daquela maneira. Quando comecei a fazer de novo, ele me chamou e disse: "– Quero ver as provas". Corrigiu as

---

[36] Lustosa, *Lacombe, narrador*, p. 30.

provas comigo, sentado à mesa de ministro. Eu de um lado, ele de outro. Eu lia e ele ia vendo as provas. Ele disse: "– Olha, tem que ser feito assim, com esse cuidado". Quer dizer, ele se interessou pessoalmente.[37]

Penso ser necessário registrar aqui que, como em outros empreendimentos educativo-culturais e políticos do período, secundando o ministro estava seu fiel (ainda que com discordâncias)[38] chefe de Gabinete, Carlos Drummond de Andrade. Dele encontramos várias correspondências dirigidas a Lacombe, algumas de cunho pessoal, como aquela em que cumprimenta o secretário do Conselho Nacional de Educação pelo casamento, em 1935, e outras de cunho profissional, sobre as demandas de Capanema ao Conselho Nacional de Educação (CNE), sobre processos que estão nesse órgão etc., sempre em tom muito amável. A primeira correspondência que encontramos de Drummond para Lacombe sobre a Casa data de 16 de novembro de 1939, portanto alguns meses depois de este último assumir a direção da instituição. Na pauta estão as homenagens a Rui Barbosa e a conservação do jardim da Casa.

---

[37] *Ibidem*. Em outra ocasião, quando da homenagem a Thiers Martins Moreira pela Casa, por ocasião de seu falecimento, Lacombe havia dito: "Tudo que aqui tenho feito, desde o primeiro volume publicado das Obras Completas de Rui Barbosa, cujas provas foram revistas por mim e por ele, **joelho contra joelho**, para seguir à risca as instruções do ministro Gustavo Capanema (que acompanhou de perto nosso trabalho) – tudo o que se fez em matéria de publicações e de atividades culturais nesses trinta anos se deve à colaboração direta e ao apoio que sempre tive por parte do diretor do Centro de Pesquisas." (Maximiano de Carvalho e Silva, *O Centro de Pesquisas da Casa de Rui Barbosa* : 20 anos de atividades – 1952-1972, Rio de Janeiro, Casa de Rui Barbosa, 1972, p. 41.) É curioso, aqui, que, talvez num esforço mimético, Lacombe utilize a mesma expressão que Rui Barbosa utilizou para falar de sua conversa com o imperador Pedro II a propósito dos pareceres sobre a reforma do ensino. Rui Barbosa, na Introdução a *Queda do Império* (Obras Completas de Rui Barbosa, v. XVI, t. I, p. LXXIII-LXXIV), relata: "Ali, no meio do aposento, estava, como já de propósito arranjada para conversa íntima, uma singela mezinha, coberta com seu pano, a que Sua Majestade me fez sentar; e, então, deixando-me por instantes, volveu, trazendo abraçados os meus dois pareceres e projeto acerca da reforma dos três ensinos, que, havia *dois anos*, dormiam, na Câmara dos Deputados, o sono, donde passaram ao mofo e traçaria dos arquivos. Sentou-se; e, **joelho contra joelhos**, numa familiaridade que para logo me dissipou acanhamentos e receios, como em cavaco íntimo entre iguais ou camaradas..." (negritos meus em ambas as citações).

[38] É bastante conhecido o episódio, ocorrido em 25 de março de 1936, em que Carlos Drummond de Andrade se recusa a ouvir uma conferência de Alceu Amoroso Lima, por dele discordar politicamente, e coloca seu cargo à disposição do ministro. Este, no entanto, mantém consigo o seu chefe de Gabinete até 1945. Cf. a carta de Carlos Drummond de Andrade a Gustavo Capanema publicada em Simon Schwartzman, Helena Maria Bousquet Bomeny e Vanda Maria Ribeiro Costa, *Tempos de Capanema*, Rio de Janeiro, Paz e Terra, 1984, p. 318-319.

Dr Lacombe:

Foram encaminhados ao Ministério da Justiça e à Prefeitura, respectivamente, os seus pedidos referentes à homenagem a Rui nas sedes dos municípios e a conservação do jardim da Casa.

Quanto a esse último caso, o ministro autoriza a entrar em entendimento direto com a Prefeitura, para combinar a compensação a ser dada pelo trato permanente das árvores.

Cordialmente,

C. Drummond

Alguns meses depois, Lacombe, possivelmente ansioso para dar andamento ao projeto de edição das Obras Completas, escreve ao ministério a respeito desse assunto, que, àquela altura, dependia da aprovação e publicação do plano elaborado pela comissão instituída pelo ministro. Ao que Drummond responde nos seguintes termos, num cartão datilografado:

Rio, 13.11.40

Prezado dr. Lacombe:

Com referência à introdução aos volumes da obra de Rui, o Sr. ministro pede-lhe aguardar a publicação, por estes dias, de um decreto-lei que disporá da publicação e que deverá ser reproduzido no início de cada volume.

Cumprimentos cordiais do

Carlos Drummond

Como sabemos, o decreto somente veio a ser publicado um ano depois, em 30 de setembro de 1941, atrasando sobremaneira os planos do diretor da Casa. Meses depois do bilhete anterior, Drummond é o encarregado de apresentar ao diretor uma resposta negativa a uma outra solicitação de Lacombe, a qual expressa, também, a visão que o ministro tinha sobre as funções da Casa de Rui Barbosa:

Prezado Dr. Lacombe

O ministro, a quem falei sobre o seu pedido de remessa do Basileu e da "História da Colonização" à Casa de Ruy Barbosa, acha que a biblioteca desse estabelecimento não deve conter outras obras além das que constituem o acervo de Ruy ou se refiram a este.

Um abraço do

C. Drummond

27-4-41

As demais correspondências, dos anos vindouros, são agradecimentos ao envio de publicações por parte do diretor da Casa. Assim, em novembro do mesmo ano Drummond agradece o envio de exemplares das *Conferências* publicadas pela Casa:

> Prezado Dr. Lacombe:
>
> Muito grato pela remessa de exemplares das "Conferências", que distribuí entre os colegas do gabinete.
>
> A publicação está tão bem-feita e sugestiva que justifica bem os aplausos ao diretor da Casa de Ruy Barbosa e o pedido de novos volumes.
>
> Cordialmente, C. Drummond – 11-XI-41

Dois anos depois, é a vez de agradecer, em 8 de novembro de 1943, o envio do livro *Um passeio pela história do Brasil*[39] e cumprimentar pela qualidade do exemplar. É esse mesmo o teor de outro cartão, agora de meados de 1945, em que agradece o envio dos tomos publicados das Obras Completas.

> Rio, 27/5/45
> Prezado Dr. Lacombe:
> Recebi os quatro primeiros volumes já publicados das Obras Completas. Muito obrigado pela valiosa dádiva. Ficarei satisfeito se puder receber os demais, à medida que forem aparecendo.
> Com um abraço cordial do seu amigo e admirador.
>
> Carlos Drummond

No período, as correspondências terminam em julho de 1949, ocasião em que, como vimos no capítulo anterior, Carlos Drummond envia ao colega um recorte do *Minas Gerais* em que saiu publicado um comentário seu a respeito de um tomo das Obras Completas recém-lançado. Dizia ele na ocasião:

> Rio, 24 de junho de 1949
> Prezado Dr. Lacombe:

---

[39] Américo Jacobina Lacombe, *Um passeio pela história do Brasil*, Rio de Janeiro, Jornal do Comércio, 1943.

Aí vai uma nota, inteiramente despretensiosa, que publiquei no "Minas Gerais", de Belo Horizonte, sobre um dos volumes recentes das Obras de Rui.
Com um abraço cordial,

Carlos Drummond

A correspondência de Drummond para Lacombe, apesar de revelarem pouco sobre as relações entre o diretor da Casa e o Ministério da Educação e Saúde, nos mostra um traço permanente da forma como Lacombe alimentava os laços de importantes intelectuais e políticos brasileiros com o projeto político-editorial que tocava: o constante envio de publicações, sejam essas os próprios tomos das obras, sejam os exemplares das *Conferências* publicadas pela Casa.

Essa parecia ser uma estratégia utilizada para mobilizar e fortalecer os laços já existentes com alguns intelectuais e políticos em torno do projeto, mas também para conquistar novos adeptos e colaboradores. Indício disso é que, tão logo saiu o primeiro tomo, em 1942, Lacombe o envia a Rodrigo de Melo Franco Andrade, presidente do Iphan e seu companheiro nas preocupações com a conservação do patrimônio histórico, entre eles aquele representado pela própria Casa de Rui Barbosa. Este o agradece, em 15 de janeiro de 1943, afirmando ter recebido o "belo exemplar do 1º volume" das Obras Completas. O mesmo é feito com Pedro Calmon, professor da Universidade do Brasil, que responde a Lacombe nos seguintes termos:

Rio, 14-1-1943

A Américo Lacombe,

Com grande abraço, cumprimento, entusiasmado, pelo advento do 1º volume das obras de Ruy, majestosamente prefaciada pelo Thiers. Admirável iniciativa, êxito completo, grande serviço, magnífico presente.!
Abraços do amigo

Pedro Calmon

Se, como sabemos, o convite a Rodrigo de Melo Franco Andrade acabou não resultando em colaboração deste, como prefaciador às Obras Completas, outra, no entanto, foi a sorte do convite dirigido a

Pedro Calmon, pois, pouco mais de uma semana após a carta anterior, ele volta a escrever ao diretor da Casa nos seguintes termos:

> Rio, 23 de janeiro de 43.
> Querido Américo Lacombe.
> Recebi o seu cartão magnânimo. Se v. acha que eu tenho forças para prefaciar o projeto e os discursos constitucionais de Ruy, com entusiasmo me dedicarei ao trabalho, superior, está claro, às minhas débeis possibilidades. Fico às suas ordens. Aliás a v. serão entoadas as loas merecidas, pela continuação dessa benemérita iniciativa das Obras Completas – único monumento que o tempo não destruirá. O monumento de papel supre os bronzes ilusórios.
> Sabe que a 16 de março, se Deus quiser, falarei aos petropolitanos?
> [...]
> Abraços do
> Pedro Calmon.

Assim, Lacombe, ao mesmo tempo que fortalecia os laços já existentes, ia ampliando a rede de colaboradores e ia constituindo o projeto político-editorial das Obras Completas de Rui Barbosa num importante lugar de sociabilidade política e intelectual do período. É desses aspectos que trataremos no próximo tópico.

Mobilizando pessoas, constituindo sociabilidades

Mesmo que se ponha em dúvida a afirmação de Lacombe de que o prefácio de Astrojildo Pereira foi o primeiro aprovado por Capanema, já que ele foi entregue em 1944,[40] quando sabemos que o prefácio ao primeiro tomo já estava em preparação desde 1939, a afirmação nos traz aquela que foi uma das principais características ressaltadas pelo diretor, ao longo dos anos, para a composição do grupo de prefaciadores: sua variedade político-ideológica. Em todas as manifestações públicas sobre o tema era recorrente Lacombe mobilizar esse argumento. Assim, no *Anuário Brasileiro de Literatura*, em

---

[40] Segundo a Nota Introdutória do livro *Ensaios históricos e políticos*, reunindo textos de Astrojildo Pereira, publicado pela editora Alfa-Omega, em 1979, o texto "Rui Barbosa e a escravidão" teria sido escrito em 1931. No entanto, até o momento não encontramos nenhuma evidência que corrobore essa afirmação.

1945, ele afirma que foram os "nomes tirados das várias correntes contemporâneas, de modo a dar à publicação o caráter de uma legítima consagração nacional, de um monumento erigido em memória do patrono dessa casa". Ou ainda:

> Como se vê, trata-se de uma obra [não?] somente de grandes proporções, mas ainda de significação transcendental. É o verdadeiro monumento erguido à glória de Rui Barbosa. Nele devem colaborar não somente os nomes que ficaram apontados acima, mas ainda dezenas de outros que serão oportunamente convidados pela comissão incumbida de superintender à publicação. Serão homens de todas as correntes, de todas as regiões, do Brasil, que virão demonstrar a perenidade e universalidade do pensamento de Rui, na geração que o seguiu.[41]

Por sua vez, no texto publicado na revista *Águia*, em 1947, ele voltava a afirmar que "nada menos de 40 volumes acham-se já em preparo, entregues a diversos prefaciadores e revisores, homens de vários estados e de várias especialidades".[42]

Seria essa uma afirmação que se sustentaria? Foram a direção da Casa e do Ministério da Educação, nos anos de 1940, em pleno Estado Novo, capazes de mobilizar intelectuais de variadas vertentes políticas e teóricas para a organização e prefaciação dos tomos das Obras Completas de Rui Barbosa?

De início, nosso olhar pode se voltar para a análise das duas composições da Comissão Organizadora das Obras Completas, que tinha a função de coordenação, junto com a direção da Casa, de todo o trabalho de edição, indicando convidados e estabelecendo critérios de organização dos tomos. Veremos que, do ponto de vista da formação, sobressaem os bacharéis e/ou doutores em Direito. Aliás, este será um viés marcante de todos aqueles que participam diretamente do conjunto dos trabalhos de edição das Obras Completas, seja na elaboração do plano de edição, seja como membros da Comissão Organizadora ou como prefaciadores/revisores: de todas as 24 pessoas arroladas, dentre os que cursaram o ensino superior, apenas três não o fizeram na área de direito. Soma-se a isso,

---

[41] Lacombe, A publicação das Obras Completas de Ruy Barbosa, p. 189.

[42] Idem, *A atualidade de Rui Barbosa*, p. 72.

ainda, também no conjunto, e não apenas na Comissão Organizadora, a centralidade da Escola de Direito do Rio de Janeiro na formação dos "quadros" mobilizados por Lacombe e Capanema para levar à frente o projeto político-editorial das Obras Completas.[43]

Se isso dito assim é verdadeiro, essa primeira impressão, por outro lado, não pode encobrir outros aspectos não menos importantes. No caso da Comissão Organizadora, nenhum dos três formados em Direito exerceu o ofício de advogado. Todos os quatro, além de se dedicarem à docência no ensino superior, se tornaram conhecidos pelos seus trabalhos no campo da história, ofício ao qual passaram a se dedicar regularmente a partir dos anos de 1930. Podemos ver aqui a dimensão geracional dessa composição, não apenas reforçada pela proximidade etária entre seus membros, mas também pela disposição destes em buscar, no estudo do passado, respostas, ou perguntas, para os dilemas enfrentados pelo Brasil naquele momento. Mas, parece-me, os membros da Comissão não foram recrutados apenas por serem bacharéis e historiadores.

Conforme salientamos no primeiro capítulo, o convite para o historiador Sérgio Buarque de Holanda participar da comissão parece, também, estar relacionado ao fato de ele, naquele momento (1943), exercer o cargo de chefe da seção de publicações do Instituto Nacional do Livro, a convite de Augusto Meyer, depois do fechamento da Universidade do Distrito Federal, onde lecionava. A entrada de Sérgio Buarque de Holanda no circuito de produção das Obras Completas foi um fator importante na estratégia traçada por Lacombe. Por um lado, Holanda emprestava às obras o seu crescente prestígio no mundo letrado e, além disso, facilitava a criação de melhores condições para a distribuição dos livros por meio da parceria com o Instituto Nacional do Livro.

---

[43] Para um estudo sistemático da participação dos juristas em diversos âmbitos da vida brasileira pós-1930, conferir Carlos Guilherme Mota e Natasha S. C. Salinas, *Os juristas na formação do Estado-Nação brasileiro*: 1930 – dias atuais, São Paulo, GV, Saraiva, 1910. Para Maria Alice Resende de Carvalho, os juristas são a "expressão mais antiga e paradigmática dos intelectuais brasileiros, cujo protagonismo na cena estadonovista não conheceu reciclagem universitária, devendo-se, antes, à sua participação na montagem do sistema de solidarização entre trabalhadores e Estado". Cf. Maria Alice Resende de Carvalho, Temas sobre a organização dos intelectuais no Brasil, *Revista Brasileira de Ciências Sociais*, v. 22, n. 65, p. 22, out. 2007.

Quadro 8
Comissão Organizadora das Obras Completas de Rui Barbosa

NOMES	NASCIMENTO			FORMAÇÃO		
	Ano	Cidade	Estado	Área	Data	Instituição
Américo Jacobina Lacombe	1909	Rio Janeiro	RJ	Direito	1931	FD-RJ
Luiz Camillo de Oliveira Netto (após 1946)	1904	Itabira	MG	Engenharia	1924	EE-BH
Sérgio Buarque de Holanda (até 1946)	1902	SP	SP	Direito	1925	FD-RJ
Thiers Martins Moreira	1904	Campos	RJ	Direito/Letras	1932/1947	FD-RJ

Não nos esqueçamos, no entanto, de que Sérgio Buarque, em 1945, participou ativamente da fundação da *esquerda democrática* e foi nome-chave no Congresso Nacional de Escritores, realizado em São Paulo, que desferiu contundentes críticas ao Estado Novo, tendo inclusive sido eleito presidente da seção do Distrito Federal da Associação Brasileira de Escritores. Tais aspectos corroboram a perspectiva abraçada por Lacombe e, uma vez mais, parece reforçar, à primeira vista, a tese de que, também nesse aspecto, as ações de Gustavo Capanema teriam ficado acima das "disputas políticas e ideológicas".[44]

Já a presença de Thiers Martins Moreira[45] parece evocar outros elementos. Nunca é demais recordar que Thiers Moreira era amigo

---

[44] A referida tese, defendida por Regina da Luz Moreira no que diz respeito às letras e às artes plásticas, é contestada por Helena Bomeny em *Constelação Capanema: intelectuais e políticas*. Segundo essa autora, "a área de educação nos expõe a uma realidade muito distinta. [...] As disputas entre projetos e o embate de ideias têm no campo da educação seu espaço de luta mais publicamente consequente. E na educação podemos acompanhar, de forma mais radical, o movimento de adesão ou expulsão, incorporação ou reclusão, que intelectuais como Anísio Teixeira exemplificaram com a própria vida pública." (p. 31) Neste livro, como se verificará, defendemos a ideia de que esse aparente alheamento dos convites às disputas significava, de fato, o fortalecimento de um claro projeto político-cultural do qual a edição das Obras Completas de Rui Barbosa era, a uma só vez, conteúdo e forma. No entanto, os contornos de tal projeto eram objeto de disputas no interior do próprio grupo que o abraça e o operacionaliza. Para uma discussão sobre a relação com o Estado Novo, que também enfoca outros períodos, ver o instigante artigo de Maria Alice Resende de Carvalho, citado na nota anterior.

[45] A atuação de Thiers Martins Moreira na Casa não apenas é intensa como é longeva. Em 1952, é criado na instituição o Centro de Pesquisa o qual Thiers Moreira é convidado a dirigir. Ele permanece na instituição até sua morte, em 1970.

muito próximo de Lacombe desde os tempos em que estudavam na Faculdade de Direito do Rio de Janeiro. Essa proximidade desdobrou-se, também, na organização e participação conjuntas nas atividades da Ação Integralista Brasileira, tendo Thiers Moreira, inclusive, se candidatado a deputado federal, em 1934, pelas fileiras da AIB. Além disso, ele era funcionário do Ministério da Educação e Saúde e se dedicava, também, à área de educação, atuando, dentre outros, na editoração da *Revista Educação e Administração Escolar* entre 1938 e 1941. Finalmente, mas não menos importante, ele foi, desde a primeira hora, aliado fundamental de Lacombe no trabalho da Casa, o que o credenciou, por exemplo, a assinar o relatório da instituição, relativo ao ano de 1939, enviado ao ministro da Educação e Saúde, no lugar do diretor que estava de férias.

Ainda no que diz respeito à Comissão Organizadora das Obras Completas, após anos de afastamento, Luiz Camillo de Oliveira Netto retorna às atividades da Casa, como substituto de Sérgio Buarque. Inicialmente, pode parecer estranho que alguém que, como ele, teve um papel fundamental na organização da proposta de publicação das Obras Completas tenha se mantido afastado tanto tempo do projeto. E, de fato, ele não apareceu nem uma vez como tendo sido convidado para prefaciar ou organizar algum tomo das Obras Completas. Há, no entanto, algumas hipóteses para esse afastamento e, posteriormente, para o reingresso de Luiz Camillo no projeto, pelo menos na posição de membro da Comissão Organizadora.

Em primeiro lugar, é preciso lembrar que tendo Luiz Camillo se afastado da Casa para assumir o cargo de professor na Universidade do Distrito Federal, viu, logo em seguida, a instituição ser fechada por Capanema e ter parte do seu corpo docente transferido para a recém-criada Universidade do Brasil. Luiz Camillo, seja na posição de professor, ou, logo em seguida, no cargo de reitor, resistiu o quanto pôde à decisão de fechamento da Universidade do Distrito Federal. Ora, no processo de criação e organização da Universidade do Brasil e, *pari passu*, de fechamento da UDF, teve papel fundamental, como aliado de Capanema, o grupo católico capitaneado por Alceu Amoroso Lima, do qual Jacobina Lacombe fazia parte. Coube a Alceu Amoroso explicitar o veto católico à presença de Fernando de Azevedo na direção da Universidade do Brasil e, em continuidade, na organização primeira desta universidade, já na condição de reitor dela.[46]

Nesse ínterim, Luiz Camillo, obviamente, fica sabendo que todo o seu trabalho de preparação dos originais para a publicação dos pareceres sobre instrução primária fora, conforme vimos no Capítulo 1, "guilhotinado" por Capanema, e que o trabalho estava sendo refeito por Thiers Moreira e Américo Lacombe. Ao mesmo tempo, com o fim da UDF, Luiz Camillo desloca-se para a direção do Serviço de Documentação e da Biblioteca do Itamarati, órgão no qual trabalhou de 1940 a 1943. Neste último ano, envolve-se diretamente na redação e publicação do chamado *Manifesto dos Mineiros*, em que intelectuais e políticos mineiros defendiam o fim do Estado Novo, episódio que o leva a ser afastado de suas funções, somente retornando a elas em 1945, com a queda do regime.

O retorno de Luiz Camillo ao projeto de edição das Obras Completas coincide, pois, com o retorno do país ao ambiente democrático e, por outro lado, ao seu antigo posto de trabalho. Cumpre frisar, aqui, que esse retorno, para Lacombe, podia significar algo mais do que a presença de um velho amigo e partícipe antigo do projeto na comissão. Aqueles eram tempos de mudanças políticas e, portanto, de insegurança para o diretor da Casa e, mesmo, como vimos, para o próprio projeto das edições, já que as rubricas orçamentárias que financiavam a publicação haviam sido extintas e outras não haviam sido postas no lugar. Em tempos de mudança de governo, o que vale dizer, de ministro da Educação e Saúde, contar na comissão com aliados do porte de Luiz Camillo era um trunfo importante e a certeza de estabilidade na condução do projeto.

Os prefaciadores: convocados para a consagração de Rui

Constituiu-se em lugar-comum nas falas de Américo Lacombe, e dessas deslizou para as publicações da Casa, o grande empenho que foi

---

[46] Muitos são os trabalhos que analisam este momento e, alguns, mais especificamente, este episódio na história da educação brasileira: Luiz Antônio Cunha, *A universidade temporã*, Rio de Janeiro, Civilização Brasileira, 1980; José Silvério Baia Horta, *O hino, o sermão e a ordem do dia*: regime autoritário e a educação no Brasil, Rio de Janeiro, UFRJ, 1994; Maria de Lourdes de Albuquerque Fávero, *Universidade e poder*. Análise crítica/fundamentos históricos, 1930-45, Rio de Janeiro, Edições Achiamé, 1980, 205 p.; Schwartzman, Bomeny e Costa, *Tempos de Capanema*, 1984.

posto na escolha dos prefaciadores dos tomos, num trabalho que teria buscado reunir a nata da intelectualidade brasileira em torno do projeto político-editorial de publicação das Obras Completas de Rui Barbosa. Mas não é apenas nas publicações da Casa que essa ideia aparece, como se pode ver no texto escrito pelo sociólogo José Almino de Alencar, à época, presidente da Casa, e publicado na *Revista Brasileira*, da ABL, em 2009, por ocasião da comemoração do centenário de nascimento de Américo Lacombe. Dizia ele:

> No seu início, a Casa de Rui Barbosa tinha como objetivo precípuo a divulgação e o culto da obra e vida de Rui Barbosa; a preservação da antiga residência, dos móveis; a biblioteca e o arquivo do grande brasileiro e publicar-lhe os escritos. No entanto, desde logo, Américo Jacobina Lacombe vai imprimir um sentido mais amplo a essa missão, em si já importante. Em seu papel de orientador e coordenador da publicação das *Obras Completas de Rui Barbosa*, um projeto editorial dos mais ambiciosos, ele vai atrair alguns dos mais brilhantes intelectuais brasileiros para discutir e comentar os seus mais diferentes aspectos, fazendo do conjunto de prefácios e introduções uma quase Brasiliana, na qual muitos dos problemas nacionais eram discutidos em diálogo com o pensamento ruiano.[47]

Para uma análise mais detalhada da composição do corpo de prefaciadores e, sobretudo, da rede de sociabilidades intelectuais que funcionava em torno do projeto ou da qual ele se beneficiava, montamos o Quadro 9 com alguns dados básicos a respeito desses intelectuais.

Quadro 9
Convidados a colaborar na edição das Obras Completas de Rui Barbosa até 1949

Entregaram os textos até 1949	NASCIMENTO		FORMAÇÃO			Instituição de Atuação
	Ano	Est.	Área	Ano	Instit.	
1. Américo J. Lacombe	1909	RJ	Direito	1931	FD-RJ	CRB
2. Antônio Gontijo de Carvalho	1898	MG	Direito	1923	FD-SP	Adiv. em SP; Editor

---

[47] José Almino de Alencar, Deus está no detalhe, *Revista Brasileira*, Rio de Janeiro, fase VII, ano XV, n. 60, p. 171, jul.-set. 2009.

3.	Astrojildo Pereira	1890	RJ	Secundário	1917	--	SI; Jornalista
4.	˙Augusto Magne (s.j.)	1887	França	Línguas	?	--	F.N.F.U.B.; UCRJ
5.	Austregésilo de Ataíde	1898	PE	Direito	1922	FD-RJ	Dir. Diário da Noite
6.	Fernando Néri	1885	RJ	Direito	?	?	SI; Sec. ABL
7.	Francisco Morato	1868	SP	Direito	1888	FD-SP	FDir. USP
8.	Hélio Viana	1908	MG	Direito	1932	FD-RJ	F.N.F.U.B.; UCRJ
9.	Hermes Lima	1902	BA	Direito	1924	DF-BA	F.N.D.U.B.
10.	José G. Bezerra Câmara	1915	PE	Direito	1946	UB-RJ	Advogado no DF
11.	José Vieira	1880	PB	Direito	??	FD-RJ	Dir. Exp. Pal. Catete
12.	Lourenço Filho	1897	SP	Direito	1929	FD-AP	Dir. do INEP/ FNFUB
13.	Lúcia Miguel Pereira	1901	MG	Secundário	1918	Col. Sion	SI; Escritora
14.	Luís Viana Filho	1908	BA	Direito	1929	FD-BA	FD-BA; Dep. Fed.
15.	Oscar Bormann	1873	BA	??	??	?	Ant. Deleg. Tes. NY
16.	Pedro Calmon	1902	BA	Direito	1924	FD-RJ	F.N.D.U.B.; ABL
17.	Romão Cortes Lacerda	?	?	Direito	?	?	Proc. Ger. Min. Públ.
18.	Temístocles Cavalcanti	1889	RJ	Direito	1922	FCJS-RJ	Núc. Dir. Púb. FGV
19.	Thiers Martins Moreira	1904	RJ	Direito	1932	FD-RJ	F.N.F.U.B
20.	San Tiago Dantas	1911	RJ	Direito	1932	FD-RJ	F.N.D.U.B.

Há um grande consenso de que, no projeto editorial das Obras Completas, além das duas comissões já identificadas, os prefaciadores cumpriram um papel fundamental. Se a montagem da Comissão Organizadora das Obras Completas envolvendo quatro pessoas já nos remete a uma ampla e complexa rede de sociabilidades políticas, afetivas e profissionais, o problema se torna maior ainda quando nos aproximamos do conjunto dos convidados a prefaciar os tomos das Obras Completas a serem publicados. São pelo menos 32 os nomes envolvidos. De quase todos temos informações muito precisas sobre o nascimento e a formação. No entanto, é preciso considerar que o local de nascimento serve apenas como indício, já que nem sempre indicam o lugar geográfico de socialização primária, e que a área de formação não significa uma efetiva adesão à profissão indicada pelo curso.

Do ponto de vista etário, percebe-se que os prefaciadores se distribuem por um período longo de datas de nascimento, as quais vão de 1868, o mais velho (Francisco Morato), a 1915, o mais novo (José Gomes Bezerra Câmara). Há, no entanto, uma nítida concentração entre nascidos na última década do século XIX e na primeira década do século XX, perfazendo um total de 14 deles. Apenas 5 nasceram antes de 1890 e apenas outros 2 nasceram depois de 1910.

Para alguns dos envolvidos no projeto político-editorial de publicação das Obras Completas de Rui, uma experiência geracional importante e demarcadora do modo de adesão ao projeto é a Campanha Civilista de 1910, encabeçada por Rui Barbosa.[48] Esse movimento político constituiu-se numa ação compartilhada, direta ou indiretamente, por alguns dos prefaciadores, sobretudo aqueles nascidos até 1890, tornando possível tomá-la como uma experiência geracional que demarca certa aproximação política, intelectual e afetiva com a figura de Rui Barbosa. Segundo dados coligidos por Israel Beloch e publicados no portal do Centro de Pesquisa e Documentação de História Contemporânea do Brasil – CPDOC, da Fundação Getúlio Vargas, esse foi o caso, por exemplo, de Astrojildo Pereira:

> Nesta época Astrojildo foi admitido como funcionário no Ministério da Agricultura. Em 1910, participou de comícios e passeatas, empolgado com a Campanha Civilista, movimento que promoveu a candidatura de Rui Barbosa à presidência da República, em oposição ao marechal Hermes da Fonseca.[49]

Se a experiência da Campanha Civilista pode ter sido importante para uma aproximação de Astrojildo do projeto dirigido por Lacombe, não encontrei indício de que o mesmo tenha ocorrido com os outros três prefaciadores que nasceram antes dele: Francisco Morato, Augusto Magne e José Vieira.

---

[48] Sobre a Campanha Civilista, cf. Claudia Maria Ribeiro Viscardi, *Teatro das oligarquias*: uma revisão da "política do café com leite", Belo Horizonte, C/Arte, 2001.

[49] Disponível em <http://www.fgv.br/CPDOC/BUSCA/Busca/BuscaConsultar.aspx>, acesso em 26 ago. 2016.

Outra experiência que parece ter se constituído em algo marcante para uma aproximação em relação ao pensamento ruiano por parte dos prefaciadores é a participação no Jubileu Cívico Literário de 1918 e/ou nos funerais de Rui Barbosa. Esta foi uma experiência marcante para João Mangabeira, um dos principais promotores da aquisição, pelo Estado brasileiro, da residência de Rui Barbosa e sua transformação em casa-biblioteca-museu-centro de pesquisa e frequentador assíduo da Casa e de suas atividades.

Como apontado anteriormente, um viés importante na composição do corpo de prefaciadores é a formação em Direito: dos 19 sujeitos sobre quem temos informações seguras a respeito da formação, 17 realizaram cursos superiores, sendo que, destes, 16 formaram-se em Direito. Mas, também, não se formaram em qualquer lugar: nada menos do que 10 deles formaram-se, em momentos distintos, em faculdades de Direito do Rio de Janeiro; 2 outros se formaram na Faculdade de Direito da Bahia e ainda outros 3 na Faculdade de Direito de São Paulo.

Mesmo que com trajetórias variadas a partir de suas formações, como veremos, é no campo da docência nas faculdades de Direito e de Filosofia, sobretudo, que Lacombe vai encontrar um significativo grupo de 8 de seus 20 prefaciadores. E estes, mais uma vez, estão radicados, principalmente, no Rio de Janeiro, sobretudo na recém-constituída Universidade do Brasil e, como veremos, na recém-criada Universidade Católica do Rio de Janeiro.

São muitas as possibilidades de análise da composição desse grupo e de descrição de suas redes de sociabilidades. Uma delas seria aquela que nos voltasse para a aglutinação em torno de Lacombe e, por conseguinte, de Thiers Moreira dos seus antigos companheiros de militância política desde os tempos da Faculdade de Direito. Nesse caso, teríamos, além dos dois já citados, San Tiago Dantas e outro nome expressivo que irá se juntar ao grupo de prefaciadores logo depois: Hélio Viana. Temos aqui cinco dos mais inseparáveis companheiros que, juntos, estiveram na Faculdade de Direito, na organização regional e nacional da Ação Integralista, na militância católica no campo educacional, na fundação da Universidade Católica do Rio de Janeiro[50] – sob a batuta de Alceu

---

[50] Sobre a fundação da Universidade Católica do Rio de Janeiro, cf. Tânia Salem, Do Centro D. Vital à Universidade Católica, em Simon Schwartzman (org.), *Universidades e instituições científicas no Rio de Janeiro*, Brasília, CNPq, 1982, p. 97-134.

Amoroso Lima, empreendimento que contou, também, com a adesão do Pe. Augusto Magne, ele também um dos prefaciadores convidados por Lacombe. E juntos estarão, quase todos, na Universidade do Brasil.

Nesse recorte católico, a esses intelectuais mencionados poderíamos juntar, com certeza, Lúcia Miguel Pereira e Otávio Tarquínio de Sousa, este último convidado, também, a contribuir com a elaboração de prefácio, o que acabou não acontecendo.[51]

Uma demonstração de que as sociabilidades políticas, intelectuais e afetivas desse grupo concorriam para a realização do projeto editorial defendido por Lacombe está num depoimento de Plínio Doyle, também companheiro de Lacombe desde os tempos da Faculdade de Direito. Tendo chegado a trabalhar na direção de um dos serviços da Casa, o Arquivo Museu da Literatura Brasileira, Plínio Doyle assim se refere à sua aproximação da instituição, logo no início dos anos de 1940:

> Convém notar que conheci a Casa de Rui Barbosa, atualmente Fundação Casa de Rui Barbosa, muito antes de passar a dirigir o Arquivo Museu de Literatura Brasileira. Minha amizade com Américo Lacombe era bem antiga, datava de 26, quando, no Ateneu São Luís, fazíamos os últimos preparatórios. Depois de formados em 1931, ele professor e logo funcionário e diretor da Casa e eu advogado, encontrávamo-nos nas reuniões do grupo de bons amigos da faculdade, chefiado por San Tiago Dantas. Mas depois que o Tribunal de Justiça estabeleceu o encerramento do expediente no Foro aos sábados às 12 horas, nesses dias, após o almoço, comecei a frequentar a Casa para colaborar com o Lacombe na revisão das *Obras Completas* de Rui que a instituição (ou melhor, o próprio Lacombe) estava editando. A leitura a dois facilitava a revisão das provas, e nenhum volume saía para a Imprensa Nacional sem o visto final do Lacombe, com seus característicos e conhecidos sinais vermelhos. Nessas revisões muito colaboraram Hélio Viana, Thiers

---

[51] Não podemos esquecer que a relação entre Lúcia Miguel Pereira e Américo Jacobina Lacombe vem, pelo menos, desde os anos de 1920, no interior da ABE: em 1927 Lúcia M. Pereira foi eleita 1ª secretária da Associação, posição na qual foi sucedida, no ano seguinte, pelo jovem Américo Jacobina Lacombe. Em ambas as ocasiões, Francisco Venâncio Filho, que, como veremos, terá uma participação importante na discussão dos prefácios relativos aos pareceres sobre a instrução, fazia parte do Conselho Diretor da ABE. Cf. Marta Carvalho, *Molde nacional e forma cívica*: higiene, moral e trabalho no projeto da Associação Brasileira de Educação (1924-1931), p. 483 *et seq.*

Martins Moreira e San Tiago Dantas e ainda, segundo informação do Lacombe, o próprio ministro Capanema.[52]

Por outro lado, mostrando que qualquer clivagem absoluta é contraproducente, vamos surpreender Astrojildo Pereira, Austregésilo de Ataíde, Hermes Lima e Homero Pires, junto com Lúcia Miguel Pereira e Otávio Tarquínio de Sousa, assinando o manifesto *Intelectuais e artistas brasileiros contra o fascismo*, importante tomada de posição frente aos descalabros da Guerra, em 1942, e seus possíveis rebatimentos nacionais. Alguns desses estarão, ainda, junto com Sérgio Buarque no Congresso dos Escritores (Lúcia, Austregésilo, Astrojildo) e/ou estarão presentes nas rearticulações das esquerdas a partir de 1945, como é o caso de Hermes Lima e Astrojildo Ribeiro.

Do mesmo modo, apesar de apenas alguns atuarem profissionalmente como jornalistas, como era o caso de Austregésilo e, talvez, de Astrojildo, praticamente todos os prefaciadores contribuíam regularmente com jornais os mais diversos e, seguramente, a não ser no caso de José Câmara, os prefácios não foram os seus primeiros textos publicados. Aliás, o circuito das editoras é, sem dúvida, um elemento importante a ser considerado na construção dessas redes que articulam, de modos diversos, os prefaciadores.

Dentre os prefaciadores, há autores ligados a praticamente todas as grandes editoras brasileiras do momento: José Vieira estava na José Olympio; Lacombe na Nacional; Lúcia Miguel na Nacional e na José Olympio; Luís Viana Filho na Nacional; Hermes Lima na Nacional; Lourenço Filho na Melhoramentos; Pedro Calmon na Nacional, dentre outros.

Um bom exemplo de consagração intelectual mobilizada por Lacombe às obras é da única mulher a ser convidada a escrever um prefácio a Obras Completas na década de 1940: Lúcia Miguel Pereira. Nascida em Barbacena, Minas Gerais, transfere-se muito nova para o Rio de Janeiro. Lá estuda no famoso colégio Notre Dame de Sion, reduto de formação da "boa sociedade" católica carioca. Na escola, ainda nos anos de 1920, inicia sua produção literária e sua militância católica, próxima ao Centro Dom Vital. Publica seus primeiros livros no início da década de 1930, mas a consagração definitiva vem com

---

[52] Plínio Doyle, *Uma vida*, Rio de Janeiro, Casa da Palavra, Casa de Rui Barbosa, 1999, p. 127.

a publicação, em 1936, do hoje clássico *Machado de Assis: estudo crítico e biográfico*, pela coleção Brasiliana, da Companhia Editora Nacional. Quando escreve o prefácio para o tomo *Cartas da Inglaterra*, Lúcia M. Pereira empresta ao projeto político editorial comandado por Lacombe o lastro de um amplo reconhecimento literário e intelectual.[53]

Ao circuito das editoras, suas coleções, seleções e preferências editoriais, poderíamos acrescentar, ainda, o reconhecimento e as relações tornadas possíveis por meio de certa adesão da Academia Brasileira de Letras ao projeto de edição das Obras Completas. Se, nos anos de 1940, havia apenas um acadêmico participando do projeto – Pedro Calmon[54] –, não pode ser desprezado o peso institucional emprestado pelo prestigiado e reconhecido secretário da ABL, Fernando Néri, ao projeto. Ocupando uma posição-chave no interior da instituição, Fernando Néri mantinha contato não apenas com os membros da Academia, mas também com a nata da intelectualidade brasileira, muitos dos quais, inclusive, mantinham estratégicas correspondências com o secretário tendo em vista a possibilidade de candidatar-se a uma Cadeira. A adesão de Fernando Néri ao projeto político-editorial coordenado por Lacombe, como sabemos, não foi nem um pouco passiva. São dele os prefácios, a organização, a revisão e as notas do significativo número de 15 dos tomos publicados e/ou preparados no período em análise. Tendo falecido em 1948, durante muitos anos a Casa continuou publicando textos por ele organizados e revistos. Os mesmos laços que passam pela ABL articulam outro personagem, quase desconhecido, dessa trama: José Vieira.

Tendo encontrado José Vieira chefiando o expediente do Palácio do Catete, imaginei tratar-se de uma indicação direta de Getúlio

---

[53] Apesar de seu enorme prestígio acadêmico e literário, ainda hoje é difícil encontrar, na rede mundial de computadores, informações biográficas seguras a respeito de Lúcia Miguel Pereira. Isso contrasta com a facilidade e multiplicidade de informações encontradas para boa parte de seus pares masculinos. Uma boa síntese de sua biografia está publicada, como "Nota da editora", no livro *Prosa de ficção (de 1870 a 1920): história da literatura brasileira*, de sua autoria, coeditado pela Itatiaia e Editora da Universidade de São Paulo em 1988. Para uma análise das posições das mulheres em distintas sociabilidades intelectuais do período, cf. Heloisa Pontes, Cidades e intelectuais, os "nova-iorquinos" da *Partisan Review* e os "paulistas" de *Clima* entre 1930 e 1950, *Revista Brasileira de Ciências Sociais*, v. 18, n. 53, p. 33-52, out. 2003.

[54] No decorrer dos anos seguintes vários prefaciadores entrarão na Academia, dentre os quais se destacam Austregésilo de Ataíde (1951), Luís Viana Filho (1954) e o próprio Américo Lacombe (1974).

Vargas, ou de algum de seus prepostos, para a equipe de prefaciadores de Lacombe. No entanto, a pesquisa revelou um José Vieira escritor, culto, funcionário federal atuante como redador-chefe de documentos parlamentares e anais da Câmara dos Deputados, no Departamento de Imprensa e Propaganda (DIP) e na secretaria da ABL, onde seria, supostamente, o sucessor natural de Fernando Néri. Na Câmara dos Deputados foi colega de trabalho de Primitivo Moacyr, autor de importantes compilações de documentos a respeito da história da educação brasileira, publicados pelo Instituto Nacional de Estudos e Pesquisas Educacionais Anísio Teixeira (INEP) e na coleção Brasiliana da Companhia Editora Nacional. Publicou vários livros, entre eles, *Vida e aventura de Pedro Malazarte*, editado em 1944 pela José Olympio.[55] Ou seja, mesmo um sujeito aparentemente desconhecido punha em movimento uma ampla rede de relações e de espaços de sociabilidade que, certamente, informavam e divulgavam seu engajamento no projeto político-editorial das obras.

    Finalmente, não se pode deixar de mencionar um aspecto que, apesar de não ser primordial, marca os modos de aproximação com o legado ruiano e, assim, os modos de apropriação e, portanto, de atualização de seu pensamento pelos prefaciadores: a origem baiana. Apesar de terem sido apenas 4 dentre os 20 prefaciadores – Hermes Lima, Luís Viana Filho, Oscar Bormann e Pedro Calmon –, quando consideramos a perspectiva de conjunto e, sobretudo, quando os somamos a outros importantes políticos e intelectuais baianos que no período se voltaram para o estudo do legado do jurista brasileiro – Homero Pires, João Mangabeira, Clemente Mariani, entre outros –, damo-nos conta de que esse aspecto regional ganha relevo e força, inclusive na produção de possíveis indisposições entre os atores envolvidos. Nunca é demais lembrar, por exemplo, que Homero Pires, com quem Luís Viana Filho debaterá publicamente nos anos de 1940 sobre a escrita da biografia de Rui Barbosa, como veremos mais à frente, foi professor de seu desafeto na Faculdade de Direito da Bahia e que quase sempre estiveram em lados opostos da luta político-partidária regional e nacional.

---

[55] As informações publicadas sobre José Vieira podem ser encontradas no site da Academia Petropolitana de Letras, disponível em <http://apcl.com.br/visualizar_memoria.php?idmemoria=101>, acesso em 13 out. 2016.

Também no campo jurídico encontraremos dissonâncias importantes. Neste, chamam a atenção, de forma particular, as relações entre Romão Cortes Lacerda e Temístocles Cavalcanti. Formados em Direito, ambos vão atuar em postos-chave do aparato judiciário durante a Era Vargas. Em 1946, quando do episódio de cassação do registro do Partido Comunista Brasileiro, Temístocles Cavalcanti, como procurador-geral da República, nomeado em 1945 por Getúlio Vargas, manifestou-se

> [...] contra a medida, sugeriu o arquivamento das denúncias feitas contra o PCB pelo deputado Edmundo Barreto Pinto em fins de março de 1946, alegando que não eram suficientes para comprovar o desvirtuamento dos objetivos do partido ou que sua atividade conduzia à deformação dos princípios democráticos. O processo, entretanto, foi encaminhado ao Tribunal Superior Eleitoral (TSE), que decidiu pelo seu não arquivamento e determinou a instauração de sindicância pelo Tribunal Regional Eleitoral (TRE) carioca. Decretada a duplicidade estatutária do PCB pelo TRE, o TSE determinou novas diligências, passando a atuar no processo o subprocurador-geral da República, Alceu Barbedo, uma vez que Temístocles, derrotado em seu ponto de vista, considerava-se impedido de continuar acompanhando os trabalhos. Em maio de 1947, o TSE decidiria afinal a cassação do registro do PCB.[56]

No Tribunal Regional Eleitoral do Distrito Federal, o procurador-regional era Romão Cortes de Lacerda, que determinou as diligências que achava necessárias e, ao produzir o seu relatório sobre elas, ofereceu subsídios que fundamentaram a cassação do partido.[57]

Mas nem tudo era tranquilidade para Lacombe. As tensões, nem sempre manifestas, às vezes eram explicitadas, tornando mais difícil o seu trabalho e atrapalhando seus planos. Além das tensões administradas na relação com seu mais assíduo colaborador, José Câmara, como veremos, o enfrentamento público entre Homero Pires e Luís Viana Filho criou problemas para o desenvolvimento da tarefa.

---

[56] O verbete sobre Temístocles Cavalcanti está no *Dicionário histórico-biográfico brasileiro* em <http://www.fgv.br/CPDOC/BUSCA/Busca/BuscaConsultar.aspx>, acesso em 26 ago. 2016.

[57] Todo o processo em <http://www.tse.gov.br/hotSites/registro_partidario/pcb/registro.htm>, acesso em 26 ago. 2016.

Em 1941, momento em que, segundo o informe de Lacombe, Homero Pires e Luís Viana Filho estavam trabalhando juntos nos tomos relativos à imprensa, este último publicou, pela Companhia Editora Nacional, *A vida de Rui Barbosa*, aquela que, até hoje, é tida como a mais importante e conhecida biografia de Rui Barbosa. Homero Pires fez duras críticas ao livro,[58] as quais foram respondidas, em 1945, com a publicação de um outro livro, *A verdade na biografia*, pela Civilização Brasileira, em que rebatia, em termos sarcásticos, as críticas de Homero Pires.

Não bastasse a publicação de um livro em que demonstra rara erudição sobre o assunto, os termos utilizados para rebater, ponto por ponto, as críticas de Homero Pires eram humilhantes para este. Segundo Márcia de Almeida Gonçalves, Luís Viana "respondeu às críticas de Homero Pires com argumentos de jovem autoridade, a se sublevar contra o que qualificou de juízos claudicantes do velho crítico, censor, bibliófilo, colecionador dedicado, porém egoísta, dos papéis pessoais de Rui Barbosa".[59]

O ex-diretor da Casa, considerado um dos principais ruistas do país, ainda possivelmente magoado com Lacombe por este ter lhe tomado o posto que considerava certo, não deve ter ficado nem um pouco satisfeito com as réplicas de Luís Viana. Este, por sua vez, certamente não encontrou mais condições de trabalhar na preparação dos tomos sobre o mesmo assunto que seu antigo professor, agora funcionário da Casa, mesmo que tratassem de períodos diferentes. Estava criado, assim, um problema para Lacombe e que, mais grave ainda, incidia nas atividades de preparação de textos considerados cruciais para o entendimento do pensamento político de Rui Barbosa.

Durante anos Lacombe aguardou que Homero Pires entregasse o material revisto para composição e publicação. Ao mesmo tempo, tudo leva a crer, deslocou o prefácio de Luís Viana Filho do material relativo à imprensa para o tomo relativo à conferência sobre Castro Alves e outros trabalhos (volume VIII, tomo I), o qual foi entregue em 1947 mas publicado somente em 1957. Considerando a necessidade de trazer a público os textos de Rui Barbosa publicados no jornal *A Imprensa*

---

[58] Por mais que tenhamos buscado, não encontramos, até o momento, os textos de Homero Pires com as críticas ao livro de Luís Viana.

[59] Márcia de Almeida Gonçalves, *Em terreno movediço*: biografia e história na obra de Octávio Tarquínio de Sousa, Rio de Janeiro, EdUERJ, 2009, p. 187.

e na ausência de uma resposta de Homero Pires, Lacombe toma para si a responsabilidade de organizar os tomos. Mas o diretor não parece estar seguro de sua competência para realizar o trabalho e lança mão, então, da ajuda do chefe de Rui Barbosa no jornal para ajudá-lo na revisão. E o faz nos seguintes termos:

> Em 12 outubro de 1946.
>
> Meu prezado e bom amigo.
>
> Tenho o prazer de submeter ao seu esclarecido exame e competente censura a inclusa minuta do prefácio que redigi, rapidamente, para a coleção de artigos d'A Imprensa, visto como o dr. Homero Pires há três anos detém as provas e quero imprimir três volumes, pelo menos, desta série, antes do fim do ano.
>
> Não saiu o trabalho completo, como certamente o faria aquele ilustrado professor. Timbrarei, porém, tanto quanto possível, em cumprir o preceito fundamental de qualquer histórico, que é dar a cada um o que é seu. De modo que a sua colaboração, retificando os excessos e sugerindo o que estiver deficiente, ser-me-á extremamente importante, dada a autoridade de testemunha presencial e criteriosa.
>
> [...]
>
> Ass. Lacombe

Poucos dias depois, em 29 de outubro de 1946, Lacombe recebe a resposta de Carlos Viana, a qual deve tê-lo deixado mais aliviado. Depois de dizer-se honrado com a oportunidade de examinar e colaborar com o prefácio, o missivista afirma:

> Posso, pois, afirmar que os meus conhecimentos perfeitos daqueles fatos, que nenhum outro historiador poderia fazer um trabalho de mérito comparável ao seu prefácio sobre a coleção de artigo d'A Imprensa, <u>daquela alavanca sem exemplo em nosso jornalismo</u>, com maior justiça e exatidão sobre os fatos ocorridos, timbrando, sobretudo, característica, aliás, sua, "que é dar a cada um o que é seu".

Carlos Viana termina a carta dizendo que a casa foi abençoada por ter em sua direção aquele menino que um dia Rui carregou no colo.

Resolvido o problema do prefácio, os diversos tomos relativos a colaborações de Rui em *A Imprensa* são publicados ainda no decorrer daquele ano e dos seguintes, todos com revisão de Lacombe e Homero Pires, a quem, ao que parece, foi dado o que lhe era de direito, como queria Lacombe.[60] No entanto, com esse episódio e, certamente, por todos os demais, Homero Pires acabou não figurando como prefaciador de nenhum dos tomos publicados das Obras Completas.

As tensões e distensões das sociabilidades intelectuais

Dentre todos os convidados a participar do projeto de edição das Obras Completas, dois se destacam pela quantidade e qualidade da correspondência com Jacobina Lacombe: Antônio Gontijo de Carvalho e José Gomes Bezerra Câmara. Neste tópico, vamos explorar essas correspondências naquilo que elas podem nos informar sobre as redes de sociabilidades que envolvem e articulam diversos sujeitos implicados no projeto, deixando para o próximo capítulo aqueles aspectos que dizem respeito mais diretamente à elaboração dos prefácios.

O primeiro dos nossos missivistas é um dos sujeitos mais integrados social, política e intelectualmente de todo o grupo mobilizado por Lacombe. As suas credenciais, à altura do convite, eram muitas, variadas e prestigiosas. Segundo Adriano Codato,

> Antonio Gontijo nasceu em Uberaba (MG). Graduou-se na Faculdade de Direito de São Paulo em 1923. Funcionário da Secretaria de Agricultura de São Paulo (1927-1930). Secretário-geral do Departamento Nacional do Café (1936). Funcionário do Ministério da Agricultura (1938). Chefe da Casa Civil do governo do estado de São Paulo (1939). Membro da Comissão de Negócios de São Paulo (1941-1944). Presidente da Subcomissão de Organização e Finanças (1943-1944). Deputado federal suplente (1946-1950) pelo PSD. Faleceu em São Paulo, em 4 de agosto de 1973. Antonio Gontijo foi conselheiro do Conselho Administrativo do estado de São Paulo de 1939 a 1941.[61]

---

[60] Ao final do prefácio, Américo Lacombe agradece a Homero Pires dizendo: "A primeira leitura das provas destes artigos foi feita pelo prof. Homero Pires. Aqui registramos os nossos agradecimentos." (p. XLVII)

[61] Adriano Nervo Codato, Modelo e método de representação política durante o Estado Novo, *Acervo Histórico*, São Paulo, 3, p. 14, 2005.

Em nossa pesquisa, tivemos acesso apenas à correspondência ativa de Antônio Gontijo dirigida a Lacombe e depositada nos arquivos da Casa. Nela, o advogado e político denotava relações próximas com o diretor da Casa. Em 15 de setembro de 1944, ele, ao mesmo tempo que convida Lacombe para ir a São Paulo, solicita que o diretor "*Não se esqueça do que lhe falei sobre o prefácio a dar ao Dória*". Demonstrando acompanhar de perto os trabalhos da Casa, em 20 de fevereiro o missivista paulista informa a Lacombe que leu, nos jornais, as notícias da nomeação da comissão do centenário de Rui.

Envolvido no projeto de publicação das Obras Completas, busca, também, criar condições para que Lacombe divulgue o trabalho que vem realizando. Assim é que um mês depois, em 26 de março, ele escreve a Lacombe informando:

> O Departamento de Cultura vai publicar, em edição especial, a relação dos livros de Ruy na Biblioteca Municipal. O Pati, diretor, convidou-me para escrever a introdução. V. não quererá publicar num boletim especial, em edição de luxo, do Departamento de Cultura, o plano de publicação das obras de Rui, já completado com o que vou remeter, ano por ano? O Pati tem prazer de fazer isso. Já me falou. No dia 29 levará apenas na sessão Instituto. Vai fazer o discurso o Antão de Morais. Deve ser coisa boa.

Em outra correspondência, sem data, mas certamente escrita no início de 1946, ele demonstra ter recebido notícias, por meio de Lacombe, das negociações com Leony Machado, da Editora A Noite, para a publicação das Obras Completas, conforme informamos no Capítulo 1. Mais do que isso, Antônio Gontijo informa sobre as articulações feitas junto ao novo governo para a permanência de Américo Lacombe à frente da direção da Casa:

> Américo:
> Recebi a sua carta e fiquei satisfeito com a notícia que v. me deu do Leoni. Aliás já tinha conversado com ele sobre o assunto aqui em minha casa.
> [...]
> O Macedo Soares telegrafou pedindo a sua permanência. Ele é muito amigo do ministro. Eu obtive o telegrama, por intermédio

do Edgardo, em vista de um telefonema ao Doria. Una-se ao Leoni, que v. ficará sempre bem.

Agora, mete mãos à obra. A principal missão confiada a v. é a publicação das "Obras Completas". Se dentro de 5 anos, no máximo, vc. não publicar toda a obra, com franqueza penso que v. fracassou como diretor. O problema, dividida a impressão com a Imprensa Nacional e A Noite, é só o de revisão.

Consiga uma verba para aumentar o número de revisores especializados. Peça, rapaz. Nada de timidez. Esqueci-me de lhe dizer que falei ao Doria, amigo também do ministro (é dos íntimos) para garantir qualquer surpresa contra v. Acho que v. está bem amparado.

Quando for aí, conversarei com o Gabriel. [?]

Vou ampliar aquelas notas que fiz sobre a vida de Rui em S Paulo. Fiquei desolado depois que as publiquei. Achei-as bem incompletas.

Um abraço do amigo [ilegível]

Antônio

A indicação de outro prefaciador é objeto de uma carta de 26 de abril daquele mesmo ano. Ele afirma: "queria lhe sugerir para um dos prefaciadores o Antônio Monteiro de Barros, professor da Faculdade de Direito [...] É moço de cultura, de prestígio e leva tudo muito a sério e sempre a contento. Ele não poderia escolher um assunto financeiro? Há três dias lhe mandei uma carta."

Alguns meses depois, em 31 de maio de 1946, Antônio Gontijo volta a entrar em contato com Lacombe dizendo de sua alegria pelo fato de as negociações com A Noite terem dado certo e incentivando o diretor na continuidade do empreendimento:

Américo,

Li nos jornais que o presidente assinou o decreto sobre a publicação na "Noite". Fiquei muito contente. Parabéns a v.

Quando almocei com o Leony, falamos da sua [ilegível]. V. precisa fazer logo. Vale do plano da obra, e da forma projetada. O Cel. se apaixonou pelo empreendimento, em consequência da visita que ele fez e do que viu aí na Casa Rui. Eu a [ilegível] em São Paulo.

[...]

Abraços do amigo [ilegível]

Antônio

Logo no início do ano seguinte, em 12 de fevereiro, Antônio Gontijo escreve como editor da *Revista Digesto Econômico* convidando Lacombe para fazer parte dos colaboradores, informando, ainda, que a revista pagaria Cr$500,00 por artigo. Lacombe atende ao convite do amigo e, em meados do ano, recebe outra correspondência do editor da revista dizendo que recebeu o artigo sobre "A origem das indústrias de tecido em Minas Gerais" e que esse texto sairia no número de julho; afirma, ainda, que "o Sérgio Buarque de Holanda gostou muito do seu trabalho".

Numa demonstração de que as trocas nas redes de sociabilidades funcionam em várias direções, em busca de novos colaboradores para a revista que edita, Gontijo solicita a Lacombe que faça a intermediação de um convite da *Digesto* dirigido a Hélio Viana:

> São Paulo, 11 de junho de
>
> Meu caro Américo:
>
> Afetuoso abraço.
>
> Acabo de receber sua carta datada de 6. Agradecido pelos informes que me deu. Tenho imenso prazer que o Hélio Viana, de quem sou admirador, colabore no "Digesto Econômico". V. poderá, em meu nome, transmitir-lhe o convite nas mesmas condições suas.
>
> O Ernesto Leme embarcou há dias para os Estados Unidos; ele deve voltar daqui a um mês e pediu-me para lhe avisar que logo após o seu regresso mandará todas as provas. [...]
>
> Já reli o volume do "Ensino primário" e continuo aguardando com maior interesse a leitura dos outros.
>
> Sempre seu
>
> Amigo e admirador.
>
> Antônio

No final daquele mesmo ano, em 9 de outubro de 1947, Antônio Gontijo informa, em correspondência, que o artigo de Lacombe, "O sábio Martins e o pão de mandioca", será publicado em novembro; diz que no exemplar de setembro há um texto do G. Freire sobre o centenário de Joaquim Nabuco e que o Lacombe poderia escrever um sobre o centenário de Rui pois "v. tem dados interessantes, inéditos e mostrará o que fez e o que se pode fazer". Diz, ainda, que "para se adaptar melhor à orientação do 'Digesto', v. poderá falar sobre Rui-financista e as suas ideias em matéria de economia." Termina perguntando se saiu algum volume novo e, em caso afirmativo, que Lacombe não se esqueça de lhe enviar.

Em suas últimas cartas no período, Antônio Gontijo aproveita para perguntar "Como vai meu livro? Quantos exemplares você me poderá fornecer?" (em 09/09/1949) e, ainda naquele ano, em resposta a uma carta de Lacombe de 20 de dezembro, afirma que o amigo não tem nada que agradecer sobre a conferência feita em São Paulo e solicita que o amigo "não se esqueça de me remeter a conferência do Carvalho Brito".

Se, no caso de Antônio Gontijo, o conjunto das correspondências mostra a relação entre dois iguais, em que há reciprocidade nas trocas, inclusive no que se refere à contribuição para publicações e de intermediação em relação a outros pares, o segundo conjunto de correspondência de que trataremos a seguir é de outra ordem: trata-se das correspondências de um sujeito, José Gomes Bezerra Câmara, em nítida desvantagem, para não dizer desigualdade, nas relações estabelecidas nas redes de sociabilidades intelectuais postas em funcionamento e/ou mobilizadas para a edição das Obras Completas.

José Câmara, como era mais comumente chamado, nasceu no interior de Pernambuco, na cidade de Afogado das Ingazeiras, em 1915. Lá fez os primeiros anos escolares. A Revolução de 1930 vai encontrá-lo cuidando de vacas e ovelhas, as quais ele perde na seca do ano seguinte. Em razão disso, em 1934, transferiu-se para o Rio de Janeiro, tendo sido acolhido pelo tio Alfredo de Arruda Câmara, que era deputado federal. Chegando ao Rio, entrou para o Exército. Lá, acalentou o sonho de ser intendente, conforme expôs em entrevista ao jornal *Tribuna do Advogado*, em 1988.[62]

> TA – O dr. disse que não se adaptou à vida militar. Foi nessa época que o senhor desistiu de ser intendente ou o dr. ainda tentou?

---

[62] José Gomes Bezerra Câmara deu uma longa entrevista para o Projeto OAB-Memória, da OAB do Rio de Janeiro. A entrevista foi publicada nos números de julho e agosto de 1988 do jornal *Tribuna do Advogado*. A parte inicial da entrevista, publicada em julho, tem por título "Bezerra Câmara, um vaqueiro desembargador". A citação a seguir se encontra na página 8 da edição de agosto.

BC – Para ser intendente era preciso ser sargento e as promoções estavam suspensas. Pensei, nessa época, em ser mestre ferrador na Escola de Veterinária, mas chegava a sargento... Eu, na verdade, queria ser sargento. Desisti e fui mesmo ser paisano na Câmara dos Deputados. Foi lá que aprendi a lidar com livros. Agora, o que me aborreceu mesmo no Exército foi toda aquela questão de não se compreender o recruta, o homem que vem de fora, que não se adapta e, eu, logo nos primeiros dias, peguei 30 dias de cadeia. O Sargento me chamou de relaxado e eu disse que relaxado era ele... Fui, obviamente, preso.

TA – O Sr. nunca teve vontade de voltar para Pernambuco?

BC – Tive, só não voltei porque estava preso no Exército. Se voltasse era desertor, criminoso. E ficar na Terceira Classe do Rodrigues Alves, do Lloyd era horrível, não tinha lugar nem para estirar os pés.

Por intermédio do tio, José Câmara, tendo saído do Exército, encontra colocação na biblioteca da Câmara dos Deputados, ocasião em que toma contato de forma sistemática com os livros. Volta a estudar e conclui o curso secundário no Curso Superior de Preparatório, no Rio de Janeiro. Em sua segunda tentativa, ingressa na Faculdade de Direito da Universidade do Brasil no início dos anos de 1940. Em 1942, frequenta o curso de Direito Civil de San Tiago Dantas[63] e, muito provavelmente, é pelas mãos de Dantas[64] que, nesse mesmo ano, começa a trabalhar, ainda quando aluno, na revisão e notas das Obras Completas de Rui Barbosa, como veremos a seguir.

O que nos elucidariam as correspondências enviadas ao diretor da Casa de Rui Barbosa e principal gestor do projeto de edição das

---

[63] Décadas depois, em 1976, José Câmara irá transformar as notas taquigráficas deste curso, adquiridas a um de seus colegas, numa série de três livros de San Tiago Dantas sobre o *Programa de Direito Civil* (Rio de Janeiro, Editora Rio, 1979, 3 v.).

[64] É preciso lembrar que, como vimos no capítulo I, o prof. Dantas utilizava a Casa para algumas de suas atividades docentes da Universidade. Em 1993, numa reunião do *Instituto Histórico e Geográfico Brasileiro* (IHGB) em homenagem a Américo Jacobina Lacombe, José Gomes Bezerra Câmara afirma: "Tenho a impressão que, de todos presentes aqui, quem mais conviveu no trabalho com ele [A.J.Lacombe] fui eu. Meio século, desde meados de 1942, quando comecei a trabalhar com ele, na Casa de Rui Barbosa. Nunca fui funcionário de lá, trabalhava em colaboração. Fui um dia e, não sei porque, ele me chamou para cuidar dos volumes da *Queda do Império* e depois de mais outros. Fui fazendo, fui trabalhando, até agora." Em Instituto Histórico e Geográfico Brasileiro, *Homenagem a Américo Jacobina Lacombe*, Rio de Janeiro, IHGB, 1993, p. 39.

Obras Completas por aquele que foi, de longe, o mais produtivo de seus colaboradores?[65] Elas trazem à tona um sujeito cioso, quase obcecado por seu trabalho de preparação das obras para edição; um sujeito minucioso nas revisões, arguto pesquisador, que soube mobilizar como poucos as relações estabelecidas no aparelho judiciário para localizar e copiar trabalhos de Rui Barbosa a respeito do tema que lhe foi confiado: a parte dos trabalhos jurídicos. Mas também nos trazem um sujeito profundamente incomodado com a posição subalterna que ocupava nas relações com Lacombe e com os demais sujeitos participantes do projeto. Diante disso, parecia querer mais e mais demonstrar, pelo trabalho incessante, que era digno de participar daquela rede de sociabilidade de forma igualitária, mas, ao que parece, jamais o conseguiu.[66]

Apesar de trabalhar na revisão de tomos das Obras Completas desde 1943, a primeira correspondência datada[67] de José Câmara que encontramos é de 1946. Nela, estando de férias na cidade de Monteiro,

---

[65] Como vimos, José Câmara é responsável pelos prefácios, revisão ou notas de nada menos do que 19 dos tomos preparados até 1949. Ao longo de sua vida preparou outros 21, perfazendo um total de 40 tomos.

[66] Em conversas com os familiares e, mesmo, com funcionários da Casa de Rui Barbosa é nítida a sensação de que ele jamais pertenceu, de fato, àquele mundo. Em pelo menos duas ocasiões públicas Lacombe nomeia, dentre todos os participantes, um significativo grupo de 22 pessoas, que deveria transferir, ao empreendimento, visibilidade e/ou autoridade. Assim, no texto publicado no *Anuário Brasileiro de Literatura*, em 1945, ele afirmava que, além dos tomos prefaciados por Thiers Moreira, Fernando Néri e Astrojildo Pereira, já publicados, "já temos em provas, em composição ou em preparo, cerca de quarenta volumes, a cargo de nomes tirados das várias correntes contemporâneas, de modo a dar à publicação o caráter de uma legítima consagração nacional, de um monumento erigido em memória do patrono dessa casa. Estão organizando tomos das Obras Completas os seguintes srs.: Pe. Augusto Magne, Homero Pires, Lourenço Filho, San Tiago Dantas, Hermes Lima, Levi Carneiro, Costa Manso, Ernesto Leme, Sampaio Dória, Milton Campos, José Carlos e José Eduardo de Macedo Soares, Madureira de Pinho, Lúcia Miguel Pereira, Otávio Tarquínio de Sousa, Pedro Calmon, Castro Rebelo, Austregésilo de Ataíde e Wanderley Pinho." (p. 189) Também no texto publicado na revista Águia, em 1947, citava exatamente os mesmos nomes dos "especialistas" envolvidos. Como se sabe, alguns desses convidados não entregaram suas contribuições, mas, no seu conjunto, eles constituem o núcleo com que Lacombe pretendia transformar a edição das Obras Completas de Rui Barbosa no maior empreendimento editorial do gênero no Brasil e, mesmo, do mundo. Ainda hoje, nas publicações da Casa de Rui Barbosa sobre as Obras Completas, José Câmara é lembrado pela *quantidade* de tomos que prefaciou ou revisou, mas não é citado entre aqueles "nomes do prestígio e da projeção de Austregésilo de Ataíde, Levi Carneiro, Augusto Magne, Hélio Viana, Luís Viana Filho, Lúcia Miguel Pereira, Temístocles Cavalcanti, Astrogildo Pereira, Hildebrando Acióli, San Tiago Dantas, Cândido Mota Filho, Thiers Martins Moreira, Afonso Arinos de Melo Franco, Evaristo de Morais Filho, Sílvio Meira, Alberto Venâncio Filho, etc." Cf. Casa de Rui Barbosa, *Catálogo de publicações*, Rio de Janeiro, FCRB, 2002, p. 11.

[67] Há, no conjunto, dois bilhetes sem data, os quais foi impossível datar mesmo que aproximadamente, ambos tratando de detalhes da revisão de tomos das obras.

na Paraíba, José Câmara acusa o recebimento de correspondência de Lacombe, se diz sensibilizado com a confiança nele depositada pelo diretor da Casa e se mostra preocupado com a sorte da instituição devido à mudança de governo:

> Monteiro (Paraíba), 22 de março de 1946.
>
> Meu caro Dr. Lacombe.
>
> Há um mês recebi sua estimada carta de 13 de fevereiro. No dia seguinte lhe escrevi. Não sei se minha resposta terá chegado ao destino. Não é necessário dizer-lhe o quanto há sensibilizado com a prova de confiança e consideração que me dispensou, conforme lhe respondi.
>
> Muito contente fiquei em saber que tem mais um <u>brigadeiro</u>. Chegou numa data muito significativa para mim, aquele em que nasceu minha Mãe. E, os demais [...] como vão? [...]
>
> Estou ansioso para saber as tendências do novo titular (novo, para mim, pelo menos), pelo menos no que importa ao tratamento que terá de dispensar ao meu Amigo, o que equivale dizer à Casa de Rui. Ouvi alguém falar que era muito dado a planos universitários, é verdade? Que me diz? e o novo diretor da Imprensa Nacional tem boa vontade de realização do programa? Vi o seu nome num jornalzinho que acaso veio a minhas mãos. Fiquei supondo ter sido também substituído o Wlasek. Como quer que seja, o essencial será não perturbarem o trabalho.
>
> Apesar de sair daqui torturado de saudades, estou ansioso para chegar aí. A ausência do convívio dos bons Amigos vive a preocupar-me o espírito. Não me habituo à ociosidade, nem mesmo quando necessário, em se tratando de um período de repouso a que faço jus depois de 12 anos sem descanso. Por outro lado o desejo de continuar os trabalhos já começados e de iniciar outros mais árduos me deixam impaciente. Espero em Deus, chegar antes porque há impossibilidade de ordem material, conexa com a obtenção da passagem.
>
> (... diz que recebeu telegrama truncado, sem assinatura, supôs ser do Dr. Dantas e Dr. Bilac. Respondeu ao Dantas).
>
> Estou entusiasmado com o programa da <u>Revista</u>, a que alude. Como vai a AGIR? Já está funcionando com oficinas próprias? Até agora nada sei a respeito de meus originais. O [sic] tomos da Queda do Império estão desemperrados com a composição do primeiro deles. Quem nos dera o Dr. Dória mais alguns meses!

Como vai a constituinte? Ouço dizer que o Padre Mestre tem se zangado algumas vezes. Aqui as notícias são muito incompletas, e as versões diversas. De tal forma vivo quase alheio a tudo o que vai ocorrendo pelo mundo afora. Contudo, tive ciência e estou contente com o teor do telegrama da mãe de Demócrito ao Sr. Agamemnon.

Queira recomendar-me a todos daí, especialmente Edmée, Dr. Homero, D. Gina, D. Celina, Snr. Ventura, Snr. Antônio e Lígia.

Queira transmitir um abraço a Dr. San Tiago e receber outro muito sincero do

ex toto corde

Câmara

Na missiva, como se vê, assuntos familiares, como o nascimento de um filho de Lacombe, ocupam o mesmo espaço que as mudanças de governo e a constituinte, e as demonstrações de afeto se articulam a projetos políticos. No final do mês de julho, José Câmara dava por encerrado mais um de seus prefácios aos tomos das Obras Completas, o qual será publicado apenas em 1949, e, nele, explicitava os sentimentos de gratidão e de apreensão que lhe dominavam o espírito em relação ao empreendimento compartilhado com "eminentes ruistas" a quem tanto admirava:

> Cumpre-nos aqui, mais uma vez, exprimir a gratidão a que nos move tão honrosa quão generosa prova de confiança, decerto bem acima da capacidade de quem, como nós, assumiu sem credenciais para tanto a responsabilidade pelo fiel cumprimento da missão atribuída
>
> Do público de nossa pátria, e especialmente dos eminentes ruistas a quem tanto admiramos, e cuja escrupulosa vigilância de tudo o que diz respeito à memória do conselheiro Rui Barbosa tem atuado em nossa mente como constante fonte de estímulo, esperamos a indulgência merecida, e, quando necessário, os reparos que se tornem úteis à crescente veneração e cultivo dos postulados que se erguem sob a égide do mais lídimo apóstolo da LIBERDADE.[68]

É o tom de camaradagem e, ao mesmo tempo, de responsabilidade para com o projeto comum em curso que marca uma outra carta de meados daquele mesmo ano.

---

[68] José Gomes Bezerra Câmara, Prefácio, Obras Completas de Rui Barbosa, v. XXV, t. V, 1949, p. XIV-XV.

Dr. Lacombe

Bom dia

Peço a meu amigo, logo que seja copiada e conferida a causa Solano Lopes (Impugnação e Carta-Parecer da pasta que contém a papelada), mandar, se possível, levar onde trabalho, lá no Edifício. Snr. Abel e Srn. José sabem onde é. Não nos convém retardar a remessa à I. N., não é? Faço este pedido porque talvez não possa vir até aqui.

A Lei Torrens foi regulamentada pelo Dec. 955-A, de 1890. Que havemos de fazer?

Amanhã, haja o que houver, querendo Deus, irei ao Supremo ver a A. Civil 683, a fim de verificar de quem é a petição inicial, pois suponho ser do Conselheiro.

Os meninos chegaram bem, ontem?

Recado de seu amigo,

Câmara

Rio, 4-8-46.

Como se vê, ao mesmo tempo que assume a tarefa de revisor de vários tomos das Obras Completas, José Câmara aparece também como um verdadeiro operacionalizador do projeto: busca documentos, preocupa-se com os prazos da Imprensa Nacional, troca ideias sobre os assuntos. Isso tudo sem deixar de se preocupar com a sorte dos "meninos"!

No final daquele mês de agosto, José Câmara assinaria o prefácio do tomo I do volume XXVII, que somente veio a ser publicado em 1952. Nele, ele explicitava seu contentamento de participar de tão grande projeto e, ao mesmo tempo, explicitava um sentimento que seria uma das marcas de seus textos: o de que faltavam "credenciais" para o trabalho:

> Sem credenciais para outras considerações, podemos assegurar, entretanto, que o máximo de objetividade e zelo foi dispensado na revisão, e notas com que procedemos os opúsculos. O amor à fidelidade imprimiu-nos a norma de procedimento a que estamos adstritos.
>
> Mais uma vez, apraz-nos manifestar a sensibilidade que nos domina ao ter de colaborar na organização de empresa tão merecedora de

carinho e capacidade à sua altura, qualidades que nos faltam em se tratando de um dos mais dignos monumentos à memória de Rui Barbosa, qual seja a perpetuação de seu pensamento através de suas OBRAS COMPLETAS.[69]

Este tom cordial e, mesmo, de entusiasmo com o projeto do qual fazia parte começa a compartilhar o espaço com outras preocupações nas cartas seguintes:

Carta de Câmara a Lacombe [Sem data meados para final de 1946][70]

Caro Dr. Lacombe,

Remeto os originais do que, a meu ver, se deverá chamar o tomo II das O.C. (vol. XXV). Tudo fiz para dá-lo pronto no mínimo prazo possível; cheguei mesmo, durante vários dias, a levantar-me cerca de 4 horas da manhã para dele cuidar. Quando digo pronto ou concluído, quero dizer em condições de ser enviado a Imp. Nacional para composição. Com pesar de minha parte, não me foi possível, nem permitido.

Peço atenção do meu amigo para o título e subtítulo que achei convir ao opúsculo de número IX - o último da coletânea. É originário, e por essa razão merece severo exame, atendendo-se à mediocridade de quem o propõe; idêntico pedido faço em relação ao subtítulo de Lição dos dois Acórdãos, que ocupa o no. VII, na mesma situação.

Talvez seja constrangido a deixar de ajudar meu amigo, muito breve, se tanto equivale ser qualificado o que nada que até agora tenho tentado fazer; seria e será decerto para mim bem amargo ver-me a isso coagido. Salvo equívoco, dois obstáculos relevantes, ou circunstância coexistem, um dos quais irremovível. Ambos independem de minha vontade. Um deles, embora revestido desse caráter, poderia ser contornado. O outro, nunca! Não os lamento, porque seria como que inconformar-me com a vontade divina.

Creia na minha sinceridade, e fique certo de que deixar de restar minha modestíssima colaboração a uma empresa a que tenho procurado dedicar-me com o máximo de carinho constituirá um fato dos que mais poderão ferir-me a sensibilidade, mormente dirigidos os trabalhos por quem são. Poucas atividades até hoje me seduziram

---

[69] Idem, v. XXVII t. I, 1952, p. XIII.

[70] Essa carta data, provavelmente, do final de 1946, já que o tomo II do volume XXV foi impresso em maio de 1947. José Câmara fala que ele está preparado para ir para a IN (Imprensa Nacional), o que significa que ele não havia sido composto.

tanto o espírito quanto esta; mas há fatos que se antepõem a nossos propósitos.

O que ora afirma, se ocorrer, como suponho com sólidos fundamentos, em nada dirá respeito aos 9 tomos até agora organizados, dos quais nas tarefas que me confiar, cuidarei com o mesmo zelo e devotamento que consagraria a qualquer empreendimento destinado a perpetuar a memória de meus pais. São, perante minha consciência – embora consciência de indivíduo humilde e incapaz – deveres sacrossantos, enquanto tiver ânimo e crédito para tal.

Continuo a tarefa que estou tentando realizar, <u>dum amico placuit et opported.</u> Em tal sentido, tenho um pedido a fazer, que somente o enunciarei, se prometer-me atendê-lo.

Estendi-me mais do que a sobriedade recomenda, porque, no domingo não foi possível falar-lhe, e não sei se terei esse grato ensejo antes de embarcar para a Europa. Sei o que custam os atropelos de viagem, e pretendo evitar roubar os preciosos momentos de que dispõe. Perdoe-me se os interrompi, pois é uma das coisas que me apavora neste mundo.

Por falar em preparativos de viagem: viajará mesmo na sexta feira, 14 do corrente? Talvez nesse dia tenha possibilidade de vê-lo, visto no sábado ser improvável, e também no domingo.

Queira receber um cordial abraço, do mais inútil e inexpressivo dos amigos.

Do velho, sempre e sempre seu, <u>ex todo corde,</u>

Câmara.

Desse momento em diante, sempre apelando para a retórica do "indivíduo humilde e incapaz", mas que sempre está a postos para o trabalho, inclusive não deixando, nunca, o diretor esquecer quantos são os tomos pelos quais ele é responsável, José Câmara escreverá reiteradamente a Lacombe dizendo que deixará o projeto. Ao mesmo tempo, esse era um momento importante para a sorte do projeto de Lacombe: era momento de troca de governo, de atraso crônico de alguns prefaciadores, de falta de recursos. Definitivamente, para Lacombe, seria uma péssima coisa deixar de contar com a contribuição do mais produtivo de seus colaboradores! José Câmara parecia ter consciência disso e, de forma cifrada, parecia solicitar providências de Lacombe para problemas que, no entanto, ele não nomeava.

Esses aspectos transparecem em sua correspondência de 9 de novembro de 1946, sintomaticamente na semana em que, anualmente, se comemora a data de aniversário de Rui Barbosa (5 de novembro). A eles se somam, agora, a implicação com a inoperância da Imprensa Oficial em relação à publicação das Obras Completas.

Meu Caro Dr. LACOMBE,

Tenho hoje um assunto a tratar a que sou forçado com imenso pesar. Não poderei mais continuar a auxiliá-lo, com exceção dos dois tomos de 1899 e de 1900, em preparo, e bem assim dos 12 já sepultados na Imprensa Nacional, se algum dia houver ensejo, pois desde que lá mergulharam os 3 últimos, com eles também foi a esperança de vê-los ressurgir do jazigo a que foram destinados.

Levando a execução dos trabalhos gráficos um número de anos imprevisível (mormente em se tratado de mortais humildes), resulta daí uma grave decepção para quem se devota a tarefas do gênero possuído de um ideal e animado dos mais sérios propósitos, como é o caso de seu pobre amigo. Decepção, digo mal, porque gente humilde nem sempre pode valer-se de tal expressão para traduzir um sentimento de angústia.

Não veja no meu gesto o mínimo sintoma de ressentimento, mas somente um reflexo de íntima tristeza, de uma dolorosa expectativa há muito presente ao meu espírito. E, tão certo de que tem em mim um amigo dedicado um auxiliar para tudo quanto permita minha incapacidade, que, se a tanto anuir, estou e estarei ao seu lado para ajudá-lo até a obtenção e anotação do último fragmento do conselheiro Rui, contando que se imponha um outro ritmo na orientação até agora seguida no concernente a composição e impressão dos volumes preparados. Não é possível ver com indiferença o desdém com que são tratadas tantas preciosidades somente porque se entrega um departamento como a Imprensa Nacional a um indivíduo que "ri, rima e rema", e, – quem sabe? – talvez rumine!

É com profunda mágoa que deixarei de ajudá-lo em novas iniciativas, mágoa das coisas desta Terra, pois de meu Amigo só tenho motivos para prezá-lo, e convencer-me de que cada dia mais se eleva o débito resultante da gratidão que lhe devo. Ainda que 2 fatos tenham me causado certo desgosto, o que procurei esquecer, dada a proveniência de ambos, não tiveram estes a mínima influência em meus propósitos. Muito menos a vida atormentada que tenho, porquanto, para prestar a minha modesta colaboração nessa tarefa monumental, só encontro um obstáculo: o modo revoltante como são executados os trabalhos gráficos e o beneplácito dos poderes competentes a essa ordem de coisas. Era meu intuito, esta semana, por alguns jornais, prestar uma homenagem ao homem que *"**ri, rema", rima" ou rumina;*** lembrei-me de alguns incidentes ocorridos em julho-agosto do corrente, e temi contrariar alguém contrariando a mim próprio, o que a tanto equivale quando se aborrece um Amigo, ainda que involuntariamente. Achei mais prudente seguir outro caminho, confessando-lhe este meu grande pecado, que é ser mais sensível do que a muito possa parecer.

Creia, mais do que nunca, na Lealdade, e Amizade do seu

ex corde nunc et semper

José Câmara

Argumenta que o motivo que o leva a não mais trabalhar na preparação dos textos das Obras Completas é o "desdém com que são tratadas tantas preciosidades", ou seja, a inoperância da Imprensa Nacional, comandada por um sujeito "que 'ri, rima e rema', e, – quem sabe? – talvez rumine!". Salienta, ainda, que embora "2 fatos tenham me causado certo desgosto, o que procurei esquecer, dada a proveniência de ambos, não tiveram estes a mínima influência em meus propósitos". Com isso, José Câmara explicitava, sem nomear, o seu desconforto com alguma coisa que vinha ocorrendo reiteradamente já há algum tempo.

Apesar de sua missiva anterior, em 23 de novembro de 1946, Câmara voltava a se comunicar com Lacombe pedindo-lhe para perguntar ao Dr. Antônio Gontijo sobre originais das obras de Rui que estavam com ele. Passados alguns meses, em algum dia de maio de 1947, José Câmara envia um cartão a Lacombe informando que o prefácio deste para a série de tomos das Obras Completas relacionados ao jornal *Imprensa* foi reproduzido no jornal *Diário de Pernambuco* e pergunta: "Como vai a impressão dos volumes? Aguardo notícias." Esse teor colaborador, que contrasta com suas correspondências do ano anterior, é reiterado em carta de 3 de setembro de 1947, em que Câmara informa a Lacombe que não está encontrando alguns autos de processos de Rui Barbosa e dá instruções de como ele deveria proceder para solicitar a ajuda do pessoal dos tribunais do Rio na localização desses.

O mecanismo é que terá de ser diferente dos que até aqui utilizamos. Como advogados, poderíamos pedir por certidão; mas trata-se de assunto em que é interessada a mãe pátria, e não é negócio agir por esse meio.

Terá que ser solicitado, por ofício ou coisa equivalente, do muito nobre e eminente senhor ministro da Educação, ao mui justo, humanitário (!) e digníssimo ministro José Linhares o teor de cada acórdão. Um ofício burilado e diplomático, ao ponto de nosso <u>regedor</u> não se enfezar, e criar outro obstáculo daqueles. Deixo isso ao amigo e chefe e a meu amigo e colega Eugênio Gomes.

O recurso é esse mesmo, podendo-se depois obter uma <u>camaradagem</u> com o Dr. Félix Coelho, secretário do Tribunal, no sentido de serem facilitadas as cópias, conforme sondagem por mim feita.

Recado do seu Amigo

José Câmara

3.9.47.

Nesse ínterim, a 22 de setembro, começa a aparecer, publicamente, o trabalho realizado por José Câmara: nessa data, a Imprensa Nacional termina de imprimir o tomo I do volume XVI das Obras Completas, relativo a *Queda do Império*. Nos créditos, seu nome aparece logo abaixo do consagrado professor e deputado Hermes Lima.

PREFÁCIO

DE

HERMES LIMA

Da Faculdade Nacional de Direito da Universidade do Brasil

NOTAS E REVISÃO

DE

JOSÉ CÂMARA

Advogado no Rio de Janeiro

Figura III - Folha de créditos ao prefaciador, Hermes Lima, e ao revisor, José Câmara, do volume XVI, tomo I das Obras Completas de Rui Barbosa, publicado em 1947.
Fonte: Fundação Casa de Rui Barbosa

Nesse volume, José Câmara, de maneira não usual, assina como revisor uma "Advertência" ao leitor, a qual vem logo após o longo prefácio de Hermes Lima. Nela, aquele explica os critérios adotados para a revisão do tomo:

> ### ADVERTÊNCIA
>
> O texto da edição da Queda do Império foi cotejado com o da publicação dos mesmos artigos no Diário de Notícias de 1889. Assinalaram-se as divergências em notas de pé da página. A nota parte da palavra igual à do texto da Queda do Império menciona a variante e termina quando atinge palavra idêntica ao texto modificado, salvo se é o fim do período, terminado por um ponto.
>
> Para não sobrecarregar demasiadamente o texto desta edição foram desprezadas as variantes ortográficas e de pontuação.
>
> Quanto às primeiras note-se, porém, que Rui Barbosa, em correções de seu próprio punho nas provas da Queda do Império (1) introduziu no texto inúmeras simplificações determinadas pela reforma portuguêsa. Assim: majestade, civilização, país, estréia, saimento, emprêsa, circundar, espécimen, autorizar, teor, já aparecem com a forma aceita pelo Vocabulário de Gonçalves Viana.
>
> Quanto às segundas — as de pontuação — limitaram-se as modificações de Rui Barbosa à substituição de vírgulas por parênteses, ou por traços, ou por pontos de interrogação (nas séries de frases interrogativas), ou de traço por dois pontos; tudo visando maior clareza. Houve também maior emprêgo de vírgulas nos incidentes e inversões. Mas nenhuma delas apresentava importância fundamental.
>
> O Revisor.

Figura IV - Advertência ao leitor, escrita pelo revisor, José Câmara, para o volume XVI, tomo I das Obras Completas de Rui Barbosa, publicado em 1947.
Fonte: Fundação Casa de Rui Barbosa

No entanto, apesar da imaginável alegria em ver seu nome figurar entre nomes consagrados da intelectualidade brasileira e de seu explícito esforço de colaboração, as relações na Casa ou em torno das Obras Completas teimam em não criar condições de conforto para o jovem advogado. Assim, em 21 de outubro de 1947,[71] alguma coisa ocorre que o leva a escrever, no dia seguinte, a Lacombe dizendo:

> Rio, 22 de outubro de 1947
>
> Meu caro Dr. Lacombe
>
> Embora profundamente constrangido, peço-lhe mandar buscar os originais de trabalhos jurídicos relativos a 1899 e 1904, em meu

---

[71] Sabemos que algo ocorreu neste dia porque, em correspondência futura, José Câmara irá dizer que não dormiu na noite de 21 para 22.

poder, porque sou forçado a desistir de colaborar no empreendimento a que, com imenso carinho, tenho dedicado desde 15 de maio de 1943. Motivos superiores a tanto me coagem, e, a não ser que cessassem, não veria como justificar-se minha atuação.

Exigindo o trabalho a que me entreguei competência e outras qualidades, que não possuo nem aspiro, e não estando eu à altura de prestar a colaboração requerida e por mim desejada, não é possível assumir tarefa superior às minhas forças, morais e espirituais, uma vez que existem, hoje, obstáculos incompatíveis com a humilde condição de seu pobre admirador e

Amigo ex corde.

José Câmara

Como se lê, por algum motivo José Câmara via a sua competência, e outras qualidades, serem colocadas em questão na preparação dos tomos das Obras Completas. Mas, apesar das queixas e, mesmo, de certa autopiedade, ele continua no projeto editorial: revisa novos tomos, leva material para a Imprensa Nacional, sugere diagramação, reclama da demora na impressão...

Meu caro Dr. LACOMBE,

[...]

Deixo aqui o volume de 98. ...

Peço-lhe seus bons ofícios e prestígio junto ao Sr. Tarquínio ou a quem quer que seja, para o fim de serem logo compostas e encaixadas as emendinhas, pois, se isto aí cair na massa de trabalhos a executar – lá vai mais um mês.

Esta, a razão de deixar o volume em suas mãos, não tendo ido ontem levá-lo diretamente à I. Nac.

Solicito sua atenção para esses dois títulos das págs. 99 e 365; terão de ser mesmo em caixa baixa, a não ser que viesse a 2ª. linha em 12, <u>Mercedes</u>. Todo o título em caixa alta, ficaria horrível.

Os tomos da <u>Queda</u> foram mesmo sepultados: um deles – 134.018 – entrou para o 5º mês de convalescência na Brochura, onde jaz desde 24 de outubro de 1947.

Abrs. e recado de seu amigo

Câmara

2.3.48

É dessa época, também, o aparecimento do primeiro tomo prefaciado por José Câmara. Trata-se do tomo IV do volume XXV, dedicado aos trabalhos jurídicos.

PREFACIO

> *Fragmentários, como afinal quase tôda sua gigantesca produção intelectual, se excluirmos quatro ou cinco volumes, com individualidade própria e homogênea; dispersos e problemáticos na sua obtenção, os escritos jurídicos de Rui Barbosa constituem uma coletânea de tal modo esparsa e variada, que impossível seria conferir-lhes unidade orgânica sujeitando-os a um plano sistemático. Neste tomo esta peculiaridade se evidencia cabalmente.*

Figura V - Fragmento do prefácio escrito por José Câmara para o volume XXV, tomo IV, publicado em 1947, mas cuja autoria não lhe foi reconhecida.
Fonte: Fundação Casa de Rui Barbosa

No prefácio, José Câmara expõe aquela que será uma das características de todos os seus prefácios: o detalhamento das dificuldades para encontrar, para recompor, os textos ruianos relativos aos trabalhos jurídicos. De outra parte, ele explicita que uma das características marcantes da proposta editorial estabelecida, a de seguir rigorosamente, nos tomos, a ordem cronológica das matérias, nem sempre era a melhor saída para dar unidade à publicação:

> O critério cronológico, embora sendo o único realizável, na execução do programa de tão difícil solução, como complexo, quanto é a edição das **OBRAS COMPLETAS** de Rui Barbosa precisa ser aqui interpretado. Não seria prudente, por simples apego ao sentido literal da lei, cingirmo-nos à rigidez de seus preceitos, com sacrifício de normas de bom senso e da própria lógica. Muitas vezes, como é natural, feitos cíveis ou até mesmo penais, iniciados em determinado ano terão seu desfecho definitivo quatro a cinco anos depois. Não é raro, como tivemos exemplo no volume anterior, o XXIV, mormente na causa Veiga, Pinto & Cia., funcionar o autor em todas as instâncias, em todas as fases do processo, e em cada uma delas proferir defesas, sustentar teses, sem que se saiba qual mais valiosa, qual venha conceitualmente a preponderar, para assim firmar-se uma espécie de primado entre elas. Pareceu-nos mais recomendável, visando evitar a dispersão de matérias pertinentes

a um mesmo fim, tomar, como base para a publicação, a data de assinatura do último arrazoado, ou quando possível sua verificação, aquela em que foi tal trabalho impresso.[72]

No entanto, para o desconsolo de José Câmara, na impressão do tomo não lhe são reconhecidos os créditos de prefaciador, mas apenas da responsabilidade pela revisão e notas.

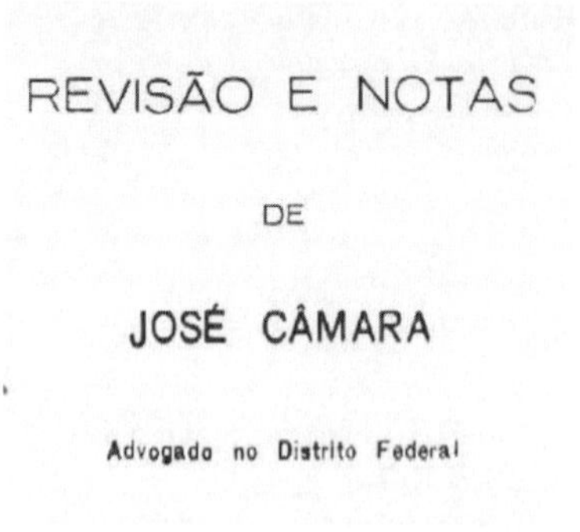

REVISÃO E NOTAS

DE

JOSÉ CÂMARA

Advogado no Distrito Federal

Figura VI - Folha de créditos à revisão e às notas de José Câmara ao volume XXV, tomo IV, publicado em 1948.
Fonte: Fundação Casa de Rui Barbosa

Assim, Câmara terá que esperar mais alguns meses até que, em outubro de 1948, saia o primeiro tomo em que seu nome figura como prefaciador das Obras Completas, trabalho ao qual ele vinha se dedicando havia cinco anos. Trata-se do tomo V do volume XXV das Obras Completas, relativo, também, aos trabalhos jurídicos de Rui Barbosa.

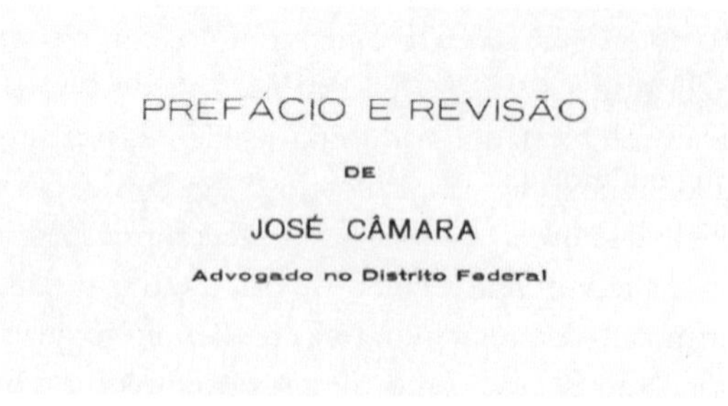

PREFÁCIO E REVISÃO

DE

JOSÉ CÂMARA

Advogado no Distrito Federal

Figura VII - Folha de créditos ao prefaciador e revisor do volume XXV, tomo V, publicado em 1948, o primeiro prefácio reconhecido a José Câmara.
Fonte: Fundação Casa de Rui Barbosa

---

[72] José Gomes Bezerra Câmara, Prefácio, Obras Completas de Rui Barbosa, v. XXV, t. IV, 1948, p. XIV-XIV.

Não encontramos correspondência de José Câmara para Lacombe escrita em 1949. No entanto, os tomos por ele preparados continuaram saindo regularmente, chegando a nove no final daquele ano.[73] E outros tantos já estavam preparados ou em preparação. Além disso, Câmara participava das festas do centenário de Rui Barbosa, dava entrevista, escrevia para jornal.

É somente no início de 1950, depois de uma fracassada tentativa de falar pessoalmente com Lacombe que José Câmara expõe ao diretor da Casa as razões de seu incômodo, silenciadas há tanto tempo:

> Rio, 25 de março de 1950.
>
> Caro Dr. LACOMBE,
>
> Não sendo possível falar-lhe pessoalmente, nem mesmo quando previamente combinado, como ocorreu na última quinta feira, e tratando-se exclusivamente de assuntos referentes a objeto de serviço, valho-me desta, que suprirá sem dúvida a ausência de nosso entendimento.
>
> Os volumes por mim organizados, e cuja remuneração ainda não foi promovida, perfazem o total de 11 (onze), que são os constantes da relação anexa.
>
> Na hipótese de não poderem ser pagos todos no corrente exercício, prefiro não receber nenhum. Vale dizer: tudo, ou nada. Pretendendo, como pretendo efetivamente, desde novembro do ano passado, desistir de minha colaboração, ressalvados os quatorze (14) volumes que se acham na I. N., e aos quais estou vinculado, é meu desejo ver liquidado tudo quanto antes. Isto, porque observo, que há muito vem convertendo-se minha atuação numa ajuda inoportuna, senão indesejada, sem ser de todo indesejável. Faço-lhe ciente, em virtude de não poder e nem dever mais continuar numa tarefa para a qual não disponho de habilitação.
>
> Terminando, quero declarar-lhe que, em absoluto, não posso me conformar com a série de emendas e alterações reiteradamente feita nos prefácios e notas de minha autoria, mormente nos vols. XXXIX, T. I e XXIV, T. II, sem qualquer anuência de minha parte, sem necessidade, e nem proveito de espécie alguma para o conjunto, prejudicando, ao contrário, a sistemática, o pensamento,

---

[73] Um em 1947; cinco em 1948; três em 1949.

além de ferir-me no que mais prezo na existência – a moral, o sentimento de dignidade. Se consideração não mereço, em virtude de não pertencer à casta dos medalhões nem possuir outros requisitos que não almejo, ao menos poderia ser levado em conta o respeito à personalidade de um indivíduo que faz questão de preservá-la mais do que a própria vida. Deixei claro isto mesmo, aliás, em 21 de outubro de 1947, e somente em face dos termos de sua carta de 22 seguinte, – certo de que não persistiria tal prática – decidi-me, com alguns arranhões na sensibilidade, a prosseguir na missão a mim confiada, mau grado o juízo formulado a meu respeito por alguns de seus amigos, qual o de faltarem-me credenciais – condição entre nós muito fácil de suprir-se com cabotinismo e o valimento.

Tendo o meu amigo de afastar-se brevemente desta capital, sugiro-lhe, no interesse do serviço, providenciar junto ao seu substituto o que for indispensável ao desempenho de minha tarefa, cuja ultimação independe de minha vontade. Isto, como é óbvio, se lhe convier, e não ferir melindres de quem quer que seja, pois de que faço questão, é de executar fielmente o que iniciei e de respeitar como coisa sagrada e inviolável a expressão do pensamento alheio.

Disponha de seu amigo

José Câmara

Eis, pois, o que incomodava há anos José Câmara, o mais assíduo e dos mais competentes colaboradores de Lacombe no projeto de edição das Obras Completas: a forma desrespeitosa com que era tratado pelo próprio organizador do projeto, Jacobina Lacombe, que intervinha de forma desnecessária e contraproducente em seus textos. Não deixa ele, também, de explicitar o seu sentimento de não pertencimento à "casta dos medalhões"[74] cujos nomes eram divulgados por Lacombe sempre que possível, como vimos.[75] Talvez sejam esses os dois motivos

---

[74] Em sua entrevista à *Tribuna do Advogado*, publicada em julho de 1988, José Câmara dá a entender que a sua dificuldade em conviver com o que chamava de "medalhões" o acompanhou durante toda sua vida. Ao relatar que havia sido reprovado no concurso de ingresso à Faculdade de Direito e, depois, na prova de ingresso à magistratura, ele afirma: "Agora, de uma coisa eu fiquei convicto: a maior desgraça do Brasil é o medalhão. Tenho horror ao medalhão e o maior problema de minha vida é não ter voz de barítono, nem estampa. Porque, no Brasil, pra vencer, é preciso voz de barítono e estampa. Não tendo estas duas coisas é muito difícil vencer. O Pedro Calmon me definiu bem: eu sou um falso caipira e nada mais..." (p. 12)

[75] Na dificuldade de Lacombe em sugerir correções a um texto de amigo e missivista comum a ele e José Câmara, o prof. Sant Tiago Dantas, os indícios do tratamento diferenciado dado aos "medalhões":

de desgosto indicados já em sua carta de 9 de novembro de 1946. Nessa posição de *outsider*, critica abertamente as formas de consagração mobilizadas e legitimadas pela intelectualidade, inclusive, pelo menos aparentemente, aquela que cercava o diretor da Casa.

Note-se, também, que José Câmara refere-se ao dia 21 de outubro de 1947 e à carta de Lacombe do dia seguinte, possivelmente em resposta à missiva de Câmara do mesmo dia, conforme vimos. Uma hipótese plausível para o que ocorreu nesse dia seria a de que Câmara tenha lido o tomo I do volume XVI das Obras Completas impresso no final do mês anterior e não tenha gostado das intervenções feitas em seu texto. Sabemos, agora, que, mesmo com a "sensibilidade arranhada", Câmara resolve continuar trabalhando no projeto depois da promessa de Lacombe de que o problema não persistiria.

A carta de José Câmara deve ter causado grande impacto e desconforto em Lacombe e ele resolve escrever, em 28 de março, uma resposta a José Câmara. Do teor dessa carta, ou pelo menos de parte dele, tomamos conhecimento pela réplica de José Câmara no dia 29

> Rio de Janeiro, 8 de dezembro de 1949.
> Exmo.Sr.
> Dr. Sant Tiago Dantas.
> Nesta
> Respeitosos cumprimentos.
> Em 5 de outubro de 1898, surgiu, nesta capital, o baluarte de Rui Barbosa, "A Imprensa", jornal esse que, por ter sempre honrado a integridade de seu nome glorioso, viu-se na contingência de parar a possante rotativa "Marinoni", em 10 de março de 1901, quando esgotadas as últimas bobinas de papel que lhes restavam.
> Das suas "cinzas", então, foi que apareceram o "Correio da Manhã".
> É de lamentar que o ilustre escritor, na sua admirável conferência sobre "Ruy Barbosa e o Código Civil", evidentemente por um lapso, tenha deixado de referir-se, na resenha dos fatos daquela época, a um dos grandes monumentos de então – "A Imprensa", de Ruy, cujas colunas estamparam os mais brilhantes artigos daquele que também foi um grande jornalista, profissão pela qual teve verdadeiro culto, sendo sua opinião, repetidas vezes expressada, que nada havia de mais comparável à "imprensa livre".
> Um leitor e admirador (a caneta)
> [Américo Jacobina Lacombe] (entre colchetes e a lápis)
> Acrescente-se a isto que José Câmara deveria ficar um pouco desconfortável em ver que nas contínuas referências de Lacombe aos nomes que davam sustentação ao projeto de edição das obras figuravam nomes que não estavam envolvidos, de fato, no projeto e/ou que estavam em grande atraso com a entrega de seus trabalhos. E, mais do que isto, dentre os nomes citados, jamais figurava o de José Câmara!

de março de 1950, a qual comenta alguns aspectos da missiva do organizador das Obras Completas.

Rio, 29 de março de 1950.

Meu caro Dr.Lacombe:

Recebi sua estimada carta de 28. Sabia, de antemão, que os termos da que lhe enderecei a 25 haviam de contrariá-lo. Não o desejava. Fui forçado pela conjuntura. Desde 1 de novembro de 1949 estava ela mentalmente redigida e esperei 145 dias, a refletir e meditar se me era lícito causar-lhe desgosto igual ao que tanto me atormentou e tem me atormentado. Não é de minha índole. Quase cinco meses esperei que os fatos viessem desfazer o mal-entendido. Debalde.

Saiba o meu amigo, antes de tudo, que era meu intuito, sincero, despretensioso e desinteressado, ajudá-lo a coligir até o último fragmento dos escritos pertencentes ao homem a quem mais admiro na história deste infelicitado país. Ajuda amiga e leal. Jamais fui movido por interesses materiais, secundários, afrontando com esse meu sentir a opinião de muitos com quem privo. O que visava era ver o seu pensamento divulgado para algum proveito dos que ainda estudam, e do que ainda resta desta desventurada e pobre nação. Se uma única vez manifestei uma preferência de ordem material – <u>tudo</u>, ou <u>nada</u> – foi induzido pelo desejo de não me ver no <u>final da fila</u>, sem jamais atingir a precedência, o lugar que o tempo e a continuidade nos conferem. Não o intimei, e Deus me defenda de tanto.

Sei que se decepcionou; antevi isto mesmo; que se contrariou seriamente. Eu também. A diferença que existe entre os estados de espírito de cada um de nós é que as amarguras pelo meu amigo experimentadas foram instantâneas. As minhas foram lentas e reiteradas, filtradas por um temperamento por demais sensível.

Ignora, por exemplo, meu amigo que na noite de 21 para 22 de outubro de 1947 não dormi um só instante. Por quê? Porque entendo que a desconsideração é tanto mais dolorosa quanto mais nos sentimos preás de alguém por laços espirituais, por afeição pura como tudo o que é verdadeiramente cristão. E não esperava que meus pobres escritos fossem submetidos a verdadeira depuração como foram, sem passarem pelo cadinho do debate franco, simultâneo, amistoso, do entendimento cordial. Os fatos que então até a saúde me abalaram, como recentemente, e que supunha não mais se reproduzirem, continuaram posteriormente, e só um profundo sentimento de renúncia me induziu a tolerar o dissabor de ver meus trabalhos voltarem das oficinas diferentes do estado em que os havia visto pela última vez. Só Deus sabe a profunda e dolorosa impressão vê-los assim, conformando-me, muitas vezes, para não retardar a execução de cada volume. Era como se me coagissem a engolir brasa viva, sem proferir um gemido sequer. Reputei tudo isso uma desconsideração. Nunca porque me supusesse infalível – Deus me livre e guarde de semelhante desgraça! – mas pela circunstância de não ser ouvido nem consultado. Ponha-se o meu prezado amigo no meu lugar, reflita, e verá que me assiste razão.

Não pense jamais que supus num dos tópicos de minha carta, em meu amigo, a triste sina de possuir amigos bajuladores e cabotinos. Nunca! Quando afirmei que "as credenciais entre nós podem facilmente suprir-se com cabotinismo e o valimento", referi-me ao Brasil, a este imenso paraíso da mediocracia, de meia-ciência, da semi-intelectualidade. Duvidará? Não o creio num homem de sua elevação intelectual e de grau de cultura de seu quilate. Uma lista encabeçada pelo Ataulfo faria qualquer um de nós ficar sofrendo da vista. É isto o que me revolta e me faz ter saudade de quando era analfabeto, porque ao menos, se assim ainda permanecesse, não teria a funesta desdita de ver uma qualquer Gazeta Judiciária, além de tantas outras mercadorias de semelhante gênero, mobilizando colunas de nossa imprensa, refletindo-se no parlamento, num como que opróbrio ao venerando nome de Rui, numa ostensiva demonstração do quanto pode o autoelogio, o mercantilismo. São estes os casos que levam à revolta e à indignação um sujeito que somente ao trabalho honesto e no estudo perseverante encontra lenitivo, e isto porque em momentos sagrados para a pátria, a civilização e a cultura, como o 5 de novembro de 1949, constituem-se os elementos do padrão a que aludo os maiores usufrutários de tudo quanto procuram construir os que se dedicam de coração a um empreendimento, com fervor e carinho.

São estas, meu caro amigo, as considerações de um homem cuja sensibilidade mal compreendida permite avaliar as contrariedades alheias pelas próprias, e somente quando por estas saturado se vê na contingência de ocasioná-las a outrem, ainda que atribulado e em conflito com a própria formação. Sei que o contrariei, sem desejar, mas tenho plena convicção de que suas contrariedades não foram superiores às que tanto me afligem nos últimos meses.

É o que lhe assegura, não tanto o colega e companheiro de trabalho, mas o amigo certo.

José Câmara

Parece que a explicitação, por Câmara, das causas dos seus incômodos e constrangimentos a Lacombe teve o efeito de resolver alguns dos conflitos e apaziguar as tensões. Tanto isso parece verdade que, poucos meses depois, em 7 de julho, Câmara escreve a Lacombe cumprimentando-o pelo aniversário, fazendo comentário sobre a política e informando-o variedades: sobre o andamento da impressão de diversos tomos; que acabou o papel vergé; que foi aberta licitação para compra; que a imprensa, assim que chegar o papel vai colocar cinco ou seis para rodar. E completa:

> No tocante ao andamento dos nossos trabalhos. Quando receber esta, já estarão prontos para impressão, isto é, com _imprimatur_, seis (6) volumes. Tenho ido 3 vezes, em média, por semana à Imp. Nacional. O diretor atual parece mesmo inclinado a causar uma falência aquiliana à velha Imprensa, se a tanto não for obstado.

Nos anos seguintes, José Câmara passará a assinar seus prefácios como juiz substituto no Distrito Federal (1955), juiz no Distrito Federal (1957) e juiz no estado da Guanabara (1962). E jamais o assunto voltará a fazer parte de suas cartas a Lacombe. A sua última contribuição publicada foi o prefácio do tomo III do volume XLII, relativo ainda a trabalhos jurídicos, em que ele assinava como desembargador do Tribunal de Justiça do Estado do Rio de Janeiro. Isso foi em 1999, dois anos antes de sua morte e 56 depois de ter iniciado a sua colaboração ao projeto de edição das Obras Completas de Rui Barbosa.

Creio que estamos diante de um típico caso em que há, da parte de Lacombe e, possivelmente, de seus iguais, uma integração subalterna, ou, poderíamos dizer, incompleta, de um sujeito advindo de outro meio sociocultural e que, pelo trabalho e estudo, como ele próprio dizia, havia conquistado tudo que tinha. Certamente José Câmara fez uso, de forma intensiva, das oportunidades que lhe foram criadas com a participação em projeto político-editorial de grande monta e no qual, não esqueçamos, entrou pelas portas dos fundos. Ou seja, a participação no projeto lhe transferiu importante capital político e intelectual, o qual ele mobilizou de forma intensa e inteligente.

No entanto, tudo poderia ter sido mais tranquilo, até 1950 pelo menos, se José Câmara aceitasse a posição subalterna que lhe foi atribuída. Altivamente e, consciente de sua posição estratégica no projeto político-editorial comandado por Lacombe, ele recusou, primeiro, o papel de simples revisor e anotador das obras e, posteriormente, o lugar de menor estatura intelectual que lhe tentaram impingir. Assume, em alguns casos e ao longo da vida, como pude notar em suas entrevistas nas décadas posteriores, o papel e o lugar de um verdadeiro *outsider* – sobretudo, pelo que parece, na magistratura –, e isso acaba tencionando os códigos sociais e intelectuais compartilhados por nossa *intelligentsia* naquele momento.

Mantendo Rui entre os vivos

Ao longo do período, como já dissemos, Lacombe busca ampliar o leque dos interessados pelo projeto de edição das obras de Rui Barbosa, ao mesmo tempo que mantém antigos aliados. Assim, em data não determinada, mas seguramente dos anos de 1940, Mário Casasanta, que, anos antes, havia intermediado a doação, pelo governo mineiro, de material timbrado para a Casa, escreve a Lacombe agradecendo o envio de um dos tomos e completa: "Você vai, com passos seguros, realizando uma notável obra de cultura; manténs o nosso Rui entre os nossos vivos. Afetuosamente, Seu. Mário Casasanta." Em 4 de outubro de 1946, é a vez de Vicente Charmont Miranda, em papel timbrado do Instituto do Açúcar e do Álcool, dizer-se "grato pela remessa do volume 17 das Obras Completas de Rui". No final de 1947, é a vez de Murillo (?),[76] destacado para trabalho no Quarto Distrito Naval de Belém, escrever ao diretor da Casa:

> Belém, 27 de Nov. 47
>
> Meu caro amigo Dr. Lacombe:
>
> Peço que me desculpe a enorme falta em que estou em não lhe enviar notícias minhas e do andamento dos trabalhos. Cheguei bem e já estou engrenado com a intelectualidade paraense...
>
> [...]
>
> Estranhei que a Biblioteca e o Arquivo do Pará não recebessem os volumes das Obras Completas de Rui e talvez uma palavrinha sua no Instituto Nacional do Livro fosse providencial, é uma biblioteca

---

[76] Apesar de termos procurado, não conseguimos saber o sobrenome dessa pessoa.

estadual e acho que merece alguma atenção das autoridades da capital. Fui convidado para fazer uma conferência na Academia Paraense de Letras e já escolhi o tema: "A vida literária de Rui Barbosa no exílio". Que tal?

[...]

Murillo

Em março de 1948, denotando o acerto do diretor na escolha das pessoas que, como queria Casasanta, estavam ajudando a dar continuidade ao diálogo entre os vivos a propósito de um morto, Walter Alexandre de Azevedo congratula-se com Lacombe e seus auxiliares pela publicação das *Cartas da Inglaterra*, dizendo:

> Realmente tal publicação das obras de Rui Barbosa é um título de glória para essa admirável instituição sobre a competente direção do seu atual chefe, coadjuvado condignamente por auxiliares da mesma, não olvidando, no caso das "Cartas da Inglaterra", o luminoso prefácio de Da. Lúcia Miguel Pereira, a primeira dama intelectual do Brasil.

Apesar de seu mais destacado membro, Antônio Batista Pereira, ter se recusado, por algum motivo, a escrever prefácio para algum tomo das Obras Completas e, ao que parece, ter mesmo recusado a emprestar materiais necessários para produção de outros,[77] a família Barbosa não ficava de fora dos "mimos" do diretor da casa, não deixando, também, de exercer certa vigilância sobre as obras publicadas.

> Rio, 25 de março de 1945
>
> Meu caro Lacombe:
>
> Muito obrigado pela fidelidade. Recebi o vol. VIII – 1880 – tomo I – dos Discursos Parlamentares de Ruy Barbosa.
>
> Fiquei encantado! A impressão é magnífica. A organização do volume é a melhor que se poderia desejar. Bons índices. Excelentes resumos a entrada em cena. Bom estudo do nosso querido Fernando Néri. E você, Lacombe, que se percebe em cada folha, em

---

[77] Em 1947 quando estava pesquisando material para a publicação do tomo I do volume I das Obras Completas, Antônio Gontijo escrevia constantemente a Lacombe, como veremos, dizendo da dificuldade de reunir o material de autoria de Rui em seus primeiros anos de vida pública, alguns ainda enquanto estudante. Numa destas cartas, escrita em 11 de julho daquele ano, ele diz a Lacombe: "Quanto às poesias que se acham com o Batista Pereira é melhor desistir de obtê-las."

cada página, em tudo que está <u>arrumado</u> nesse belo volume. Você ainda, meu caro amigo, espelhou na documentação do apêndice, naquelas reprovações do [ilegível] conselheiro [ilegível], tão útil e tão necessário. Com isso também o livro parece que fica mais vivo... Bravos! Parabéns muito sinceros. [...]

Em 6 de junho de 1947, ao agradecer o envio de mais um exemplar das Obras Completas, Mário Lima Barbosa aproveita para retomar uma tópica muito cara aos círculos ruianos daquele período: a de que, muito mais do que uma estátua de pedra, a Rui interessaria um outro tipo de monumento – a publicação de suas obras –, pois estas, ao contrário daquela, muda e sem vida, são "estátuas que falam".

> Estou encantado com a impressão, com o papel, com o formato, com a revisão cuidadosa, com essas notas, tão a propósito, que precedem cada um dos discursos. Tudo revela o carinho, o cuidado extremo, que vocês aí põem na construção desse monumento, que é como a estátua feita de palavras e de frases eloquentes; a estátua que fala, a estátua que nos faz vibrar de entusiasmo, a estátua que nos embala os pensamentos de poesia, a estátua que nos ensina a amar o direito e querer a liberdade. A estátua eterna do gênio de Ruy Barbosa.
> [...]
> Diga aí dentro dessa casa, que hoje é como um templo do Brasil [...]"

Com a aproximação do centenário do nascimento de Rui Barbosa, Mário de Lima Barbosa sugere que, acompanhando o que se fez a respeito do centenário de Joaquim Nabuco para o qual a Câmara, acatando proposta de Gilberto Freire, aprovara um orçamento de 150.000 cruzeiros, se instituísse um "prêmio de ensaios sobre a vida e a obra de Ruy". Afirmava, também, que "poderia ser dada à Academia Brasileira a incumbência de julgar e conferir os prêmios", que seriam os seguintes:

> 1º Prêmio: Dr. João José Barbosa de Oliveira [pai de Rui Barbosa]
>
> 2º Prêmio: D. Maria Adélia Barbosa de Oliveira [mãe de Rui Barbosa]
>
> 3º Prêmio: D. Maria Augusta Barbosa de Oliveira [esposa de Rui Barbosa]

Sugere, ainda, que as instituições em que Rui Barbosa era membro sejam comunicadas do centenário e que as obras de Rui sejam enviadas para diversas bibliotecas do exterior (Paris, Lisboa...). Finalmente, em 4 de junho de 1949, agradece o envio de obras e diz que respondeu a Lacombe, em 25 de junho, com sugestões de temas para "uma antologia popular" de Rui Barbosa. Diz, também, que não sabia bem o que seria esse "popular" referido pelo diretor. Em suas sugestões, tomou "popular" como sendo atual e diz que se as indicações não forem boas, ou se o sentido de "popular" for outro, ele indicaria outros temas.

Percebe-se, pois, que a família de Rui Barbosa, mas não apenas ela, acompanhava os passos da edição de sua obra e as atividades que se desenrolavam na Casa. Para a manutenção desse interesse contribuíam não apenas os laços afetivos e familiares com a instituição, mas também a constante ação de seu diretor para manter um número significativo de pessoas informadas sobre o que lá se fazia e se produzia, criando, também, disposições culturais, políticas e afetivas de apoio aos projetos em curso.

Como vimos, tais disposições serão mobilizadas por Lacombe em várias direções. Uma das mais importantes foi, sem dúvida, para o engajamento de intelectuais, políticos e literatos na produção dos prefácios aos tomos das Obras Completas. É dos resultados desse engajamento, quais sejam, os prefácios, que trataremos no próximo capítulo.

Os prefácios: retórica, política e mediação cultural

Prefácios: disciplina e criação do comentarista

Conforme já salientamos anteriormente, dentro do projeto político-editorial de publicação das Obras Completas, os prefácios constituem peças-chave. Sinteticamente, segundo Lacombe, a sua função seria a de situar o público leitor nas circunstâncias em que tal "obra" foi produzida e, também, naquelas que presidiram a organização e publicação do tomo. O prefácio asseguraria, também, a "segurança e o critério científico da revisão". Assim, dizia ele, antes mesmo de sair o primeiro tomo:

> A fim de que o público possa ser informado das circunstâncias especiais da feitura e do aparecimento de cada produção, bem como para dar à revisão caráter de segurança e critério científico, cada volume ficará a cargo de um especialista. Este estabelece contexto (sempre que possível pelo original), revê as provas e redige um pequeno prefácio crítico bibliográfico.[1]

Em outra ocasião, ao tratar do mesmo assunto, o diretor reitera o que já havia dito e amplia as funções do prefácio em "cada tomo, ou série de tomos", dizendo que

> [...] cada tomo, ou série de tomos, quando a matéria for conexa, fica entregue a um especialista, responsável pela pesquisa do material e autenticidade do texto. Deverá haver também, quando for julgado

---

[1] Casa de Rui Barbosa, *Relatório do ano de 1940*, p. 4.

necessário, um prefácio de caráter o mais possível objetivo e que se destina a orientar o leitor com relação à importância da obra, às condições em que foi elaborada, indicações bibliográficas etc.[2]

O prefácio constitui um gênero discursivo de larga tradição tanto no campo acadêmico-científico quanto literário e tem como principais funções apresentar e descrever a obra, demonstrar a autoridade do autor da obra prefaciada em determinado campo e concluir chamando a atenção para a contribuição do livro para leitores mais ou menos determinados.[3]

Segundo Manuel Edison de Oliveira, para que o prefácio cumpra suas funções de apresentar e comentar a obra, acaba por realizar movimentos retóricos que podem ser de definição do tópico central abordado no livro, estabelecimento do campo de estudo, indicação dos objetivos do livro, avaliação do autor, avaliação da obra, alusão/citação, descrição do conteúdo, indicação de leitores potenciais, avaliação final e convite à leitura.[4]

Ainda segundo o autor,

> [...] o gênero prefácio se caracteriza por diversos movimentos retóricos, mas destacamos, por um lado, que a ocorrência simultânea de tais movimentos não é obrigatória, uma vez que a estabilidade do gênero é "relativa"; por outro lado, esses gêneros, às vezes, apresentam variações formais das quais emergem estratégias retóricas diversificadas com vistas a atender diferentes demandas que se associam às práticas sociais implicadas tanto pela produção quanto pelo uso e recepção do gênero.[5]

No caso dos tomos ou conjuntos de tomos das Obras Completas de Rui Barbosa, os prefácios, no seu conjunto, cumprem as funções e assumem os movimentos retóricos identificados. No entanto, eles são muito diferentes entre si, tanto pelo tamanho e abrangência quanto

---

[2] Lacombe, A publicação das Obras Completas de Ruy Barbosa, p. 189.

[3] Manuel Edison de Oliveira, *A constituição do gênero prefácio no universo acadêmico*, tese (doutorado em Língua Portuguesa), Pontifícia Universidade Católica de São Paulo, São Paulo, 2009; Benedito Gomes Bezerra, *Gêneros introdutórios em livros acadêmicos*, tese (doutorado em Letras), Universidade Federal de Pernambuco, Recife, 2006.

[4] Oliveira, *A constituição do gênero prefácio no universo acadêmico*, p. 118.

[5] *Ibidem*, p. 122.

pelos movimentos retóricos desenvolvidos por cada autor em seu texto. Assim, eles podem ser grandes, chegando a ter quase 100 páginas, como é o caso do prefácio de Oscar Bormann para os relatórios do ministro da Fazenda, ou podem ser muito sucintos, como eram, via de regra, todos aqueles escritos por José Câmara para os tomos relativos aos trabalhos jurídicos.

Falar do *movimento retórico do prefácio*, no entanto, é apenas uma das maneiras de se aproximar do texto que resulta do trabalho dos colaboradores. Outra abordagem é, por exemplo, falar nos prefácios como em um *comentário*, ou seja, num dos muitos "procedimentos de controle e delimitação do discurso".[6] Segundo Michel Foucault,

> [...] há muito regularmente nas sociedades uma espécie de desnivelamento entre os discursos: os discursos que "se dizem" no correr dos dias e das trocas, e que passam com o ato mesmo que os pronunciou; e os discursos que estão na origem de um certo número de atos novos de fala que os retomam, os transformam ou falam deles, ou seja, os discursos que, indefinidamente, para além de sua formulação, *são ditos*, permanecem ditos e estão ainda por dizer.[7]

No entanto, segundo o autor, não há estabilidade nessas posições anunciadas, pois "não há, de um lado, a categoria dada uma vez por todas, dos discursos fundamentais ou criadores; e, de outro, a massa daqueles que repetem, glosam e comentam. Muitos textos maiores se confundem e desaparecem e, por vezes, comentários vêm tomar o primeiro lugar."[8]

A instabilidade das posições não subverte, no entanto, a função que regula a relação entre os discursos, pois "o desaparecimento radical desse desnivelamento não pode nunca ser senão um jogo, utopia ou angústia". Jogo, afirma Foucault, "à moda de Borges, de um comentário que não será outra coisa senão a reaparição, palavra por palavra (mas desta vez solene esperada), daquilo que ele comenta".[9]

Por fim, o texto de M. Foucault acerca do comentário pode nos ajudar a entender o prefácio quando afirma que

---

[6] Michel Foucault, *A ordem do discurso*, Rio de Janeiro, Loyola, 1996, p. 21.
[7] *Ibidem*, p. 22.
[8] *Ibidem*, p. 23.
[9] *Ibidem*.

> [...] o desnível entre texto primeiro e texto segundo desempenha dois papéis que são solidários. Por um lado permite construir (e indefinidamente) novos discursos: o fato de o texto primeiro pairar acima, sua permanência, seu estatuto de discurso sempre reatualizável, o sentido múltiplo ou oculto de que passa por ser detentor, a reticência e riqueza essenciais que lhe atribuímos, tudo isso funda uma possibilidade aberta de falar. Mas, por outro lado, o comentário não tem outro papel, sejam quais forem as técnicas empregadas, senão o de dizer *enfim* o que estava articulado silenciosamente no *texto primeiro*.[10]

Assim, os textos de Rui Barbosa podem ser entendidos, aqui, como um discurso primeiro sobre o qual os prefaciadores, como comentadores que são, trabalham para *fazer falar* o que nele estava inscrito ou oculto, atribuindo-lhe uma riqueza e atualizando seus múltiplos sentidos.

No entanto, parece-me que, na análise dos prefácios, podemos, também, acionar uma outra forma de compreendê-los. Se, por um lado, os prefácios aos textos de Rui Barbosa estão sujeitos às regras do comentário, por outro lado, podemos também pensar que eles resultam de práticas de leitura e escrita que, continuamente, não apenas buscam decifrar o *texto primeiro*, mas também que produzem, sem cessar, novos sentidos para eles.

Assim, inspirados por Michel de Certeau[11] e por Roger Chartier,[12] podemos analisar os prefácios não apenas como *repetição* mas também como *criação* em relação ao texto comentado. Não é por acaso que R. Chartier, ele também, nunca é demais lembrar, leitor de M. Foucault, tem reiteradamente repetido que uma história cultural da leitura deve considerar que "a leitura é uma prática criadora, atividade produtora de sentidos singulares, de significações de modo nenhum redutíveis às intenções dos autores de textos ou fazedores de livros: ela é uma 'caça furtiva', no dizer de Michel de Certeau".[13] Daí, também, a ambivalência da posição do comentador: ele é o leitor que busca extrair ou construir sentidos do texto comentado e, ao mesmo tempo, o escritor que busca

---

[10] *Ibidem*, p. 24-25.

[11] Michel de Certeau, *A invenção do cotidiano*, Petrópolis, Vozes, 1994.

[12] Roger Chartier, *A história cultural*, Rio de Janeiro, Difel, 1990.

[13] *Ibidem*, p. 123.

disciplinar as interpretações possíveis a respeito do texto comentado. Ou seja, também o comentário pode ser objeto de uma história das apropriações, tal como propõem os dois autores indicados, que vem sendo realizada por inúmeros pesquisadores brasileiros. A esse respeito, afirma, ainda, R. Chartier:

> Daí a seleção de dois modelos de compreensão para explicar os textos, os livros e as leituras. O primeiro põe em contraste disciplina e invenção, considerando estas duas categorias não como antagônicas, mas como sendo geridas a par. Todo o dispositivo que visa criar controle e condicionamento segrega sempre táticas que o domesticam ou subvertem; contrariamente, não há produção cultural que não empregue materiais impostos pela tradição, pela autoridade ou pelo mercado e que não esteja submetida às vigilâncias e às censuras de quem tem o poder sobre a palavra ou os gestos.[14]

No entanto, nada disso pode fazer esquecer que, dentro do projeto político-editorial das Obras Completas de Rui Barbosa, os prefaciadores e revisores eram *leitores/escritores* que trabalhavam muito. Preparar o prefácio, realizar a revisão e antepor, quando necessário, notas de esclarecimento nem sempre era uma tarefa fácil. Para preparar um tomo, como veremos, era preciso, às vezes, empreender um árduo trabalho de pesquisa. E tal esforço nem sempre era recompensado com a localização do material necessário para compor o tomo em preparação. Assim, tendo acompanhado a preparação dos primeiros tomos das Obras Completas, quando publicou o texto no *Anuário Brasileiro de Literatura*, Lacombe aproveita para responder àqueles que criticavam a demora no aparecimento dos tomos, pois pensavam, segundo o diretor, que essa é "questão somente de tirar os livros da estante e mandar para a tipografia". Esses, no entanto, estão longe de "compreender o que representa o nosso esforço silencioso", afirmava o diretor. Isso porque:

> Nos catálogos já existentes da obra de Rui (de Mário de Lima Barbosa, Batista Pereira e Fernando Néri) figuram várias peças inteiramente inexistentes em qualquer biblioteca pública e muitas particulares a que temos recorrido. No volume relativo aos trabalhos parlamentares de 1884, por exemplo, já pronto, e prestes a sair, como dissemos,

---

[14] *Ibidem*, p. 137.

figura uma exposição ao Imperador sobre a dissolução da Câmara dos Deputados. Esta exposição é dada nos catálogos como impressa na Imprensa Nacional, naquele ano, em avulso. Não encontramos sinal daquela publicação em qualquer biblioteca. Tivemos de recorrer à gentileza do diretor do Arquivo Nacional, Dr. Vilhena de Morais, que nos obteve cópias autênticas e fotostáticas do próprio livro de atas do Conselho de Estado, perante o qual foi lida, pelo conselheiro Dantas, a dita exposição. E assim podemos completar o nosso volume com uma peça praticamente desconhecida.[15]

Assim, como se pode notar, a busca pelo documento inédito ou, mesmo, por aqueles já publicados era, às vezes, um trabalho que, como veremos, envolvia não apenas os prefaciadores e o próprio diretor da Casa, mas também uma ampla rede de contatos estabelecidos por eles com colecionadores particulares, com funcionários de arquivos os mais diversos e, muitas vezes, com ruistas de todo o Brasil.

Realizada a pesquisa, estabelecidos os textos que comporiam o tomo, vinha, então, um longo trabalho de revisão dos textos, antecedido, é claro, muitas vezes, da produção de cópia datilografada dos manuscritos. Vale a pena, a título de exemplo, retomar aqui o drama[16] enfrentado por Luiz Camillo de Oliveira Netto quando tentou fazer a revisão dos tomos relativos às reformas do ensino.

> Estou revendo as provas do parecer sobre o ensino primário, do Rui, e você não pode avaliar a extrema dificuldade de que a tarefa se reveste dadas as condições de verdadeiro caos ortográfico que vivemos. Não posso respeitar a ortografia do original onde se lê: cattegoria – categoria, fiscalisar, civilisar, neutralisar, e ao mesmo tempo fiscalizar, civilizar, neutralizar etc., hontem e ontem, publico, publíco e público, systema e sistema, e centenas de exemplos semelhantes. Não posso, por outro lado, basear-me na edição afamada da *Queda do império*, de 1921, onde embora em menor número, persiste a mesma diversificação: hontem e ontem; throno e trono; thesoiro e tesoiro, mytho e mito e assim por diante.

---

[15] Lacombe, A publicação das Obras Completas de Ruy Barbosa, p. 189-191.

[16] Como se sabe, somente uma parte dos textos publicados nas Obras Completas de Rui Barbosa, cuja quantidade é de difícil precisão, estava manuscrita. Apesar disso, como veremos, em muitos dos casos as dificuldades no estabelecimento do texto para a publicação se assemelham àquelas estudadas pela crítica genética. A esse respeito, ver, por exemplo, Louis Hay, *Literatura dos escritores*: questões de crítica genética, Belo Horizonte, Editora UFMG, 2007.

Tentei fazer um formulário e umas tantas regras gerais, porém as exceções são quase tão numerosas quanto os exemplos e fico sem saber o que é regra geral e o que não é./ Com isto, passam-se os dias e permaneço horas e horas diante da mesma, retomando sempre o trabalho que ainda se prolonga, em casa, até altas horas. Cheguei à conclusão de que, ou se mantêm os originais, tais quais se encontram, em reedição diplomática ou são uniformizados em ortografia sistematizada como a do acordo, pois qualquer outra tentativa de regularização será, necessariamente, cheia e incorreções e deslizes imperdoáveis./ Enfim, como já estou me considerando um predestinado em aceitar, ou ser obrigado a aceitar, função de carreador de água em balaio, vou me conformando com a sorte.[17]

Esse árduo trabalho de Luiz Camillo de Oliveira Netto na preparação dos tomos relativos às reformas de ensino, depois descartados por Capanema por inadequação ao projeto editorial das Obras Completas, era, sem dúvida, um drama bem conhecido por Lacombe. A ele, somavam-se, paulatinamente, os problemas de revisão encontrados nos primeiros tomos publicados. Por isso, tornava-se necessário estabelecer certa política de revisão. É disso que trataremos no próximo tópico.

Estabelecendo os procedimentos de revisão

Trabalhando com um grupo heterogêneo de pessoas, as quais mantinham vínculos muito diferenciados com a Casa e com a edição das Obras Completas, Lacombe se viu, muitas vezes, tendo que enfrentar problemas relativos à padronização dos procedimentos de revisão e, mesmo, de prefaciação. E, conforme vimos no capítulo anterior, desde o início do projeto foram estabelecidos alguns critérios para a padronização dos prefácios e das revisões, os quais eram enviados aos prefaciadores convidados. A tais critérios se refere Milton Campos em carta a Lacombe em 1944. Infelizmente, ao longo da pesquisa não encontramos nenhum documento com tais critérios.

Por outro lado, sabemos também que, no final de 1948, o diretor solicita ao ministro da Educação a autorização para contratar um consultor filológico e revisores técnicos especializados. Para fundamentar

---

[17] Carta de Luiz Camillo, no início de 1937, a Mário de Andrade, em Maria Luiza Penna, *Luiz Camillo*: perfil intelectual, p. 451.

a sua solicitação, o diretor elabora o mais detalhado documento sobre os procedimentos adotados para o estabelecimento final do texto da edição. Trata-se de um documento manuscrito, de 6 páginas, organizado em 15 itens, dos quais os 3 últimos já foram apresentados anteriormente. Nos primeiros 4 pontos do documento, o diretor reitera informações que já estavam disponíveis em outros documentos, quais sejam: 1) se trata de "observações a respeito da publicação das <u>Obras Completas de Rui Barbosa</u>, principal encargo desta instituição"; 2) que, de acordo com o decreto de 1941, adotou-se o procedimento de convidar um especialista para prefaciar os tomos ou uma série de tomos, "incumbindo-lhe não só a escolha definitiva dos textos, como ainda a revisão, anotação e eventual prefaciação"; 3) que foi constituída uma comissão organizadora da publicação e que a "dita comissão escolheu vários organizadores de volumes, em diversas reuniões, aprovou algumas normas para a padronização dos volumes [originalmente aparecia aqui 'volume', a caneta; foi riscado e escrito 'tomos' que, por sua vez, foi riscado e escrito, de novo, 'volumes'] da publicação, baseando-se no tomo [originalmente, 'volume', riscado] aparecido antes de sua constituição (tomo I do vol. IX), e aprovou, finalmente, as instruções para uso dos organizadores dos volumes constantes do anexo n. I"; 4) que "cada prefaciador recebe Cr$3.000,00 por tomo organizado".[18]

Em seguida, o diretor da Casa começa a expor os aspectos que realmente o preocupavam. Em primeiro lugar, afirma que "a falta de material padronizado tem retardado extraordinariamente o ritmo desta publicação", mas que a demora permitiu, porém, "a verificação de certos defeitos na atual organização que devem ser evitados porque serão certamente agravados com a intensificação que deve ser dada aos trabalhos com as recentes ordens providenciais determinadas pelo Exmo. Senhor ministro da Justiça à Imprensa Nacional". Disso resultava, segundo Lacombe, "a necessidade de uniformização da revisão" e que, no entanto, "esta questão é bem mais complexa do que parece à primeira vista", apresentando, pois, "diferentes aspectos que merecem ser considerados separadamente".[19]

---

[18] Casa de Rui Barbosa, Documento enviado por Jacobina Lacombe ao Ministério da Educação, [s.d.].

[19] *Ibidem*, itens 5 e 6.

Ao tratar de cada aspecto separadamente, Lacombe nos coloca a par dos procedimentos que vinham sendo adotados e/ou que precisavam sê-lo para levar à frente a edição das Obras Completas. Vale a pena acompanhar cada um deles. Primeiramente, trata da apresentação gráfica dos volumes:

> 7. Trata-se primeiro de uniformizar a apresentação gráfica dos volumes: Títulos, subtítulos, notas marginais, prefácios, notas liminares etc., devem apresentar uniformidade de tipos. Além disso, algumas normas já recomendadas pela comissão precisam ser rigorosamente observadas, como, por exemplo, a utilização do versalete para indicação de autores, nas indicações bibliográficas, do itálico para o título das obras, que nunca deverão figurar entre aspas.
>
> Essas normas foram seguidas pelo autor nas obras por ele revistas pessoalmente. Devem, pois, ser generalizadas às demais. [original riscado: Estas devem se [ilegível] se aplicadas somente nos trechos citados ou nos títulos de artigos de revistas, porque, nestes casos, o nome da revista é que deverá vir em itálico.][20]

Em seguida, o diretor informa sobre os problemas e o trabalho decorrentes da necessidade de uniformizar a grafia, sejam esses devidos às dificuldades de padronização segundo as normas oficiais, sejam oriundos da própria escrita de Rui Barbosa:

> 8. Trata-se, em seguida, de uniformizar a grafia. A lei determinou a adoção da grafia oficial, medida essa aprovada por todos os filólogos consultados. Isto porque toda a obra parlamentar e jornalística de Rui Barbosa (é a sua maior parte) aparece na ortografia não do autor, mas de revisores ignorantes dos quais ele próprio se queixava muitas vezes. As contradições e incongruências pululam nessas páginas. Adotar um sistema uniforme seria ainda mais aleatório do que seguir o sistema oficial. Acresce que o próprio Rui não seguiu durante muito tempo um sistema rigoroso, não dando muita atenção ao problema que só mais tarde o preocupou. E exatamente nos últimos trabalhos por ele revistos (como a <u>Queda do Império</u>, cujas provas nos foram oferecidas pelo dr. Fernando Néri) encaminhou-se para a simplificação portuguesa, da qual adotou muitas normas.[21]

---

[20] *Ibidem.*

[21] *Ibidem.*

Decorre daí que não se trata apenas de uma questão vocabular, pois afirma o diretor:

> 9. A simples aplicação do vocabulário oficial não resolve, porém, todas as dúvidas que ocorrem na revisão. É frequente deparar-se nos trabalhos, especialmente nos de cunho literário, com variantes gráficas ou prosódicas de palavras que precisam ser mantidas. É necessário, pois, em cada caso saber se se trata de um erro tipográfico ou um lapso, de uma grafia antiga que deva ser simplificada, ou de uma variante, de um arcaísmo ou um neologismo que precisa ser mantido ou quiçá anotado.
>
> Assim, na revisão da <u>Reforma do ensino secundário e superior</u>, deparamos com vários termos (como prossector e aqueiurgia) que não se encontram nos dicionários da língua e que pareceram, mesmo a entendidos, erros tipográficos. Mais tarde viemos a verificar que se tratava de termos novos adotados [riscado: introduzidos] pelo autor, cujas formas inglesas e francesas encontram-se em Webster e em Sitté (<u>Dic. de Term. Méd.</u>). Em vários outros trabalhos temos topado com situações semelhantes.[22]

Assim, para que a edição apresente menos problemas de correção linguística e, por outro lado, possa respeitar o estilo e, mesmo, o processo de criação do autor Rui Barbosa, é necessário contar com o concurso de especialistas para ajudar no trabalho de revisão.

> 10. Impõe-se assim a necessidade de um consultor permanente em assuntos filológicos incumbido de resolver as dúvidas acrescidas na revisão com referência ao emprego de termos não dicionarizados, bem como de construções sintáticas que constituem propositados empregos de formas antigas e não lapsos ou enganos tipográficos como parecem à primeira vista. A deformação de textos de Rui Barbosa em edições particulares já constitui mesmo objeto de estudos especiais muito curiosos. O trabalho de tal consultor seria remunerado e declarado expressamente em cada volume a fim de haver um responsável pelas correções, visto que o encarregado do volume pode não ser especialista em linguagem e simplesmente no assunto principal do trabalho. A bem da uniformização da obra, todos os volumes seriam submetidos ao exame de tal assessor filológico.[23]

---

[22] *Ibidem.*

[23] *Ibidem.*

Mas o problema apresentado não se restringe ao estabelecimento dos textos a serem enviados para a Imprensa Nacional para composição e edição. Trata-se, também, e, às vezes, sobretudo, de garantir a fidedignidade do texto composto com os originais enviados, ou seja, de revisão das provas tipográficas:

> 11. Além de tal revisão prévia, pois anterior à remessa à tipografia, cumpre que as provas tipográficas sejam submetidas, por sua vez, ao estudo da Casa. A tendência natural dos revisores é reduzir à forma ordinária as palavras que aparecem com alguma variante. Assim, pr. ex. se aparece a forma <u>escondrejo</u>, não mencionada nos diversos dicionários, é quase certo que a revisão alterará para <u>esconderijo</u>. A <u>Casa de Rui Barbosa</u> guarda em seus arquivos alguns exemplares de provas tipográficas em que a revisão, aliás, cuidadosa, feita por meio de revisores comuns, ousou cometer, a pretexto de uniformização ortográfica, alterações substanciais no texto.[24]

A revisão das provas tipográficas, como se viu, não era um trabalho que podia ser realizado por qualquer pessoa e, por outro lado, não era razoável que cada tomo fosse revisto por uma pessoa diferente, como vinha sendo feito, pois isso dificultava a padronização requerida. Segundo o diretor, torna-se "necessário, portanto, que a revisão tipográfica seja presidida por um técnico da Casa de Rui Barbosa, que deverá ser encarregado permanentemente deste serviço a fim de manter uniformidade nos textos".[25]

Em busca da obra perdida: percalços e percursos

Como se pode imaginar, mobilizar as pessoas para levar à frente o projeto nem sempre era fácil, sobretudo em se tratando de importantes políticos e intelectuais. Com eles, Lacombe gastava um bom tempo de contato e correspondência e, nem sempre, a sua expectativa era correspondida. A análise das correspondências enviadas por esses colaboradores a Jacobina Lacombe nos ajuda a entender a dinâmica do trabalho de preparação e edição das Obras Completas, bem como ter conhecimentos dos instrumentos mobilizados pela Comissão

---

[24] *Ibidem*.

[25] *Ibidem*, item 12.

Organizadora para disciplinar o trabalho dos vários convidados, dando a eles certa unidade. Veja-se, por exemplo, o caso de Milton Campos.

Convidado em 1944 para elaborar o prefácio do tomo Questão Minas-Werneck, que seria de responsabilidade, inicialmente, de Rodrigo de Melo Franco Andrade, Milton Campos, então se dedicando à advocacia, escreve ao diretor da Casa em 7 de outubro de 1944 acusando o recebimento do material enviado por este, entre eles "sua orientação geral aos prefaciadores".[26]

> Prezado amigo
>
> Dr. Américo Lacombe
>
> Saudações cordiais.
>
> Estou em atraso no corresponder às suas atenções. O meu primeiro dever retardado é o de agradecer-lhe a remessa do recordo do "Jornal de Comércio" com um trabalho sobre o pleito Minas Werneck, o qual sem dúvida me será de grande utilidade para o prefácio a meu cargo.
>
> Ontem recebi os dois volumes que teve a gentileza de me ofertar, um catálogo da biblioteca de Ruy e outro que contém discursos de Ruy à Câmara dos Deputados do Império.
>
> Hoje vieram-me sua carta de 4 corrente e sua entrevista sobre organização e publicação das Obras Completas de Ruy Barbosa, além de sua orientação geral aos prefaciadores.
>
> Por tudo isso mando-lhe meus agradecimentos.
>
> Muito me tranquilizaram sua aprovação ao meu plano, que lhe fora comunicado pelo nosso amigo Dr. Rodrigo M.F. de Andrade, e com prazer verifiquei a coincidência desse plano com suas recomendações.
>
> Relativamente à ocasião de entrega do meu trabalho, pedir-lhe-ia que me dissesse até quando o espera, segundo as necessidades de seu programa. O hábito forense de trabalhar dentro de prazos prefixados me leva a essa consulta, e por outro lado acredito que me permitirá, sem sacrifício das absorventes atividades profissionais, ir me esforçando para não incorrer em impontualidade. Apenas como compreendo as responsabilidades da honrosa incumbência pedir-lhe-ia que o prazo a mim concedido não fosse muito curto.

---

[26] Não encontramos, na Casa de Rui Barbosa, nenhuma cópia ou rascunho de tais orientações. A busca em alguns arquivos particulares de prefaciadores também se mostrou infrutífera a esse respeito.

Reiterando as expressões de meu agradecimento subscrevo-me
Atenciosamente, admor e amo obdo.

Milton Campos

Apesar do aparente envolvimento de Milton Campos com o projeto, outras tarefas tomaram seu tempo, o que faz com que, em 15 de novembro de 1945, ele escreva a Lacombe dizendo:

> Ilustre Amo. Dr. Américo Lacombe
>
> Saudações atenciosas:
>
> Estive no Rio nos últimos dias deste mês e não pude procurá-lo, como era meu propósito. Em nosso encontro combinaríamos a data aproximada da entrega do meu trabalho e eu lhe explicaria as razões de minha involuntária impontualidade.
>
> [...]
>
> [Milton Campos]

Anos depois, em maio de 1953, Milton Campos afirma, em carta, que voltará a trabalhar no volume Minas-Werneck. Mas o livro somente será publicado em 1980, com o prefácio de Luiz Gonzaga do Nascimento e Silva.

Mas o problema do atraso, de um modo geral, era causado pela pesquisa nem sempre fácil de ser realizada, como foi o caso do prefácio ao tomo relativo ao primeiro volume, que reuniria os primeiros trabalhos de Rui Barbosa. Nesse caso, como em outros, à pesquisa para encontrar as "obras" juntava-se a necessidade de uma criteriosa revisão para o estabelecimento dos textos que iriam para a composição e publicação. A sua responsabilidade ficou a cargo do professor Antônio Gontijo, da Faculdade de Direito de São Paulo. A primeira correspondência que encontramos data de 20 de fevereiro de 1946, na qual, no entanto, ele dá a entender que fora convidado bem antes para prefaciar o volume:

> É preciso tocar para frente o volume "Rui Estudante". Quando eu for ao Rio, quero conversar com v. sobre alguns detalhes de interesse, e fazer diversas consultas, para anotações.
>
> [...]
>
> Enfim, vamos dar uma arrancada e eu conto com o seu poderoso e inigualável auxílio para liquidar o volume, já há tempos comigo.

Vou também sistematizar a ortografia. As provas escritas têm palavras abreviadas, levadas talvez pela pressa. Não devem ser publicadas em extenso? Enfim, [ilegível] falaremos.

[...]

Amigo...

Antônio

Em 26 de março, ele anuncia a Lacombe o encerramento das pesquisas para o trabalho nos seguintes termos:

> Dou por encerrado as minhas pesquisas. Não consegui o Radical Paulistano. Disseram-me que na Biblioteca Nacional há uma coleção completa não só do Radical de São Paulo como do Rio. Pelo que apurei, lendo os índices de 69 não há trabalhos assinados de Rui. Mas há muitos de redação. O Ruy era redator. Pelo que me informou o Constantino, os artigos de rí no Rio. [...] Em todo caso, com o que já existia com o que v. achou, e com o que conseguimos aqui, há já um material interessante e não pequeno para o 1º volume referente a Rui estudante.
>
> Sobre 1870, não achei nada, porque não achei jornal desse ano.
>
> Quanto à loja América e a [ilegível], tudo fantasia. Não existe mais nada nem atas encontrei.
>
> [...]
>
> Até breve.
>
> Antônio

Porém, a busca em reunir todo o material relativo às primeiras produções de Rui Barbosa, sobretudo nos jornais, continua, e em 31 de maio ele volta a escrever a Lacombe, referindo-se ao convite e ao trabalho de pesquisa empreendido.

> Américo,
>
> [...]
>
> Senti-me muito honrado com o convite que v. me fez para escrever a Introdução ao 1º volume. Vou fazer uma coisa meditada e a submeterei a v. para a corrigenda necessária. A revisão vai ficar muito facilitada, pois a associação comercial tem, talvez, o melhor corpo de jornais do país. [...] Quando viajei para S. Paulo, fiz companhia ao interventor. Conversamos muito sobre a Casa Rui

e v. Ele é seu admirador e me disse que tudo fará para prestigiar o seu empreendimento junto ao ministro. Marcou a homenagem a A. Pena?

Abraços do amigo...

Antônio

[ps] O Homero Pires me garantiu que a Biblioteca Nacional tem alguns exemplares do Radical Paulistano. Não sei com que fundamento ele me disse isto. Vá organizando o material do 1º volume e nós o entregaremos À Noite [...]

Mais um mês se passa e, em carta de 23 de julho de 1946, Antônio Gontijo afirma estar trabalhando no prefácio e pergunta: "Eu posso mandar, desde já, uniformizar a ortografia do trabalho do Rui? Não é preciso fazer com as dissertações? Tudo na ortografia moderna? Diga-me qualquer coisa sobre o assunto...". Dois dias depois, dá notícias de ter encontrado mais um "parecer de Rui, de 76 pgs...". Quase um ano depois, em 11 de junho de 1947, ele volta a fazer contato dizendo:

Hoje recomecei a batida no "Radical Paulistano". V. não calcula que série interessantíssima de artigo tem esse jornal. Tenho a impressão de que quase todos os artigos são do "Rui", pelo estilo e assunto; em todo o caso, vou reler os mesmos que eu tenho do primeiro volume para confrontar com os do "Radical" e descobrir uma chave para que os possa identificar. Encontrei o da "Emancipação" citado pelo Osório Duque Estrada.

Quanto às poesias que se acham com o Batista Pereira é melhor desistir de obtê-las.

[...]

Amigo e admirador.

Antônio

As correspondências a esse respeito, no período, terminam no final de 1949, quando Antônio Gontijo pergunta, em 9 de setembro, "Como vai meu livro? Quantos exemplares você me poderá fornecer?". Nessa altura, no meio da festa do centenário, e na impossibilidade de publicar o volume I das obras, o diretor da Casa de Rui Barbosa resolve, então, publicar o prefácio de Antônio Gontijo de Carvalho como uma separata do prefácio do volume I, tomo I, das Obras Completas de Rui Barbosa.[27]

Outro exemplo de busca incansável pelos originais, numa quase sempre vã tentativa de compor a "obra completa" a respeito dos trabalhos jurídicos foi, como vimos no capítulo anterior, o trabalho de José Gomes Bezerra Câmara. Dele encontramos, ainda, dois bilhetes sem data a respeito das dificuldades interpostas ao trabalho dos prefaciadores e revisores. Em uma das ocasiões ele escrevia:

> Dr Lacombe:
>
> Deixo os originais, dada a impossibilidade de continuar, digo, de obter a composição. A sentença, se não estou enganado, virá depois da prova 76; o que suponho chamar-se <u>nota do revisor</u>, antes da prova 92; o resto de bibliografia, depois da 383. Quanto a este último, peço-lhe, uma vez composto, mandar-me as bandas, por serem únicas de que disponho na minha coleção, bem como a tal nota do op. III.
>
> Câmara

Noutra, às voltas com as pesquisas nos tribunais e arquivos, a respeito de autos de processos que teriam sido de responsabilidade de Rui Barbosa, ele relatava:

> Caro Dr. Lacombe,
>
> Vai aí os autos. Mais um Zinho dos trinta e tantos da Q. I. Neste passo, iremos longe... talvez até Honolulú.
>
> Examinei os autos do Mendonça Lima, isto é, do da 4ª. Revisão Crime. Nada, infelizmente, apenas alguns dados que vêm confirmar nossas conclusões.
>
> O homem prometeu-me encontrar as originárias até 5ª. feira. Deus o ouça.
>
> Abraços do Câmara.

Ainda a respeito das dificuldades de localizar os textos para compor os tomos, vale a pena acompanhar a apreciação, um tanto quanto exagerada, do mesmo José Câmara no prefácio que fez ao tomo V do volume XXV, publicado em 1948.

---

[27] Antônio Gontijo de Carvalho, *Rui estudante*, Rio de Janeiro, Casa de Rui Barbosa, 1949.

> Já tivemos oportunidade de acentuar alguns dos complexos problemas que se nos deparam na obtenção dos originais. Sem exagero, podemos assegurar que em arquivos, cartórios e bibliotecas públicas ou sob custódia particular, de quase todo o país, existem ainda avulsos ou autógrafos de autoria do conselheiro Rui, impressos uns, inéditos vários, ignorados inúmeros.
>
> Insistentes apelos têm permitido a aquisição de originais, cuja ausência não raro ocasionara até agora o retardamento de um dos maiores empreendimentos culturais dos últimos tempos. Vasta, dispersa, e às vezes de difícil localização como é a produção intelectual de Rui, na sua extensão sem êmulo no Brasil, e, provavelmente no mundo, é evidente que não permite tal circunstância assegurar-se, sem reserva, achar-se completa qualquer coletânea relativa a determinado volume.[28]

Como sabemos, à vastidão da produção ruiana somava-se sua dispersão a trazer dificuldades ao estabelecimento do texto "completo" pelos organizadores. Esse drama é, mais uma vez, relatado por José Câmara, de longe o mais investido na perspectiva de achar *todos* os textos e recompor os processos e autos em sua *integralidade*.

> Igualmente é com sincero pesar que confessamos não se terem conseguido alguns documentos da mais alta valia para elucidação dos trabalhos ora publicados. Todos os meios ao nosso alcance foram empregados. Reiteradas buscas no arquivo do Supremo Tribunal Federal, pesquisas no Arquivo Nacional e sucessivas tentativas junto ao Tribunal de Apelação do Distrito Federal, (8) e também no de Minas Gerais, não nos permitiram saber qual o destino de alguns autos preciosos.[29]

Percebe-se, pois, por esse conjunto de excertos que nos trazem as dificuldades enfrentadas pelos organizadores, prefaciadores e revisores, o investimento demandado a eles pelas regras estabelecidas pelo projeto político-editorial de publicação das Obras Completas. A certeza de que a *obra completa* era, de fato, uma ilusão ou uma impossibilidade angustiava a muitos deles. Os tomos, no entanto, continuavam sendo organizados,

---

[28] José Gomes Bezerra Câmara, Prefácio, Obras Completas de Rui Barbosa, v. XXV, t. V, 1948, p. IX-X.

[29] *Ibidem*, p. XII.

prefaciados, revisados e publicados, tornando possível, segundo os organizadores do projeto, o acesso dos especialistas e demais interessados aos textos integrais de Rui Barbosa e não apenas a seus fragmentos.

E o morto conversa com os vivos!
Os prefaciadores como mediadores

A ideia de que os prefácios deveriam cumprir o papel de informar ao público leitor, de forma a mais objetiva possível, sobre as circunstâncias do aparecimento de uma obra e daquelas que presidiram a sua organização e publicação não foi entendida da mesma forma por todos os convidados a participar do projeto. Isso, como vimos, obrigou a Comissão Organizadora das Obras Completas, Américo Lacombe à frente, a estabelecer regras mais claras para esse trabalho e, ao mesmo tempo, restringir o número de convidados. Ambas as decisões foram tomadas, segundo Lacombe, para uniformizar mais as intervenções dos organizadores e prefaciadores nos tomos publicados.

Essa decisão, no entanto, não impediu que os textos dos prefácios continuassem a gozar de grande heterogeneidade. Seja em algumas poucas páginas, seja em mais de uma centena delas, cada prefaciador agia como um mediador entre a obra e o público e, em última instância, apresentava o *seu* morto que queria manter entre os vivos. Atuando como mediadores, os prefaciadores, em suas práticas de apropriação, cumpriam o fundamental papel de atualização da memória e da história em torno do legado de Rui Barbosa para a cultura brasileira (e ocidental) e, sobretudo, sobre a própria figura desse herói brasileiro.

Como já se disse anteriormente, os estilos dos prefácios são muito variados, seja em seu tamanho, em sua abrangência, nos modos de articulação discursiva e, evidentemente, nos assuntos tratados. Mas, de modo geral, eram elogiosos e laudatórios e, de fato, muito pouco objetivos, como queria o diretor da Casa. Neste tópico, vou explorar algumas das características dos prefácios escritos e/ou publicados até 1949, deixando para analisar, mais detidamente, no próximo capítulo, aqueles relacionados especificamente à educação.

Um lugar comum, entre os prefácios, era ressaltar a genialidade de Rui Barbosa. É com essa tópica que Fernando Néri, ex-zelador da Casa, biógrafo de Rui e secretário da ABL, decide abrir o prefácio para os tomos relativos aos discursos parlamentares que aparecerem em diversos volumes das Obras Completas. Dizia ele, logo no primeiro parágrafo do tomo I do volume VI, o segundo dos tomos das Obras Completas a ser publicado (1943), que "é verdade pacífica, exceto para invejosos, fanáticos, ignorantes ou tolos – 'o que tudo, bem amiúde, não vem a ser senão nomes diversos de um só estado mental' –, o dizer-se que foi Rui Barbosa figura ímpar no cenário do parlamento brasileiro, assim no Império como na República".[30]

Para Fernando Néri, essa genialidade se expressara na atuação parlamentar de Rui, seja em sua oratória, seja na profundidade e extensão com que abordava os assuntos, conforme informa ao leitor do prefácio do tomo I do volume VII, sobre os discursos parlamentares, publicado em 1945:

> Desses discursos salientam-se dois que, pelas matérias versadas e doutrinas expendidas, sobrelevam aos demais: o pronunciado na sessão de 21 de junho, em defesa da eleição direta, e o da sessão de 27 de julho acerca da secularização dos cemitérios. A extensão dada pelo orador a esses dois temas faz dessas duas peças verdadeiras monografias: em ambas a erudição do jovem deputado já se revela assombrosa para a sua idade. Tinha apenas 31 anos e já se achava abeberado de tal soma de conhecimentos especializados, assim históricos como doutrinários, que o leitor se tomará da mesma admiração, se não espanto, que certo havia de ter causado àqueles que ouviam o deputado baiano discorrer e argumentar, adentrando-se em assuntos de tão alta relevância para o tempo.[31]

Transportada para a área jurídica, a mesma tópica vai aparecer no prefácio do veterano professor Francisco Morato, o mais idoso dos prefaciadores, como se sabe, escrito para o tomo I do volume LX, referentes aos trabalhos jurídicos de 1913, publicado em 1948. Segundo ele, Rui

> [...] [n]ão possuía a síntese de um jurisconsulto romano ou de um Lafayette, era por assim dizer incompatível com a concisão. Falando ou escrevendo, tinha um *quid proprium*; obedecia à tendência irresistível de derramar em todas as lucubrações o veio inesgotável de suas ideias luminosas, de suas imagens finíssimas, de seu vernáculo

---

[30] Fernando Néri, Prefácio, Obras Completas de Rui Barbosa, v. VI, t. I, 1943, p. IX.
[31] *Ibidem*.

burilado e impecável. O estilo o atraia e dominava-lhe a atenção, compensando a abundância da linguagem pelos encantos da forma, como a outros atrai e domina, compensando a brevidade das palavras pela exação do pensamento.[32]

Mas, para Antônio Gontijo, autor do prefácio do tomo I do volume I, publicado em 1951 e relativo aos primeiros trabalhos de Rui Barbosa, essa genialidade reconhecida *a posteriori* fora percebida muito antes por aqueles que acompanharam a meninice do autor comentado.[33] Segundo ele, "Antônio Gentil Ibirapitanga foi o mestre de primeiras letras de Rui Barbosa, quem ensinou o menino prodígio em quinze dias a ler, a analisar gramaticalmente, a distinguir orações e a conjugar verbos regulares".[34]

Mas Rui, *o maior coco da Bahia*, como o representava o chargista Vieira da Cunha em O *Malho*, a 5 de abril de 1919,[35] era, de certa forma, um fenótipo de todo o brasileiro que fez do trabalho e do uso da inteligência as estratégias fundamentais para superar, inclusive, as adversidades físicas. Conforme afirmava Candido Motta Filho, em 1942, "seu físico colaborava para isso. Em contraste com o vigor de seus escritos, com a veemência de sua oratória, com sua desorientadora capacidade de trabalho – o seu corpo franzino e cabeçudo!..."[36]

Esse é, também, o retrato apresentado ao leitor por Fernando Néri no prefácio citado anteriormente.

> Mocinho, trinta anos, pequena estatura, magrinho, testa ampla – físico ingrato para aquele que se iria tornar o maior tribuno brasileiro. A inteligência, a cultura, a coragem, em organismo tão mofino, supririam, porém, o que lhe negara em dotes físicos a natureza madrasta. A saúde ressentia-se também de amiudados achaques.[37]

Outra tópica a aparecer na apresentação de Rui aos leitores das Obras Completas feita pelos prefaciadores é a de que ele foi e, de

---

[32] *Idem*, Prefácio, Obras Completas de Rui Barbosa, v. XL, t. I, 1948, p. X.

[33] É importante ressaltar que essa representação da infância de Rui Barbosa e de sua genialidade precoce é um elemento fundamental a articular às representações o jurista baiano nos textos produzidos para crianças e jovens, já citados.

[34] Antônio Gontijo, Prefácio, Obras Completas de Rui Barbosa, v. I, t. I, 1951, p. IX.

[35] Cf. Herman Lima, *Rui e a caricatura*, Rio de Janeiro, Casa de Rui Barbosa, 1949, p. XXI.

[36] Candido Motta Filho, *Rui, esse desconhecido*, São Paulo, E.G. Revista dos Tribunais, 1942, p. 6.

[37] Néri, Prefácio, Obras Completas de Rui Barbosa, v. VI, p. X.

certa forma, continuava sendo, um injustiçado. Alguém que, inclusive, devido a sua altivez, honra, lealdade e retidão, teria perdido boa parte de suas batalhas políticas. O exemplo acabado para lembrar isso, para vários dos prefaciadores, é o fato de Rui ter sido convidado para compor o Gabinete Dantas, em 1884, seu correligionário e amigo, e depois, sem comunicação alguma, ter ficado de fora dele:

> Na véspera de constituir-se o gabinete de 6 de junho desse ano, em substituição ao do conselheiro Lafayette, lembrara Sousa Dantas ao imperador o nome de Rui para a pasta do Império ou da Agricultura, na gestão de uma das quais poderia o moço liberal realizar a sua reforma quanto à instrução ou à emancipação dos sexagenários.
>
> À noite de 5 comunica Souza Dantas a Rui a conversa que havia tido nesse dia com o imperador, que não se opusera à entrada do jovem baiano para o ministério. No dia 6 estava formado o novo gabinete, mas o nome de Rui fora excluído...[38]

Dessa tópica não foge, também, Oscar Bormann, "antigo delegado do tesouro em Londres e New-York", quando analisa os relatórios do ministro da Fazenda. Em um prefácio de quase 100 páginas ele faz uma análise exaustiva das condições em que Rui Barbosa assumiu o ministério, estabelece relações com outros países, mobiliza conhecimentos de história econômica. Tudo isso para defender, como correta, a gestão de Rui Barbosa no Ministério da Fazenda do governo provisório, um dos episódios mais controversos da vida de autor prefaciado. E conclui seu prefácio dizendo:

> E tudo isto ele executou durante quatorze meses, apenas, que tantos foram os da sua permanência na pasta da fazenda! E, por tudo isto, suportou numerosas injustiças!
>
> Mas que importa? Homens do feitio e quilate de Rui despertam a inveja, que açula a maledicências. Ademais, ele nunca incensava os poderosos, nunca se dobrava a nenhuma pressão, nunca armava ao efeito, para armar à vaidade.[39]

Apesar de injustiçado, Rui não fugiu "das arenas de sua luta" e, apesar de monarquista confesso, com a proclamação da República,

---

[38] *Ibidem*, p. XIII.

[39] Oscar Bormann, Prefácio, Obras Completas de Rui Barbosa, v. XVIII, t. II, p. XCII.

teria iniciado "o longo curso de direito constitucional republicano, com que debalde procurou doutrinar o país, durante trinta anos, lidando por incutir-lhe o respeito às leis, o culto da justiça, o horror à tirania".[40] No entanto, Rui, injustiçado no passado, continua não podendo descansar em paz:

> Ecce homo! Eis o homem, a quem a calúnia não deu tréguas, cuja memória ainda hoje, vinte anos após a sua morte, de quando em quando sofre os botes dos oportunistas, néscios e malévolos, que lhe desconhecem ou negam a vida de lutas em prol da liberdade, do direito, da justiça.
>
> Mas essa memória – convençam-se os malédicos – é já hoje patrimônio moral do Brasil: uma rocha onde a serpe da calúnia, como ontem, como sempre, ferra e quebra as presas, apenas conseguindo na "impotência do seu veneno", lavrar no duro do granito o epitáfio eterno de próprio ridículo.
>
> Quando deles não existir sequer o pó dos ossos consumidos, o nome imortal de RUI BARBOSA ainda refulgirá, nos domínios da língua portuguesa, como padrão luminoso do idioma, e, em toda a livre América, como símbolo imorredouro da Liberdade e da Justiça.[41]

Na mesma linha de Fernando Néri e, sobretudo, de Oscar Bormann, mas sem tantos exageros retóricos nos elogios, outros prefaciadores aproveitarão o prefácio para situar historicamente o tema e estabelecer relações com o momento atual. Esse é o caso de quatro dos principais prefaciadores mobilizados por Lacombe: Astrojildo Pereira, Hermes Lima, Lúcia Miguel Pereira e Austregésilo de Ataíde.

Ao prefaciar o tomo I do volume VII, referente aos discursos parlamentares de 1884 relativos à questão da abolição, o quarto dos tomos das Obras Completas publicados (1945), Astrojildo Pereira inicia por dizer que quando Rui intervém no debate, a luta pelo fim da escravidão já tinha uma longa história. Dizia ele que:

> Como processo histórico, a luta contra a escravidão dos negros africanos, entre nós, pode-se dizer que teve o seu ponto de partida

---

[40] Néri, Prefácio, Obras Completas de Rui Barbosa, v. VI, p. XV.
[41] *Ibidem*, p. XVI.

no dia mesmo em que se aportou às nossas praias o primeiro navio negreiro vindo das costas da África.

Mas o seu reconhecimento em termos legais só se verificou em 1831, quando a lei dos senhores, condenando o tráfico, admitiu, pela primeira vez, o princípio da abolição do trabalho escravo. E ainda parcialmente e de muita má vontade, ficando a lei no papel, sem aplicação efetiva, durante vinte anos e mais, pois mesmo depois de 1840, com a lei Eusébio em pleno vigor, o contrabando não cessara de todo, e milhares de africanos foram introduzidos fraudulentamente nas costas brasileiras.[42]

Ao analisar os discursos de Rui, o experiente militante comunista não deixa de mobilizá-lo como uma ferramenta para as lutas travadas no presente, atualizando-o na e para a reação contra o racismo.

Por essa altura do parecer, em breve passagem a propósito da guerra de secessão provocada pelos estados do Sul, refere-se a certo aspecto da questão, que hoje nos parece de maior interesse, com certeza muito maior do que teria parecido aos leitores de então. Escreve Rui Barbosa aí, textualmente, que a "rebelião do Sul não teve outro intuito senão organizar um estado com cativeiro por base e por política a dilatação territorial dele", e que os seus chefes "alardeavam despejadamente a glória de iniciarem no mundo o primeiro governo estribado na grande verdade física, filosófica e moral de que a sujeição civil às raças superiores é a condição natural e normal do negro".

Podemos hoje acrescentar que a derrota dos escravistas confederados foi também a derrota dos seus desígnios políticos. Mas evidentemente não é por acaso que assim encontramos, justo entre aqueles ferrenhos partidários da escravidão do homem pelo homem, alguns típicos precursores dos hodiernos partidários das teorias racistas e sua consequente política do espaço vital.[43]

Do mesmo modo que os racistas de ontem parecem dar as mãos aos racistas de seu tempo, para Astrojildo Pereira, também o combate ao fantasma do comunismo, que tanto mobilizava a sociedade brasileira e expressivo número de políticos e intelectuais, alguns dos quais estavam

---

[42] Astrojildo Pereira, Prefácio, Obras Completas de Rui Barbosa, v. VII, t. I, 1945, p. IX.
[43] *Ibidem*, p. XII.

no centro do projeto de edição das Obras Completas, precisava ser confrontado. E nada melhor para isso do que ridicularizar aqueles que, na produção de Rui Barbosa e de seu grupo, liam ameaçadoras disposições comunistas. Afirmava o prefaciador que:

> Para Souza Carvalho, o projeto de 15 de julho, que a nós nos parece hoje tão prudente e moderado, estava todo ele inçado de "disposições comunistas". E comunistas eram os seus defensores. Nada menos. Comunista Souza Dantas. Comunista Rui Barbosa. [...] Mas a tremenda acusação não ficava limitada ao debate teórico dos princípios contidos no projeto. Souza Carvalho denunciava abertamente o governo como cúmplice nas "manifestações subversivas" que então se efetuavam no Rio de Janeiro. Lá está escrito, no seu voto, textualmente, que o projeto não passava de..."pretexto para agitação, revolução e subversão social, aproveitado por anarquistas"...; que o gabinete só pensava em... "lisonjear os anarquistas e gritadores das ruas"... e por isso favorecia as... "passeatas incendiárias e demonstrações estrondosas"... Mais ainda: permitia-se que certa "associação comunista" promovesse... "ruidosa agitação contra uma propriedade legal, em edifícios públicos, no seio de uma escola de ensino superior"... Ora, aquelas "manifestações subversivas" eram apenas as manifestações organizadas pela Confederação Abolicionista, em cuja direção figuravam, entre outros, André Rebouças, Bittencourt Sampaio, Aristides Lôbo, José do Patrocínio, José Américo dos Santos, João Clapp etc. Quanto à "ruidosa agitação" realizada no edifício de uma escola superior, por uma "associação comunista", outra coisa não foi senão uma festa promovida pelo Centro Abolicionista da Escola Politécnica, do qual faziam parte alguns professores que se chamavam André Rebouças, Enes de Souza, Paulo de Frontin, Getúlio Neves, Benjamin Costant...[44]

Fortemente ancorado em uma tradição de análise marxista, da qual nunca abriu mão, Astrojildo Pereira defende a tese de que o fim da escravidão era a solução, acima de tudo, para as relações contraditórias entre as relações de produção e as forças produtivas. Ou, em suas palavras:

> Em boa e lídima verdade, a pugna entre o ódio e a esperança era apenas a expressão, em termos altos de eloquência, de outra espécie

[44] *Ibidem*, p. XXV-XXVI.

de pugna, que se travava no chão duro e rasteiro da economia. Por motivos diversos, mas convergentes, que os estudiosos da nossa história bem conhecem, a seguinte situação se desenhou, em dado momento da economia brasileira: a escravidão, sobre a qual descansara até ali todo o nosso sistema de produção, já não bastava para sustentar o ritmo de desenvolvimento dessa produção. Sem necessidade de entrar em pormenores, podemos apontar alguns dados mais característicos.[45]

Por isso, defende Astrojildo Pereira em seu prefácio que "só em 1888 se resolveu a metade da questão. A outra metade permaneceu intacta, e intacta permanece até hoje". E para fundamentar essa sua tese cita, em nota, João Mangabeira, que em seu livro, *Rui: o estadista da República*, afirmara:

> Cinquenta e cinco anos se passaram sobre esse programa e a propriedade continua enfeudada. Na mais reacionária, iníqua e estúpida de suas formas – na enfiteuse, instituto do direito romano, expandido sob o domínio feudal. Forma parasitária da propriedade, pela qual o *landlord* usufrui e dissipa, nas cidades, o foro que lhe paga o camponês, na dura labuta de todos os dias, curvado na terra, "mãe" comum de todos os homens.[46]

Também Hermes Lima, ao prefaciar o primeiro dos oito tomos que compõem o volume sobre a *Queda do Império* (vol. XVI), publicado em 1947, aborda a questão da escravidão. Segundo ele, nos textos de Rui publicados no *Diário*, "o tema da federação volta a ter ressonância nacional" e apresenta a tese de que, de certa forma, para Rui, um dos grandes empecilhos para o estabelecimento da federação havia sido a própria escravidão. Isso porque, analisava o prefaciador:

> Pelas colunas do Diário, o tema da federação volta a ter ressonância nacional. Estou em que a centralização monárquica representou, no plano político, um dos pontos de apoio e defesa da organização servil do trabalho. Em país da extensão do nosso, da diversidade de zonas e climas do nosso, seu desenvolvimento estaria

---

[45] *Ibidem*, p. XXIX.

[46] João Mangabeira, *Rui: o estadista da República*, Rio de Janeiro, José Olympio, 1943, n. 40. (Coleção Documentos Brasileiros). O trecho que Astrojildo Pereira cita à página XXXVIII do seu prefácio encontra-se à página 288 do livro de João Mangabeira.

necessariamente fadado a verificar-se de modo irregular, isto é, maior numas regiões, menor noutras, aqui, mais rápido e acentuado, além, mais lento e difícil. A autonomia das províncias poderia, por isso mesmo, proporcionar a abertura de brechas parciais na muralha da escravidão que, para subsistir teria, portanto, de defender-se como um todo. No gozo de regalias e faculdades, que permitissem a cada província tratar dos seus próprios negócios e interesses peculiares, as possibilidades de quebra do sistema de trabalho servil podiam tornar-se múltiplas, e, assim, mais favoráveis aos esforços de renovação da estrutura econômico-social.[47]

Por outro lado, para Hermes Lima, "num Estado centralizado, [...] a organização do trabalho servil defendia-se melhor, não se deixava atacar por partes, procurando sempre oferecer resistência maciça, unida. Para subsistir como base da economia nacional por tanto tempo, a escravidão precisou apoiar-se num regime de centralização..."[48] Por isso, defendia o prefaciador que:

> A causa monárquica, entre nós, nunca fora a mais simpática à ideia federativa. A federação sempre suspeitou da monarquia, e a monarquia sempre desconfiou da federação. Federação, república, abolição eram reivindicações que, geralmente, se completavam nos ideais políticos do radicalismo brasileiro. Monarquia, centralização e escravidão acabaram termos de uma equação social-política, fundada na manutenção da estrutura econômica herdada da colônia.[49]

Para Hermes Lima, um dos problemas que Rui teve que enfrentar, sobretudo durante a Monarquia, mas não apenas, era sobre o próprio entendimento do que seria a federação.

> Todavia, o preconceito de que federalizar importaria em separar intimidava ainda muitos espíritos, mesmo ilustrados. Rui atribuía-o ao influxo das ideias francesas. A rigor, esse preconceito lançava suas raízes na reação política do passado, que terminara identificando o trono com os interesses prevalecentes na estrutura econômica herdada na colônia, onde a escravidão constituía o traço dominante, o traço decisivo.

---

[47] Hermes Lima, Prefácio, Obras Completas de Rui Barbosa, v. XVI, t. I, 1947, p. XIV-XV.
[48] *Ibidem*, p. XV.
[49] *Ibidem*.

Mas, abolido o trabalho servil, o antifederalismo monárquico começou a ceder.[50]

É, sem dúvida, a meu ver, de Lúcia Miguel Pereira o mais sóbrio, cativante e, porém, incisivo dos prefácios publicados ou preparados até 1949. De forma elegante, com uma linguagem clara e expressiva, a prefaciadora do tomo I do volume XXIII das Obras Completas de Rui Barbosa, publicado em 1946, introduz o leitor nos dramas, alegrias e sensibilidades que se pode captar nas *Cartas da Inglaterra*.

Dirigindo-se, aparentemente, a um leitor erudito, iniciava o prefácio dizendo: "*Rest thy unrest on England's lawful earth*. Rui Barbosa não se lembrou do convite de Shakespeare ao ter que sair do Brasil, perseguido pelo governo de Floriano Peixoto".[51] No texto, trata da saída de Rui do Brasil, de sua estada na Argentina e sua passagem por Portugal. A descrição da chegada do político brasileiro à Inglaterra é soberba:

> Tão forte foi a emoção da chegada que, a bem dizer, lhes esqueceram as amarguras, os motivos de queixa do destino. E não só o liberal se achava na sua pátria de eleição; o homem todo vibrava, entusiasmava-se por tudo quanto via. Era verão quando, afinal, desembarcou em Londres, quase um ano depois de ter deixado o Brasil, de ter vivido longos dias de vexames e angústias. Sob o sol, o país lhe pareceu uma "alfombra de relvados, hortas, searas e jardins, sobre cujo xadrez se destaca um arvoredo poderoso e frondescente, como gênio da raça a habita", o Tamisa "um rio maravilhoso, cujas margens se desdobram aos olhos do espectador um quadro contínuo de *cottages*, de castelos, de primores rústicos". Neste ambiente idílico, a vida corria suave e harmoniosa, a mesma disciplina dirigindo a sociedade política e a doméstica, tudo fácil, acessível, risonho, na natureza como no povo. Achou-se "soberbo de ser homem".[52]

Em seu prefácio, Lúcia Miguel Pereira não foge ao incômodo de apresentar um Rui Barbosa de tal modo entusiasmado com a experiência inglesa que chega a dizer que a miséria, "imensa mancha solar" na Inglaterra, era como que um mal necessário. A esse respeito, afirma:

---

[50] *Ibidem*, p. XVII.
[51] Lúcia Miguel Pereira, Prefácio, Obras Completas de Rui Barbosa, v. XXIII, t. I, 1946, p. IX.
[52] *Ibidem*, p. XI.

O mesmo homem que combatera a escravidão negra no Brasil aceitava, embora a lamentasse, a escravidão branca na Inglaterra; é que aquela representava uma iniquidade da lei, e por esta não julgava "responsáveis as instituições". Em Rui, como na maioria dos homens de seu tempo e da sua formação, os problemas políticos se antepunham aos sociais, tidos os últimos por inevitáveis quando não os sanavam as soluções dos primeiros. Se a livre e sábia Inglaterra não extinguira a miséria, esta devia ser considerada parte integrante da condição humana; e, no conjunto grandioso das realizações britânicas, esse ponto negro não macularia, para o liberal convicto, a pureza da *lawful earth*. A Inglaterra de Kipling lhe escondia a de Thomas Hardy. Uma terra legal e leal, leal porque legal, era o que buscava. Talvez para nenhum proscrito a palavra de Shakespeare tenha jamais tido mais sentido do que para o exilado brasileiro, sequioso como quem mais o fosse da liberdade garantida pela disciplina jurídica, do respeito mútuo entre a sociedade e o indivíduo.[53]

No mesmo registro analítico, mas com outro estilo, o prefácio de Austregésilo de Ataíde para o tomo II do volume XX, referente à ditadura de 1883, escrito no final de 1945 mas publicado apenas em 1949, busca apresentar ao leitor um Rui Barbosa como jornalista engajado na defesa das causas universais de seu tempo, mesmo quando tratava de temas particulares. De sua pena brota, de certa forma, a representação do jornalista como autêntico intelectual moderno, esta, talvez, uma própria autorrepresentação do prefaciador.

Os parágrafos iniciais dos prefácios são utilizados, então, para mostrar certa universalidade da própria experiência jornalística de Rui, pois ela era compartilhada com outros políticos e intelectuais de seu tempo, no mundo inteiro:

> Rui Barbosa reivindicava o título de jornalista como dos mais enobrecedores da sua vida. Outros grandes políticos e juristas britânicos e franceses escritores dos mais notáveis como poetas e romancistas têm igualmente considerado a atividade no jornal como ponto culminante da sua carreira.[54]

---

[53] *Ibidem*, p. XIV.
[54] Austregésilo de Ataíde, Prefácio, Obras Completas de Rui Barbosa, v. XX, t. II, 1949, p. IX.

O jornalismo, por sua vez, nas palavras de Austregésilo de Ataíde, favorece o apostolado político e religioso, pois permite uma relação direta com o leitor, relação que nem mesmo a experiência do tribuno, falando para uma grande multidão, consegue superar. O jornalista e o leitor, na intimidade que estabelecem, "criam ligações profundas e duradouras. O fenômeno dessa ligação multiplica-se aos milhares, sem limites no tempo e no espaço".[55] Mas, para ser um bom jornalista, tinha que ter vocação e, essa, Rui tinha de sobra, pois

> Rui tinha a vocação do jornalista, isto é, possuía as qualidades essenciais de vibração do pensamento, o caráter, a firmeza nas convicções, o sentido apostólico da missão a que fora chamado. Sabia transmitir pela palavra escrita, na eloquência, a solidez dos argumentos, assim como na beleza e elevação do estilo, a força das suas ideias, impregnadas sempre das paixões de liberdade e justiça que movem as massas.[56]

Um sujeito assim vocacionado está apto a ser intérprete e conselheiro da coletividade, mas, para isso, era preciso também estar aberto à universalidade da experiência humana, pois

> [...] o que advoga as causas restritas aos interesses de grupos e facções, esquecendo o bem geral, pode ser brilhante, mas profissionalmente deixa de atingir ao primado e incluir-se entre os protótipos. Escreve em jornal e poderá fazê-lo toda a vida, sem contudo alcançar as virtuosidades do grande ofício.[57]

Para Austregésilo, "Rui Barbosa integrava-se no sentido específico da função do jornalismo que é o de guia da opinião em vista do interesse público" e, para isso, "nunca abjurou nem abdicou, jamais se seduziu pelo poder, pela riqueza ou quaisquer outros bens falazes, abastardando o jornal às negações viciosas da sua finalidade que é de advogar o interesse coletivo".

> O jornal era para ele um instrumento de ação política, vindo os demais assuntos e objetivos em plano secundário e só lhe importavam nos acontecimentos o que tivesse relação com a coisa pública, o

---

[55] *Ibidem.*
[56] *Ibidem.*
[57] *Ibidem.*

governo e os seus agentes, as questões partidárias, a moral administrativa, a ética das instituições.[58]

Assim, foi por meio desse "jornalismo de combate" que Rui Barbosa, sem ter sido republicano nos momentos da propaganda do novo regime, veio a ocupar um papel fundamental na "criação do clima espiritual que tornou possível o golpe de 15 de novembro".[59] No entanto, mais do que dedicar-se a uma causa particular, como se disse, Rui batia-se pelos universais do seu tempo, dentre os quais estava o "saneamento do jornalismo" para que cumprisse adequadamente o seu próprio papel educativo:

> O intuito era sanear o jornalismo, extinguindo o ignominioso sistema dos a pedidos, escritos sem responsabilidade, elevando a linguagem da imprensa, conferindo-lhe maior dignidade espiritual, fazendo-a ganhar altura, num meio em que vivia abastardada por indivíduos sem a necessária consciência do valor educativo do jornal.[60]

Escrito no final de 1945, em um momento, portanto, em que os escombros do Estado Novo ainda estavam perfeitamente à vista no conjunto da sociedade brasileira, no prefácio de Austregésilo podemos ler, sem dúvida, um pouco da própria história e memória recente do jornalismo. Dizia ele, por exemplo:

> Rui possuía grande bravura cívica. O seu jornalismo revelava coragem não raro temerária. Assim fora nos últimos tempos da Monarquia, quando desafiava os afeiçoados do trono, os fanáticos da Princesa Redentora. Acredito, porém, que a fase do Jornal do Brasil tenha sido a mais perigosa. Era um período de arbítrio, o governo e os seus amigos mostravam-se irritados com a campanha do senador da Bahia. Choviam ameaças anônimas. Os companheiros e correligionários de Rui temiam até pela sua vida.[61]

Finalmente, Austregésilo de Ataíde alude a duas contribuições fundamentais de Rui para o jornalismo de seu tempo. Primeiro, porque

---

[58] *Ibidem*, p. X.
[59] *Ibidem*.
[60] *Ibidem*, p. XV.
[61] *Ibidem*, p. XVII.

fora, de certa forma, um precursor de um estilo de fazer jornalismo e de entendimento do caráter educativo do jornal:

> A objetividade e segurança do comentário, apoiado numa ampla cultura geral, em que superabundavam os conhecimentos de Direito e História Política, o gosto, o estilo, o caráter educacional da obra, a natureza apostólica e evangelizadora do proselitismo republicano, o arrebatado amor da liberdade e da justiça são as características principais destes artigos que continuam sendo, apesar das mudanças e transformações que se verificaram na técnica do jornalismo, padrões do alto nível intelectual da imprensa brasileira.[62]

Segundo, porque fora ele mesmo, Rui Barbosa, inspiração dos jornalistas na resistência e no combate ao Estado Novo, numa clara mobilização do jornalista baiano para realizar uma crítica contundente ao regime contra o qual tanto se batera:

> Perduram as suas influências ainda hoje. A quadra ditatorial que enoiteceu a república, nestes últimos quinze anos, realçou de novo a figura de Rui como jornalista. Nele inspiraram-se para resistir, doutrinar e opor-se, os jornalistas brasileiros que não se renderam à violência ou às seduções do "Estado Novo".
>
> A acentuação do desastre político, social e econômico do Brasil, com os seus reflexos sobre a dignidade coletiva do povo, aumentou no horizonte da nossa vida o vulto do apóstolo, dando-lhes os contornos de um taumaturgo, à cuja invocação poderíamos ainda realizar o milagre da reconquista da nossa liberdade.
>
> Isso foi feito gloriosamente.
>
> Dezembro de 1945.
>
> Austregésilo de Athayde.[63]

Como se vê, aquilo que anteriormente aparecia como referências veladas desloca-se aqui para uma clara mobilização de Rui Barbosa para a crítica às políticas do Estado Novo. Era o prefaciador atuando como mediador entre dois tempos e, num outro registro, mantendo o jornalista baiano entre os vivos.

---

[62] *Ibidem*, p. XXI.
[63] *Ibidem*, p. XXI-XXII

Finalmente, reportarei a um prefácio que, pelas suas características, distancia-se dos demais. Trata-se daquele escrito, em 1948, pelo jurista Romão Cortes de Lacerda, para o tomo XXV do volume II das Obras Completas, referente aos trabalhos jurídicos de 1893. O texto, publicado apenas em 1948, prima por seu engajamento monarquista na leitura dos textos ruianos daquele início de República. Para ele:

> O ciclo monárquico está irremediavelmente encerrado. Mas findou-se cedo demais, – Rui haveria de dizê-lo ainda que melhor teria sido, aceita como estava pelo imperador a ideia da federação, "eufemismo da república", viesse esta quando mais maduro o país para suportar as novas instituições.
>
> Muito cedo sentiram os republicanos sinceros que o imperador, longe de ser aquele poder pessoal tirânico, pelo contrário representava o freio necessário, a moderação, a garantia da moralidade, o perpétuo interesse pela boa administração.[64]

Para o prefaciador, "muito cedo sentiram os republicanos sinceros que o imperador, longe de ser aquele poder pessoal e tirânico, pelo contrário representava o freio necessário, a moderação, a garantia da moralidade, o perpétuo interesse pela boa administração".[65] Se a República encontrou grandes dificuldades para se instalar entre nós, segundo diagnóstico buscado no próprio Rui pelo prefaciador, era porque, acreditava Romão Lacerda:

> Não se pode desviar impunemente uma nação do leito secular da sua história; uma nação se faz, forma-se, de acordo com as leis peculiares ao seu desenvolvimento natural. O corpo das nações, como os grandes organismos de alta diferenciação e integração de órgãos e sistemas, como observava Taine, não sofre sem sangrar as grandes operações. É preciso operar aos poucos, ponderar, reformar com cautela e a tempo, não se arriscar de chofre às reformas profundas. O Brasil é de índole e formação monárquica, como Portugal, Espanha, França, e Itália.
>
> As formas republicanas foram para aqui transferidas como plantas de estufa, vieram cedo demais e bruscamente. A França imitou a Inglaterra. Os demais, a França.[66]

---

[64] Romão Cortes de Lacerda, Prefácio, Obras Completas de Rui Barbosa, v. XX, t. V, 1958, p. XVIII.
[65] *Ibidem.*
[66] *Ibidem*, p. XX.

Mobilizando argumentos racistas tão em voga à época, Romão Cortez de Lacerda extrapola para os países latino-americanos as dificuldades de viverem em repúblicas, pois todos eles são marcados pelos mesmos males de origem: a herança monarquista ibérica e a mistura das raças. Sigamos seu argumento:

> Se na nossa índole, como a dos países latino-americanos, destroncados de Portugal e Espanha, era a monárquica, fica-se sem saber, quando se encara a fundo o problema, porque não se organizaram e conservaram monarquias os latino-americanos um século, preferindo darem-se, no dizer de Spencer, as famosas "constituições de papel", ou, na frase de Rui, "rituais das formas vazias". O mesmo Spencer vê nisso uma consequência das misturas das raças, refletindo em instabilidade de caráter, agravada a tendência, já notada por Maquiavel como intrínseca ao espírito humano e produtora das revoluções, – de aceitar e agarrar-se a novidades, e essa necessidade de gestos que dá em resultado a demagogia.[67]

Assim, para o prefaciador, "o Império era a moderação e a ordem. A República, oscilante entre a ditadura e a demagogia ainda não encontrou o seu eixo, salvo no exagero do esquema. O país oscila entre a ditadura e a hiperdemocracia, para aproveitarmos a expressão de Rui."[68] Acerca da democracia, numa interpretação controversa do pensamento ruiano acerca da democracia, informa ao leitor que:

> Rui demonstra que o que forma a essência das democracias não é a garantia de que os Poderes emanem do povo e se exerçam em nome dele; a tirania não deixa de ser tal porque exercida pelas assembleias eletivas em nome do povo. O essencial nas democracias são os direitos individuais subsistentes anteriormente e acima dos Poderes do Estado e, até, das Cartas, meros instrumentos para assegurar o seu gozo e exercício.[69]

Saudoso, talvez, dos tempos do Estado Novo, para os fundamentos jurídicos do qual ajudou a construir jurisprudência,[70] Romão

---

[67] *Ibidem*, p. XXI.
[68] *Ibidem*, p. XXII.
[69] *Ibidem*, p. XXX.
[70] Rivail Carvalho Rolim, Estado, sociedade e controle social no pensamento jurídico-penal no governo Vargas – 1930/1945, *Passagens. Revista Internacional de História Política e Cultura Jurídica*, Rio de Janeiro, v. 2, n. 5, p. 79, set./dez. 2010.

Lacerda não deixa, mesmo que indiretamente, de se reportar ao episódio do julgamento da ilegalidade do PCB, no qual esteve do lado oposto de Temístocles Cavalcanti, outro prefaciador, na defesa da necessidade da cessação das atividades do partido.

> É interessante observar como a Constituição de 1946 consagrou esta concepção, vedando, até, a atividade de partidos e associações contrários à garantia dos direitos fundamentais do homem, nela enumerados, entre os quais o da pluralidade partidária, isto é, o de fazer valer suas ideias políticas pelo meio legítimo da constituição de partidos, desde, bem entendido, que estes não visem atentar contra aqueles direitos fundamentais (Constituição de 1946, art.141, 13).[71]

Nestes termos, sentenciava:

> Quando, pois, certos doutrinários sustentavam a ilegitimidade do princípio constitucional que proíbe a atividade dos partidos contrária à garantia dos direitos fundamentais do homem, isto é, de partidos que pretendam assenhorar-se do poder, ainda que por meio do voto, para pôr termo àquelas franquias, como de seu programa, em vez de afirmarem a democracia, negam-na, sua essência mesma. As democracias devem pôr fora da lei tais partidos, e entre nós, deve-o em virtude do próprio texto constitucional, que impõe esse dever aos poderes constituídos.[72]

Nessa controversa interpretação do legado ruiano e sua mobilização para fundamentar e/ou justificar claras posições autoritárias, Romão Cortes de Lacerda atuava, também, como mediador entre dois mundos. No entanto, diferentemente de Austregésilo de Ataíde, ele lamentava os acontecimentos recentes, que colocaram fim ao Estado Novo, mais uma vez, a despeito dos propósitos de Rui Barbosa. A "época agitada que atravessava o país" permitira que a atuação do jurista baiano servisse "de bandeira para a agitação e oposição revolucionárias", como outrora acontecera.[73]

---

[71] Lacerda, Prefácio, Obras Completas de Rui Barbosa, p. XXXI.
[72] *Ibidem.*
[73] *Ibidem*, p. XL.

A construção de Rui Barbosa como *pedagogista* brasileiro

> *Não há, na história da educação no Brasil, obra mais famosa que os dois pareceres apresentados por Rui Barbosa à Câmara dos Deputados do Império. Muito mais citados do que lidos, como costuma acontecer a certos trabalhos célebres, seja porque os conceitos gerais, já pacíficos, dispensam leitura, seja porque se tornam um pouco de difícil acesso.*[1]

Os prefácios sobre as reformas de ensino e suas repercussões

Vários prefácios às obras de Rui Barbosa, elaborados e/ou publicados nos anos de 1940, abordaram, direta ou indiretamente, a importância da educação para Rui Barbosa. José Vieira, chefe de expediente do Palácio do Catete e, como já se disse, ex-colega de Primitivo Moacyr na Câmara dos Deputados e de Fernando Néri na Academia Brasileira de Letras (ABL), foi convidado para prefaciar o tomo II do volume IX das Obras Completas, referente aos discursos parlamentares. O tomo incluía, também, dois discursos não parlamentares: o primeiro, em homenagem ao Marquês de Pombal, pronunciado no Imperial Theatro Pedro II sob os auspícios do Clube de Regatas Guanabarense, e outro sobre o desenho e a arte industrial, pronunciado no Liceu de Artes e Ofícios, em 1882, em homenagem ao ex-ministro Rodolfo

---

[1] Francisco Venâncio Filho, Os pareceres de Rui Barbosa, *Cultura Política*, Rio de Janeiro, v. 3, n. 26, p. 106, abr. 1943.

Dantas. Ao abordar esses dois discursos, José Vieira trata do tema da instrução. Para ele, o tempo em que Rui proferiu esses discursos "era a época e a geração dos jornalistas, dos oradores, dos políticos que se instruíam, buscando entre os povos mais adiantados, com as ideias, melhorias a serem transplantadas para o Brasil carecente de tudo".[2] Com essa perspectiva, ao sintetizar o discurso sobre o Marquês de Pombal, como outros de seu tempo, ele aproveita para mostrar que para Rui, o grande reformador brasileiro, situado um século depois de Pombal, a defesa da melhoria do sistema de ensino estava ligada, também, à defesa da abolição da escravidão. Dizia ele que

> Rui rememorou a ação da Companhia, sustentadora de uma pedagogia e uma fé utilizadas como "instrumento da sua política, imensa política", tendendo "ao governo dos Estados pela posse absoluta das almas". O Rui propugnador dos preceitos e prática mais avançadas do século XIX sobre instrução e progressos da ciência condensa, no longo discurso, a sociedade que, retrogradamente, resistira aos descobrimentos de Newton, Descartes e Gassendi, enaltecendo o ministro que tentara erguer seu povo de uma cultura rotineira, retardada. O panegirista dignificará Pombal dizendo-o um estadista "cujo defeito real consistia em ser descompassadamente superior à sociedade a que o nascimento o condenara". Da mesma sorte que o estudioso ávido não pedia momento para batalhar pelo advento de um melhor sistema de ensino e a sua propagação, o abolicionista aproveitava todas as ocasiões para defender a humanitária causa.[3]

Do mesmo modo, também Luís Viana Filho, biógrafo de Rui, chamava a atenção para a importância da instrução no pensamento ruiano ao prefaciar o tomo I do volume VIII das Obras Completas, referente aos trabalhos diversos executados por Rui no ano de 1881. Assim, bem ao espírito daquilo que Lacombe requeria aos prefaciadores, ele diz que "a fim de orientar o leitor, não vai mal que, antes de examinarmos os trabalhos ora editados [...] digamos alguma coisa sobre o modo por que lhe correu a vida nesse ano tão cheio de atribulações e sofrimentos".[4] Segundo ele, nesse ano, na *Circular aos eleitores*, Rui "aborda o problema

---

[2] José Vieira, Prefácio, Obras Completas de Rui Barbosa, v. IX, t. II, 1948, p. XVI.
[3] *Ibidem*, p. XXI.
[4] Luís Viana Filho, Prefácio, Obras Completas de Rui Barbosa, v. VIII, t. I, 1957, p. IX.

da instrução em todos os seus graus", também na relação com as outras reformas pretendidas pelo político baiano. Para o prefaciador:

> É a velha e constante preocupação de Rui pelos assuntos educacionais, vocação herdada do pai, cuja sombra jamais deixou de pairar sobre o caminho do filho. E, resumindo o seu pensamento sobre o assunto, declara não considerar "mais imprescindíveis à existência de um povo os sacrifícios de guerra do que os exigidos para o derramamento do ensino". Em seguida, nesse enunciado das ideias mestras, que lhe norteiam o espírito, trata da "transformação do trabalho livre, ante a tendência nacional, que nos aproxima da extinção do elemento servil". Cuida também do problema do papel-moeda, da reforma judiciária, e da autonomia dos municípios. A bem dizer, nas bases desse programa com que se apresentava ao eleitorado, solicitando-lhe o voto, encontramos o arcabouço de toda a ação política de Rui.[5]

Porém, no campo da educação, os prefácios aos tomos das Obras Completas dedicados aos pareceres relativos às reformas do ensino e os textos que eles diretamente provocaram, até onde se sabe, são os primeiros trabalhos sistemáticos sobre o legado de Rui Barbosa para a pedagogia e a educação brasileiras. Neles, não por acaso, como veremos, os autores, mesmo quando reiteram representações já consagradas sobre a "obra" educacional do jurista baiano, buscam se descolar, seja pelo aprofundamento, seja pelo deslocamento, dessas mesmas representações. Por isso, os prefácios e demais textos analisados neste capítulo representam, de certa forma, um discurso fundador de uma nova interpretação do legado ruiano. A partir deles, o chamado "legado" de Rui Barbosa para a educação brasileira jamais será visto da mesma forma. É deles, portanto, que passamos a nos ocupar a seguir.

O prefácio de Thiers Martins Moreira para os pareceres sobre ensino secundário e superior (1940/1942)[6]

"Editam-se agora em livro, pela primeira vez, os pareceres de Rui Barbosa sobre instrução pública apresentados à Câmara do Império."

---

[5] *Ibidem*, p. XVI-XVII.

[6] A primeira data refere-se ao ano de produção do prefácio, e a segunda, ao ano em que este foi publicado.

Assim inicia o prefácio do primeiro tomo das Obras Completas de Rui Barbosa, em 1942.[7] Trata-se, como já se sabe, do tomo dedicado aos pareceres acerca da reforma do ensino secundário e superior apresentados à Câmara do Império em 1882. O momento não poderia ser mais oportuno: envolvido ainda na organização da Universidade do Brasil, o Ministério da Educação estava, também, em meio à reforma do ensino secundário. Isso fazia com que o assunto enfocado pelo parecer estivesse presente nas discussões educacionais e nas rodas intelectuais naquele momento. Além disso, segundo Lacombe, a publicação do decreto que disciplinava a forma de edição das obras "provocou um grande interesse em torno do assunto", criando uma expectativa quanto ao aparecimento dos primeiros tomos.

Como já expusemos nos capítulos anteriores, esse tomo vinha sendo preparado desde a gestão de Luiz Camillo na Casa de Rui Barbosa (1934-1938). Esse diretor, inclusive, havia preparado, segundo Lacombe, uma versão para publicação, a qual teria sido vetada por Capanema, conforme vimos anteriormente. A nova versão, preparada e revisada sob a supervisão direta de Capanema, vinha, agora, prefaciada pelo dileto amigo e companheiro de Américo Lacombe desde os tempos da Faculdade de Direito e da Ação Integralista, Thiers Martins Moreira. O texto traz a data de 3 de novembro de 1940.

Segundo o prefaciador, as causas parlamentares que levaram Rui a elaborar os pareceres "bem depressa se apagaram da memória de todos para dar lugar à lembrança, um pouco sem contornos, de um parecer de Rui Barbosa sobre instrução pública no qual, taumaturgicamente, se achavam expostos e indicados os caminhos para todas as soluções da educação nacional". Isso, no entanto, teria ocorrido, segundo Thiers Moreira, com outros trabalhos de Rui Barbosa, aos quais foram atribuídas "virtudes de sabedoria a que talvez nunca ambicionara seu próprio autor".[8]

Esse preâmbulo escrito por Thiers Moreira bem demonstra o tom que marcará essa primeira apreciação de um texto de Rui Barbosa publicado na coleção das Obras Completas: a busca do equilíbrio e do comedimento na apresentação da pessoa e da produção intelectual do patrono da Casa. Afinal, para os organizadores da publicação, incluindo,

---

[7] Thiers Martins Moreira, Prefácio, Obras Completas de Rui Barbosa, v. IX, t. I, 1842, p. IX.
[8] *Ibidem.*

evidentemente, o próprio ministro da Educação, tratava-se de criar no público leitor – já marcado pelas recentes polêmicas em torno da biografia de Rui Barbosa envolvendo duas pessoas muito importantes dos círculos intelectuais e ruianos da capital federal (Luís Viana Filho e Homero Pires) – a sensação de que as Obras Completas apresentavam um Rui acima de discussões intelectuais passageiras. Tratava-se de apresentar um Rui acima dos partidos, defensor das causas universais e, como dizia Augusto Schmidt, "defensor do homem".[9] Por outro lado, ao que parece, o prefaciador e os organizadores não pretendiam mostrar um Rui idealizado e, para isso, era necessário chamar a atenção para as circunstâncias da produção dos pareceres e de sua recepção.

Assim, para Thiers Moreira, três fatores teriam concorrido para a instalação de uma lembrança um tanto quanto difusa, e heroica, sobre os pareceres na tradição político-pedagógica brasileira. Em primeiro lugar, seria preciso considerar "a maneia pela qual Rui Barbosa encarou ali as questões de ensino, usando de uma cultura especializada e técnica até então desconhecida entre nós". Em segundo lugar, está "a opulência bibliográfica, aquele luxo de sempre na literatura dos temas que versava e que, invariavelmente, provocava em seus contemporâneos, admiradores ou não, um sentimento do desproporcionado, ora em relação ao próprio objeto do trabalho, ora no confronto com o modo por que outros nomes tratavam, ao seu tempo, de igual matéria". Finalmente, não pode deixar de ser considerada "a forma, rica, farta, abundante, um certo barroquismo verbal que lhe emprestava aos escritos, ainda os mais humildes, uma força tumultuária, uma arquitetura sempre monumental".[10]

Seriam desses fatores que viriam um "sentimento de grandeza", avolumado na "glória popular". Mas, dizia o prefaciador, "ainda hoje, quando a inteligência recompôs o equilíbrio da sua postura", as obras de Rui não continuariam a mobilizar as paixões? Se os tempos autorizam críticas às vezes injustas ao patrono da Casa e "se é possível negá-lo, será impossível esquecê-lo. Creio até perigoso o ler com o propósito de negá-lo...", vaticinava.[11]

---

[9] Augusto Frederico Schmidt, Ruy Barbosa, defensor do homem, *Conferências I*, Rio de Janeiro, Casa de Rui Barbosa, p. 59-80, 1941.

[10] Moreira, Prefácio, Obras Completas de Rui Barbosa, p. IX-X.

[11] *Ibidem*, p. X.

Submetendo o texto de Rui à crítica a partir da especialização própria ao prefaciador, ou seja, nos domínios da linguagem, Thiers Moreira chama a atenção para o fato de que a fascinação dos textos ruianos junto a seus contemporâneos devia-se, também, à forma como eles estão construídos. "Amando o livro, a ciência mais recente que conhece pela revista que lhe acaba de dar curso", Rui conseguia organizar e exprimir suas ideias – domínio em que sua inteligência, por excelência, se situava bem – por meio da "linguagem apaixonada do momento".[12]

A par de uma linguagem mobilizadora, o tratamento amplo do assunto, em que "a ciência, a literatura, a arte, a ideia política, a religiosa (ou antes: agnóstica), a ideia de moral..." concorre para a produção de uma "visão caleidoscópica das formas múltiplas e rápidas que tomava aquele espírito pairado no ar". Assim:

> A legenda que os acompanhou e que os cerca ainda hoje, decorridos sessenta anos de seu aparecimento na Câmara, não é senão resultante dos louvores com que foram recebidos pelos que neles viram a palavra final do século, reboada ali no parlamento monárquico, arrastando consigo tudo que de melhor fora dado pela cultura estrangeira.[13]

Ao mesmo tempo que procura situar o leitor no momento e no movimento políticos em que os pareceres são elaborados, o prefaciador busca situá-los no ambiente mais amplo de afirmação dos Estados no mundo ocidental. Aqui como na França, onde se avaliavam as causas da derrota diante da Alemanha, "estava-se, pois, em um desses momentos de elaboração da ideia comum que marcam na vida dos Estados as fases de sua legislação, ou, pelo menos, a reação dos órgãos políticos representativos em face dos problemas cuja solução se reclama". Vincada na "natureza íntima do povo e à sua ordem moral" ou suscitada por um "artificialismo ilustrado", essa pressão inspirada em ambientes externos pode, no entanto, ter um resultado inócuo. "E foi isso que se verificou com a campanha pela reforma da instrução pública no Império: a influência estrangeira, digamos a francesa, a provoca e a

---

[12] *Ibidem*, p. XI.
[13] *Ibidem*.

alimenta, mas o projeto que procura dar-lhe expressão legal apaga-se na comissão parlamentar, que o elaborara."[14]

Essa "agitação reformista" dos anos de 1880, marcados por intensas discussões, elaboração de projetos de leis e, mesmo, pela realização de conferências e congressos de instrução, teria tido, segundo o prefaciador, "um poder semelhante, ou talvez maior, ao que, há coisa de doze anos, se faz sentir com a introdução da chamada Escola Nova entre nós".[15] Essa comparação é aprofundada em nota de rodapé em que o Thiers afirma:

> Também como no Império, o que se quer é reformar os métodos, a estrutura mesma da escola e dar-lhe uma filosofia nova. O ensino intuitivo, como processo metodológico, a ciência e sua filosofia, como objetivos, substituem-se pelo ensino ativo e a escola social. Aos passos de Herbart, com seu intelectualismo psicológico, opõe-se a educação funcional com sua compreensão "unitária" da alma infantil, como às ciências naturais iam opor-se a ciência da sociedade e sua filosofia. Vistos, todavia, do círculo mais largo das evoluções não é senão, nas bases científicas e nos propósitos filosóficos, o desenvolvimento histórico do outro que, no Brasil, teve e terá Rui Barbosa como principal representante, e a quem, de certo modo, se há de considerar um precursor.[16]

Ao estabelecer a continuidade entre Rui Barbosa e a Escola Nova, Thiers Moreira está, também, estabelecendo uma outra chave de leitura para o legado ruiano à história da educação brasileira, chave esta que se diferencia daquelas encontradas nos textos de Lourenço Filho e Fernando de Azevedo anteriormente analisados. É difícil, inclusive, não ler aqui uma crítica à *Introdução ao estudo da escola nova*, que nem ao menos citava Rui. Mas, é óbvio, não se pode deixar de perceber na leitura de Thiers a atuação e a atualização da forma como intelectuais católicos caracterizavam os elementos fundamentais de uma luta que ainda estava ocorrendo sobre as bases fundamentais em que se assentavam, ou deveriam assentar, as inovações educacionais do período. Assim, o prefácio é, também, a utilização de um morto para estabelecer o diálogo entre os vivos.[17]

---

[14] *Ibidem*, p. XIV.

[15] *Ibidem*, p. XV.

[16] *Ibidem*, nota 11.

[17] Michel de Certeau, *A escrita da história*, Rio de Janeiro, Forense Universitária, 1982.

Ao estabelecer o lugar dos pareceres na carreira política e na percepção de Rui pelos seus contemporâneos, Thiers afirmará que, apesar de suas inúmeras atividades e de seu já famoso "talento verbal", "são os pareceres, no entanto, que, por largo tempo, lhe vão dar a face por que os contemporâneos procurarão ou saberão vê-lo e que, só mais tarde, via ceder lugar ao jornalismo e ao direito".[18]

Os problemas da instrução serão sobrepujados por outros problemas sociais e políticos, como as discussões sobre o fim da escravidão e do próprio regime monárquico, e os pareceres são esquecidos. Isso, para Thiers Moreira, "não prejudica, porém, o valor teórico dos pareceres e talvez lhe permita conservar a autoridade científica que certamente se comprometeria pela fatal refração de seus princípios, ao passarem estes do plano sideral das ideias para a realidade da administração escolar". Apesar dessa advertência, o autor explica que a segurança com que Rui trata dos assuntos nos pareceres advém do fato de que seu interesse pela instrução não teria sido despertado apenas por ter sido membro da Comissão de Instrução. Tal interesse viria de muito antes e fora inculcado pelo convívio com o próprio pai, professor e diretor-geral de instrução na Bahia.[19]

Admirado com a quantidade de teses e assuntos tratados nos pareceres, o prefaciador informa que "a literatura pedagógica nacional não conhece nada mais completo" em termos de ensino do que os pareceres de Rui Barbosa. Nele estão as "questões fins educacionais, de método, de psicologia, de organização administrativa do Estado a atender a Instrução Pública". Depois de passar em revista todos os assuntos tratados, e não apenas de forma superficial, nos pareceres, o prefaciador sentencia que "neste parecer que agora sai à publicação [...] e no anteprojeto que o acompanha, já se revelam essa profusão, o mundo de dados informativos e a plenitude da força com que são tratados os problemas", não deixando porém de anunciar que "será, no que virá a seguir, sobre a reforma do ensino primário e das várias instituições complementares da escola, que se terá o admirável instrumento bibliográfico de que Rui Barbosa se valeu, a sua atualidade, a maestria com que o maneja para dar melhores e mais recentes fundamentações científicas ao projeto de lei".[20]

---

[18] Moreira, Prefácio, Obras Completas de Rui Barbosa, p. XVI.

[19] *Ibidem*, p. XVIII. Cf. também a nota 17 da mesma página.

[20] *Ibidem*, p. XIX-XX.

Uma vez apresentado o parecer objeto de sua análise, o prefaciador, numa clara alusão às lutas que se travam em torno do assunto no momento em que escreve, faz uma advertência, de resto anacrônica, "aos que estejam agora tomados da paixão deste século, em oposição às do outro" de que a bibliografia mobilizada por Rui o leva, às vezes, a cometer equívocos, já que esta tem mais de 60 anos e tem "por objeto exatamente o mundo das ideias que dali para cá mais foi debatido de correntes novas de filosofia, de política, de psicologia. São trabalhos do fim do século XIX, com raízes fundamente embebidas nos preconceitos dele."[21]

Para mostrar a não atualidade dos pareceres sob certos aspectos, Thiers Moreira chama a atenção para o modo inadequado, considerada a discussão no início dos anos de 1940, como certos temas são tratados nos pareceres, e não apenas no parecer sobre ensino secundário e superior. Toma dois exemplos, "dentre centenas que se oferecem". O primeiro é o ensino intuitivo como método. Esse, afirma o prefaciador, "como processo de disciplinamento escolar na elaboração do conhecimento infantil, e da formação psicológica e moral da criança, acha-se hoje abandonado ou talvez negado pela nova metodologia e pela nova pedagogia, uma e outra anti-intelectualistas". O segundo exemplo é o "enciclopedismo científico, didaticamente dosado para efeitos escolares, e as ciências erigidas em objeto principal, quase exclusivo, dos estudos em qualquer grau da formação do conhecimento, [que] não são hoje considerados senão como uma etapa histórica das crises que, ciclicamente, sofre a inteligência".[22]

Como que temendo o efeito de tal apreciação no leitor, o prefácio, em seguida, informa:

> Ao lado disso, porém, muito há que aprender ali, e que não conserva somente valor de testemunho na história do pensamento e das doutrinas pedagógicas. Muita coisa que não envelheceu, que está na sua mocidade, servindo-nos e nos ensinando. E mais: no que caiu e no que ficou, no que se há de aceitar ou no que se há de negar, está um magnífico exemplo do esforço de nossa cultura e da inteligência posta a serviço de um grande interesse público.

---

[21] *Ibidem*, p. XX.
[22] *Ibidem*, p. XXI.

E este valor moral, que não está sujeito às leis do envelhecimento, em nada é menor que os outros.[23]

Vê-se, pois, que Thiers Moreira efetua o duplo e significativo movimento: primeiro, estabelece que o método intuitivo e a formação científica são elementos que fazem dos pareceres uma espécie de precursor da Escola Nova tal como propugnavam intelectuais como Fernando de Azevedo e Lourenço Filho. Em seguida, afirmava que esses dois elementos, "escolhidos" dentre muitos possíveis, estavam a demonstrar a não atualidade dos mesmos pareceres. Nesse duplo movimento, combatia as interpretações do movimento escolanovista que lhe eram adversárias e, ao mesmo tempo, demonstrava não ter, para com o legado ruiano, uma relação de reverência sem crítica.

No que se refere especificamente às condições de produção dos pareceres, Thiers já havia chamado a atenção para o fato de que o Partido Liberal, ao reassumir o poder, se via pressionado, pela opinião pública e parlamentar, a implementar a reforma da instrução pública. Nesse contexto, essa reforma assume, para Rui, ao lado das reformas eleitoral e financeira, o caráter de uma verdadeira "revolução entre nós". Tendo assumido a função de relator da Comissão de Instrução Pública da Câmara em decorrência da nomeação de Franklin Dória, então relator, para o governo de Pernambuco, Rui se dedica com afinco à redação dos pareceres. Tendo-os apresentado em 13 de abril de 1882, terão rápido curso no legislativo, pois, segundo Thiers, "a opinião, ao que parece, exerce pressão sobre o Parlamento e lhe reclama urgência na aprovação da lei".[24]

Mas, na economia do discurso em atuação na constituição do prefácio, Thiers Moreira deixa para o final do texto alguns comentários sobre a "curta história desses pareceres". Retoma então as circunstâncias da indicação de Rui Barbosa para relator da Comissão e os "estudos múltiplos, minuciosos e extensos" empreendidos por Rui como relator da matéria. Expõe, também, a decisão do relator em apresentar dois pareceres – um sobre o ensino secundário e superior e outro sobre o ensino primário –, justificando a demora da apresentação do segundo,

---

[23] *Ibidem*, p. XXII.
[24] *Ibidem*, p. XII-XIII.

que somente foi apresentado em 12 de setembro de 1882, mas cuja publicação somente se deu no ano seguinte. Informa, ainda, que tal demora deve-se ao fato, relatado por Rui Barbosa em carta a Jacobina Lacombe, de terem sido perdidas pela Tipografia Nacional sessenta e seis páginas do texto original entregues para impressão.[25]

Por fim, o prefaciador expõe a metodologia adotada no que concerne à preparação do texto (padronização ortográfica, gramatical, correções ao texto original etc.), informando, ainda, que "o índice geral e o de nomes citados, e a bibliografia" foram acrescentados pelo encarregado pela edição.[26] Constam, ainda, elaboradas pelo prefaciador sete notas, todas referentes a um "aditamento organizado na Secretaria da Câmara dos Deputados, contendo os projetos relativos à instrução pública, e respectivo andamento, apresentados no decênio de 1870 e 1880, publicado como anexo ao parecer". Nelas, busca-se, de um modo geral, informar ao leitor sobre projetos apresentados à apreciação da Câmara no período anterior a 1870.

Lourenço Filho por *dentro* dos pareceres (1943)[27]

Tendo aparecido o primeiro volume das Obras Completas em dezembro de 1942, imediatamente, Lourenço Filho, então diretor do Instituto Nacional de Estudos Pedagógicos (INEP), é convidado pela Associação Brasileira de Educação, presidida por Francisco Venâncio Filho, para proferir uma conferência em saudação a tão auspicioso acontecimento. A conferência ocorre, muito simbolicamente, na Casa de Rui Barbosa no dia 18 de fevereiro de 1943.[28] O texto de Lourenço Filho, relativo a essa conferência, foi publicado no final do ano seguinte na *Revista Brasileira de Estudos Pedagógicos*[29] e, logo em seguida, na *Revista*

---

[25] *Ibidem*, p. XXIII-XXIV.

[26] *Ibidem*, p. XXVI.

[27] A data se refere à apresentação pública do texto e não à sua publicação impressa, que somente ocorreu em 1945. Adotei esse critério porque a conferência de Lourenço Filho será, já no ano de 1943, referida por Alberto Venâncio Filho, como veremos mais à frente.

[28] Nas atas das reuniões do Conselho Diretor da Associação Brasileira de Educação (ABE) relativas ao segundo semestre de 1942 e às primeiras reuniões de 1943, não encontramos nenhuma referência a essa conferência.

[29] Manoel Bergström Lourenço Filho, À margem dos "pareceres" de Rui sobre o ensino, *Revista Brasileira de Estudos Pedagógicos*, v. 2, n. 5, p. 183-205, nov. 1944.

da Academia Paulista de Letras.³⁰ Somente em 1945 o texto aparecerá no segundo volume da série *Conferências*, das Publicações da Casa de Rui Barbosa, sendo dela publicada uma separata ainda no mesmo ano. O título dado à conferência e ao texto publicado nas diversas ocasiões é o mesmo, inclusive no que se refere às aspas: "À margem dos 'pareceres' de Rui sobre o ensino". A versão que aqui vamos analisar é aquela que aparece nas *Conferências II* da Casa de Rui Barbosa, em 1945.

O texto inicia lembrando que o decreto-lei de setembro de 1941 determinava a publicação das Obras Completas e que "não retardou o Ministério a execução da enorme tarefa" pois, "em dezembro do ano seguinte, concluiu a Imprensa Nacional a impressão do primeiro tomo, o qual, desde logo se diga, faz honra à direção desta casa, a que se confiou a publicação". Em seguida o conferencista tece elogios à edição, "quer pelo aspecto gráfico, tão nobre; quer pela revisão tão desvelada; quer ainda pelo substancioso prefácio, de autoria do prof. Thiers Moreira", prenunciando-se, assim, o que "deverá ser uma opulenta coleção".³¹

Informa, ainda, o conferencista a seus ouvintes e leitores que o tomo corresponde aos trabalhos relativos a 1882, tratando do projeto apresentado à Câmara dos Deputados por Rui Barbosa, relator da Comissão de Instrução Pública. E pergunta:

> E por que havia de começar a publicação por aí?... Intenção deliberada ou acaso feliz?... De um ou de outro modo, a força simbólica do conteúdo não pode ser esquecida. Nos pareceres sobre o ensino, Rui haveria de revelar, de modo acabado, e talvez mais do que em qualquer outra parcela de igual dimensão, em toda sua obra, a crença que nutria no valor da cultura; e, por isso mesmo, a compreensão do processo social pela divulgação da ciência, das artes e das técnicas modernas de produção; e, por isso, também, da aspiração de uma pátria agigantada pela educação ao serviço do povo.³²

Assim, ao mesmo tempo que parece duvidar de que a escolha de começar a edição das Obras Completas pelo parecer sobre o ensino

---

³⁰ Manoel Bergström Lourenço Filho, À margem dos "pareceres" de Rui sobre o ensino, *Revista da Academia Paulista de Letras*, v. 7, n. 28, p. 71-88, dez. 1944.

³¹ Manoel Bergström Lourenço Filho, À margem dos "pareceres" de Rui sobre o ensino, em *Conferências II*, Rio de Janeiro, Casa de Rui Barbosa, p. 69-96, 1945.

³² *Ibidem*, p. 71-72.

secundário e superior tenha sido ao acaso, Lourenço Filho estabelece uma importante chave de leitura da obra ruiana, a educação, por meio da qual se poderia aquilatar o restante da obra e do pensamento do grande brasileiro. Por isso, não se furta o conferencista de dizer:

> Representam eles, antes de tudo, magistral tratado de pedagogia, das obras de conjunto mais amplas, mais documentadas, mais completas do gênero, que, ao tempo, e em qualquer idioma, se tenham escrito; corporificam todo um plano político, de fomento da economia, de fundamentação da ordem interna e de segurança externa pela obra da escola. Contém, e não haverá de negá-lo, dos mais belos exemplos de linguagem [...]. E em tudo isto [...] os pareceres representam algo ainda de mais valioso [...] [que] é a profunda fé no valor do espírito humano; na capacidade de engenho de cada homem em criar, experimentar e corrigir; no exercício da liberdade a que essa criação e experimentação, sempre renovadas, possam conduzir.[33]

Afirmando que, como tratados de ensino, planos políticos ou exemplares da boa linguagem, os pareceres "podem valer menos hoje que ontem", Lourenço Filho lembra, também, que neles há muito de perene, sobretudo "seu amplo sentido filosófico", reagindo contra a afirmação de Capistrano de Abreu de que Rui não teria "cultura filosófica". Não "teria sido possível a Rui, como a qualquer, erigir todo um sistema pedagógico coerente – e ele existe nos pareceres, como haveremos de mostrar – sem que lhe trabalhasse o espírito toda uma acabada concepção filosófica", afirma Lourenço Filho.[34]

Seria precisamente esse "sentido da obra pedagógica de Rui que, no plano de publicação, como volume inicial, dá valor simbólico à reedição", e, por isso mesmo, a Associação Brasileira de Educação "quis saudar o aparecimento do primeiro tomo das Obras Completas, pedindo-nos que trouxéssemos a calorosa mensagem de aplausos" ao presidente Getúlio Vargas e ministro Gustavo Capanema, "a quem o país fica a dever mais este grande serviço no sentido da preservação e da divulgação do patrimônio cultural brasileiro".[35]

---

[33] *Ibidem*, p. 72.
[34] *Ibidem*, p. 72-73.
[35] *Ibidem*, p. 73.

Lourenço Filho passa, então, a discorrer sobre *Rui ao tempo dos pareceres*. Relembra a trajetória política de Rui Barbosa, da Bahia à Corte e, concordando com Luís Viana Filho, autor da recém-lançada e polêmica biografia, imputa à influência paterna o seu gosto pela instrução pública. Mas, dizia o conferencista, isso não é tudo. "Lançado à vida pública [...] Despertada a tendência política, seria justo que colocasse os problemas do ensino entre os de mais decisiva importância na vida nacional", afirmava, para, em seguida, remeter ao texto do prefácio de Thiers Moreira quando este afirma que a reforma da instrução, ao lado da eleitoral e financeira, seriam as bases da ampla reforma social pretendida por Rui. Mas Lourenço Filho rompe com esse equilíbrio da importância das reformas para Rui Barbosa, pois, segundo ele, "ao lidar, porém, mais de perto com a matéria [...] Rui haveria de ceder, muitas vezes, a primazia às coisas da educação", citando em seguida vários trechos dos pareceres que, a seu ver, corroboravam seu pensamento.[36]

Não falta a Rui, afirmava Lourenço Filho, "a observação do movimento da vida internacional e, ainda, não lhe escapava também a importância que o desenvolvimento da instrução pública vinha assumindo nos países da Europa e da América". Assim, além da influência paterna, da experiência pessoal, "juntava-se agora a compreensão dos acontecimentos na vida e na prosperidade das nações". E, "dando unidade e forma a essas influências, outra, mais geral, porque de ordem filosófica, a tudo presidia. Era a compreensão do relevante papel que a ciência e a técnica haveriam de assumir na vida futura de todos os povos." E citando Rui, sentenciava: "O Estado [...] tem deveres para com a ciência. Cabe-lhe na propagação dela um papel de primeira ordem; já porque do desenvolvimento da ciência depende o futuro da nação."[37]

Percebe-se, aqui, um outro modo de conceber a questão do ensino das ciências nas obras de Rui, muito diferente daquele anunciado por Thiers Moreira em seu prefácio ao livro que é objeto da saudação de Lourenço Filho. Longe de significarem, como dizia aquele, o resultado das "crises que, ciclicamente, sofre a inteligência", a defesa da centralidade do ensino das ciências na obra de Rui decorreria de

---

[36] *Ibidem*.
[37] *Ibidem*, p. 77.

uma razão filosófica fundante de sua compreensão do mundo social. Ou seja, seria um dos traços perenes, e atuais, do pensamento ruiano.

Na terceira parte de sua conferência, Lourenço Filho trata da *gênese dos pareceres*. Nela, o conferencista trata do trâmite das circunstâncias que levaram à elaboração dos pareceres detendo-se na análise de uma questão em particular: "Por que se apresentaram dois pareceres quando, segundo a boa técnica, só caberia um?..." Segundo Lourenço Filho isso se deu porque "Rui quis documentar-se com o mais completo material que pudesse obter, em países da Europa e da América" e, como o material não se encontrava à mão, foi preciso esperá-lo chegar do exterior. Para corroborar sua hipótese, o conferencista mostra uma grande quantidade de obras que, não estando citadas no primeiro parecer, o foram no segundo, sobre instrução primária, terminando por dizer que "o exame da bibliografia utilizada nos pareceres daria, por si só, como se vê, matéria para um estudo especial".[38]

Na quarta parte do texto da conferência, sob o título *A reforma Leôncio de Carvalho*, encontramos uma rápida caracterização da instrução pública no Brasil ao tempo dos pareceres. A situação era "acabrunhadora e deprimente para o país quando comparada a de outros países, não só da Europa, mas na América, pois a Argentina já apresentava mais de 5% da população total nas escolas", enquanto no Brasil esse percentual não chega a 2%.[39]

Sob o título "Apenas pareceres?", Lourenço Filho vai expor a razão das aspas no título do texto. "Certo é, porém, que eles excedem do plano comum de tais documentos", afirma. E completa: "os relatórios de Rui, tudo é diverso: a vastidão, com que os assuntos são encarados; a documentação, referente à educação no país e fora dele; a argumentação sempre perfeita; a exposição de números, opiniões, resultados de recentes congressos, não raro a história de cada instituição escolar."[40]

---

[38] Lourenço Filho, À margem dos "pareceres" de Rui sobre o ensino, p. 79, 80 e 81. A respeito da bibliografia utilizada por Rui Barbosa, quando Lourenço Filho profere a conferência já era famoso o texto de Homero Pires – "Ruy Barbosa e os livros" – publicado nas *Conferências I* da Casa Rui Barbosa. A essa questão voltarão Jacobina Lacombe, no prefácio dos tomos relativos à reforma do ensino primário, como veremos, e, mais tarde, o próprio Lourenço Filho, que sobre isso publicará um texto – "As fontes dos pareceres"– incluído na 3ª edição do livro *A pedagogia de Rui Barbosa*, publicada em 1966.

[39] Lourenço Filho, À margem dos "pareceres" de Rui sobre o ensino, p. 82.

[40] *Ibidem*, p. 83-84.

A monumentalidade dos pareceres transparece na análise de Lourenço Filho, não apenas porque deles o conferencista teria retirado, sem maiores esforços, nada menos do que 275 fichas "sobre igual número de assuntos", mas também neles se encontrava desde uma "conceituação geral de educação; os seus princípios normativos, ou filosofia pedagógica" até a discriminação das disciplinas a serem ensinadas e as instituições a serem criadas, estabelecendo, assim, um verdadeiro "plano nacional de educação" e a criação de um ministério próprio para executá-lo.[41]

Ao submeter à análise *os diferentes aspectos da obra*, título da quinta parte de sua conferência, Lourenço Filho esclarece que seria necessário analisar os pareceres em seus diversos aspectos, quais sejam, no domínio dos "estudos pedagógicos; o de uma filosofia da educação, o de uma política da educação, o dos planos de organização escolar, o da técnica mesma do ensino, o da educação comparada, o dos estudos da estatística escolar". Ou seja, há neles espaço para análise das políticas, das didáticas, da educação comparada, da organização escolar etc.[42]

Nos pareceres, segundo Lourenço Filho, "a intenção política, ou de reforma social, parece-nos a dominante. A educação é apresentada como instrumento para os grandes planos de revigoramento das instituições liberais", o que teria evitado que Rui propusesse um "receituário de expedientes isolados", propondo um verdadeiro "sistema nacional de ensino".[43] Do mesmo modo, a perspectiva de educação comparada que subsistiria nos pareceres permitiria a Rui abastecer-se de argumentos, dados e experiências de outros países. Tudo isso, no entanto, seria articulado pela "existência de uma filosofia nos pareceres". Essa filosofia, anunciada nos fins da educação é, inicialmente, tomada de empréstimo a Spencer, mas se vê enriquecida na perspectiva ruiana.

Para o conferencista, Rui, ao mesmo tempo que propugna o estudo do meio social onde "opera a escola", "quer que se estude biologia e psicologia da criança", realizando uma fundamentação científica do plano e dos métodos de estudo. Segundo escreve Lourenço Filho, "a técnica de ensino, segundo a ciência da época, era dos processos

---

[41] *Ibidem*.
[42] *Ibidem*, p. 86.
[43] *Ibidem*, p. 86-87.

intuitivos. A didática de Rui, tal como ele a expressa mais constantemente, é a intuição, sugerida por Comenius, praticada por Pestalozzi e por Froebel, sistematizada, enfim, por Herbart." No entanto, dizia Lourenço Filho, "Rui vai mais longe que os criadores e sistematizadores do ensino intuitivo".[44] Assim, Rui não apenas preconiza, e antecipa, aquilo que seria o "método ativo", mas também anunciaria isso utilizando expressões "hoje consagradas", como *self-activity*, e, após uma citação dos pareceres sobre o papel do mestre junto ao aluno, pergunta: "Que é isto, senão a educação ativa dos nossos dias?..."

Apesar de Lourenço Filho dizer que o propósito de sua conferência não é fazer um exame acurado das ideias pedagógicas dos pareceres, mas tão somente "salientar que Rui avantajou por alguns aspectos aos próprios autores que cita", a seguir ele apresenta numa espécie de síntese, uma leitura marcadamente política dos pareceres e da pedagogia de Rui dizendo que "com a atividade do aluno [...] Rui não pretendia senão formar personalidades conscientes e autônomas. Esta é a grande ideia central de toda a sua pedagogia, porque é também a ideia central de sua política, e porque é a ideia central de sua filosofia."[45]

Para não deixar dúvida quanto ao seu modo de ler os pareceres, acrescentava:

> Em resumo: a pedagogia, expressa nos pareceres, é precursora do ativismo; a filosofia em que se apoia, a do evolucionismo. Não será demais dizer, talvez (eis aqui um tema para os estudiosos de Rui) que, na obra de 82, ele se apresenta como precursor do pragmatismo. Essa tendência não desenvolvida, é certo, em trabalhos posteriores, marca, porém, o pensamento de muitas páginas dos pareceres.[46]

Eis, aí, por que, devia pensar Lourenço Filho naquele momento, para um católico como Thiers Moreira, participando das disputas sobre o que se deve chamar de legítimas inovações educacionais dos anos de 1920 e 1930, não seria possível acolher de bom grado o legado da pedagogia ruiana: em tudo, ou em quase tudo, ele se distancia daquilo que vinha sendo defendido pelos ativistas católicos naquele momento.

---

[44] *Ibidem*, p. 88-89.
[45] *Ibidem*, p. 89.
[46] *Ibidem*, p. 90.

É justamente "A atualidade dos pareceres" que se intitula a sexta parte do texto da conferência. Salientando, de início, que "aos críticos de hoje a obra imensa dos pareceres não irá deixar de apresentar pontos deficientes na fundamentação de algumas ideias", termina por perguntar: "Quantas obras pedagógicas (e já não dizemos pareceres parlamentares) podem ser lidas depois desse prazo com a impressão de atualidade que muitas e muitas páginas ainda agora oferecem?..."[47]

Para demonstrar, então, a atualidade da obra pedagógica de Rui, Lourenço Filho utiliza-se da estratégia de fazer comparações entre trechos dos pareceres de Rui Barbosa com trechos retirados de obras de consagrados autores do século XX ou, ainda, de políticos e intelectuais que ativamente participavam das políticas estadonovistas.[48] Assim, sobre método, a comparação é com William Kilpatrick em obra publicada em 1918;[49] a crítica à escola tradicional, com Francisco Campos na exposição de motivos da reforma mineira de 1927; sobre a crítica à pedagogia intelectualista, com Adolfo Ferriére, em livro de 1920;[50] sobre o ensino de desenho, com "um dos nossos mais brilhantes educadores", Fernando de Azevedo, em livro de 1931;[51] sobre o acesso das classes pobres à escola, com Getúlio Vargas; sobre a necessidade da organização nacional do ensino, de novo com Getúlio Vargas; sobre a educação moral, com Gustavo Capanema na lei orgânica do ensino secundário. "Não é a mesma ideia, o mesmo plano, a 60 anos de distância?...", pergunta o conferencista.[52]

"Para concluir" é o título da última parte do texto e, nela, Lourenço Filho sintetiza que "depois destes exemplos – e muitos outros poderiam ser trazidos – não se porá dúvida sobre a atualidade dos pareceres", pois "já em filosofia, já em política, já em didática, o pensamento de Rui, não há como negá-lo, por muitos pontos, continua atual".[53] Em comparação com o texto de Thiers Moreira, não há como

---

[47] *Ibidem*.

[48] *Ibidem*, p. 89 *et seq*.

[49] William Kilpatrick, *The Project Method*, Nova York, 1918.

[50] Adolfo Ferriére, *A lei biogenética e a escola ativa*, São Paulo, Melhoramentos, 1929.

[51] Fernando de Azevedo, *Novos caminhos e novos fins*: a nova política de educação no Brasil, São Paulo, Editora Nacional, 1931.

[52] Lourenço Filho, À margem dos "pareceres" de Rui sobre o ensino, p. 92.

[53] *Ibidem*, p. 92-93.

não ver, aqui, a mesma tópica do discurso sendo acionada, só que para fundamentar posições opostas: enquanto o prefaciador do tomo comentado dizia que os dois exemplos escolhidos para demonstrar a não atualidade dos pareceres foram tomados "dentre centenas que se oferecem", o conferencista afirmava que, além daqueles que trouxe, "muitos outros poderiam ser trazidos" para mostrar a atualidade dos mesmos pareceres.

Era essa atualidade, essa perenidade, que fazia do lançamento do primeiro tomo das Obras Completas de Rui Barbosa um acontecimento a ser saudado e agradecido a quem de direito – Getúlio Vargas, Gustavo Capanema e à Casa de Rui Barbosa, nessa ordem.

> Eis porque, se grande é a obra bibliográfica que pratica o Ministério da Educação, reproduzindo os pareceres, grande é também a obra de boa doutrinação e, até, como se pode ver por muitas passagens, a justificação de todo um programa de realizações na administração da educação nos últimos tempos: criação do Ministério, leis orgânicas nacionais, organização dos serviços de estatística, organização do ensino técnico, com base no secundário, desenvolvimento da educação física, instituição de órgãos de documentação e pesquisa, consagração do ensino ativo.[54]

Nem Jacobina Lacombe iria, ou foi, tão longe na aproximação entre a publicação das Obras Completas e a administração varguista! Nessa verdadeira consagração de Rui, pois, para Lourenço Filho, é disso que se tratava,[55] e o conferencista acabava também por consagrar o próprio regime e suas reformas educacionais. É uma leitura que, como se viu, se faz contra outras leituras, como a do Thiers Moreira, mas, é preciso sublinhar, contra a leitura de Fernando de Azevedo e, por que não, contra as próprias leituras anteriores de Lourenço Filho.[56]

---

[54] *Ibidem*, p. 93.

[55] *Ibidem*, p. 96.

[56] É importante salientar que, apesar da convivência amistosa, as diferenças entre Lourenço Filho e Fernando de Azevedo eram de conhecimento, pelo menos, dos amigos. Em carta a Francisco Venâncio Filho, em 26 de agosto de 1940, Azevedo afirmava: "Li, na Revista Brasileira de Estatística, uma conferência de Lourenço Filho sobre as tendências da educação. Trata-se de trabalho incompleto, parcial e *tendencioso*... Para destacar o que se faz agora, o entendeu relegar não para o plano secundário, mas para o esquecimento, o movimento de reforma do Distrito Federal (1926-1930; 1932-1935) e de S. Paulo (1933) e seu profundo significado. Além disso, injusto: as tendências novas não se

Seja pelo seu teor, seja pela importância simbólica das instituições organizadoras e acolhedoras da conferência, seja, ainda, pela publicação do texto em importantes revistas e pela Casa de Rui Barbosa e, já na década de 1950, pelo seu aparecimento no livro *A pedagogia de Rui Barbosa*, publicado pela primeira vez em 1954 pela Melhoramentos,[57] ou mais certamente, pelo conjunto dessas razões, o texto de Lourenço Filho aqui comentado tornou-se um marco na leitura e interpretação de Rui Barbosa no campo educacional brasileiro. A defesa de que havia toda uma *pedagogia de Rui Barbosa* estabelecida nos pareceres, inclusive, e sobretudo, articulada por uma coerente perspectiva teórica, irá se aprofundar, como veremos mais à frente, ao longo dos anos de 1940, culminando com a publicação do livro pela Melhoramentos em 1954.

A intervenção de Francisco Venâncio Filho na *Cultura Política* (1943)

Apenas dois meses após a conferência promovida pela Associação Brasileira de Educação (ABE) e pronunciada por Lourenço Filho na Casa de Rui Barbosa, o presidente da associação, o professor Francisco Venâncio Filho, publica um texto sobre os pareceres na revista *Cultura Política*,[58] órgão do Departamento de Imprensa e Propaganda (DIP).

---

registram apenas em algumas respostas do inquérito sobre a educação pública, em São Paulo (1926), mas sobretudo nas perguntas e nos artigos de introdução e conclusão com que orientei o debate. Em todo o caso, o trabalho é um retrato do Lourenço, de corpo inteiro..." Cf. Maria Luiza Penna, *Fernando Azevedo*: educação e transformação, São Paulo, Perspectiva, 1987, p. 129.

[57] O livro *A pedagogia de Rui Barbosa* veio a lume em 1954, pela Melhoramentos, e reúne textos produzidos por Lourenço Filho entre 1942 e 1952 sobre a temática pedagógica no conjunto da obra do famoso jurista brasileiro. Ele é composto por cinco capítulos. O primeiro, "A pedagogia de Rui", foi pronunciado como conferência, em 1949, na sede do Instituto Histórico e Geográfico Brasileiro, num curso de extensão universitária sobre a vida e obra de Rui Barbosa. O segundo, "À margem dos 'pareceres' de Rui sobre o ensino", também foi uma conferência, agora pronunciada na Casa de Rui Barbosa, a convite da Sociedade Brasileira de Educação como parte das comemorações pelo lançamento do primeiro volume das Obras Completas de Rui Barbosa. O terceiro capítulo, "Rui e as 'Lições de coisas'", foi texto escrito como prefácio para a reedição de *Lições de coisas*, v. XIII, tomo I das referidas Obras Completas, em 1945. Os dois últimos capítulos, "Roteiro para estudo da obra pedagógica de Rui" e "Ementário pedagógico de Rui", parecem ter sido escritos especialmente para o livro. Note-se, também, que na organização do livro, entre os textos mais substantivos de análise da obra de Rui Barbosa, aquele que foi escrito por último (1949) vai aparecer na abertura do livro. Ele representa, por assim dizer, a síntese do investimento de Lourenço Filho na análise e divulgação da obra de Rui Barbosa e é dele que nos ocuparemos neste texto.

[58] O texto foi publicado em duas partes, no volume 3, números 26 e 28, correspondentes aos meses de abril e junho, respectivamente.

Venâncio Filho, àquela altura, não apenas era o responsável pela área de educação junto à revista,[59] professor do Instituto de Educação do Distrito Federal e presidente da ABE, mas um dos mais respeitados intelectuais da educação do Brasil.

Sob o título "Os pareceres de Rui Barbosa", o texto é, também, uma saudação ao aparecimento do primeiro tomo das Obras Completas no final do ano anterior. Ao escrever o texto, o autor já tinha conhecimento da conferência de Lourenço Filho e, provavelmente, já havia lido o texto referente a ela, já que o cita, como veremos.

Segundo Venâncio Filho, "não há, na história da educação no Brasil, obra mais famosa que os dois pareceres apresentados por Rui Barbosa à Câmara dos Deputados do Império. Muito mais citados do que lidos, como costuma acontecer a certos trabalhos célebres, seja porque os conceitos gerais, já pacíficos, dispensam leitura, seja porque se tornam um pouco de difícil acesso." Assim, representa um

> [...] grande serviço prestado à nossa cultura, pelo ministro Gustavo Capanema, a publicação destes pareceres, que se tornam agora ao alcance de todos. A edição é, sem favor, primorosa, não apenas na apresentação tipográfica, como principalmente no zelo, no rigor, na exação com que foi feita pelo prof. Thiers Martins Moreira, encarregado da sua organização.[60]

Considerando que "estes pareceres se acham envoltos em forma lendária, em que a imaginação impõe quase sempre a imprecisão", o autor passa, então, a historiar a elaboração dos textos pelo relator da Comissão de Instrução na década de 1880, principiando pela reforma Leôncio de Carvalho até a frustração pela não discussão dos pareceres, terminando por retomar Afrânio Peixoto: "Parece até que se cansaram desse grande esforço alheio, porque só em 1886 apareceu no relatório do barão de Mamoré a necessidade de uma reforma radical do ensino..."

---

[59] Segundo Alberto Venâncio Filho, "não tendo Fernando Azevedo podido se encarregar da seção de educação, indicou o dileto amigo, que de 1941 a 1943 tratou dos temas educacionais. A revista, que se propunha a formar uma ideologia para o Estado Novo, dava entretanto independência a seus colaboradores, muitos deles, como o responsável pela seção educacional, adversários do regime vigente, e que não tiveram cerceada a sua independência e a sua autonomia." Alberto Venâncio Filho, *Francisco Venâncio Filho*: um educador brasileiro, Rio de Janeiro, Nova Fronteira, 1995, p. 23.

[60] Francisco Venâncio Filho, Os pareceres de Rui Barbosa, *Cultura Política*, Rio de Janeiro, v. 3, n. 26, p. 106, abr. 1943.

O articulista não deixa, ainda, de reportar-se ao fato de que "o movimento de opinião, em cujo ambiente surgiram estes pareceres, o prof. Thiers Martins Moreira compara ao que se processou há 15 anos no sentido de uma renovação social pela educação".[61]

Depreende-se continuamente do texto de Venâncio Filho que ele está usando a oportunidade de comentar o aparecimento do livro das Obras Completas para colocar em questão um conjunto de dimensões do passado e do presente educacionais brasileiros. Assim, a respeito da articulação entre o ensino secundário e o superior, ele afirma:

> O projeto que acompanha o parecer mantém o princípio de juntar o ensino secundário e o superior, que viria até a reforma Francisco Campos, em 1931, em que pela primeira vez se separam. Como que se tornava implícita a sua dependência, porque, a despeito de todas as declarações em contrário, continua o curso secundário a ser ponte de passagem para as escolas de formação profissional, sem autonomia de fins e meios que todos os legisladores afirmam. Mas só afirmam.[62]

Venâncio Filho, concordando com os comentadores que lhe antecederam, quais sejam, Thiers Moreira e Lourenço Filho, afirma que "é evidente que o trabalho de Rui Barbosa deve ser examinado dentro de um critério de relatividade, em função da época em que foi elaborado, e não com ideias de hoje", mas não se pode desconsiderar que nele ressalta, "logo à primeira leitura, à maneira de tudo o que saía de sua pena infatigável, aquela formidável e esgotante erudição, revelada na estrutura geral e nas citações tantas vezes longas". Também chama a atenção para a profusão de dados que Rui mobiliza, referentes à realidade de muito países, e "não apenas francesa, até então dominante", mas sobretudo a inglesa e a norte-americana, avaliando isso como um progresso, pois "é da colheita das ideias gerais, de método e processos já aplicados, que se há de formar o sistema educacional que nos convenha, aproveitadas todas as experiências alienígenas. A não ser que ficássemos na evolução natural dos povos...".[63]

Note-se, aqui, que Venâncio Filho, à maneira de Lourenço Filho, ressalta a presença norte-americana nos pareceres, seja no que se refere à

---

[61] *Ibidem*, p. 106-107.
[62] *Ibidem*, p. 107.
[63] *Ibidem*.

realidade estudada, seja no que se refere à bibliografia mobilizada. Ressalta, também, que, no que se refere aos capítulos do parecer destinados ao ensino secundário, "vê-se, para logo, que, se o princípio estava certo, tornar o curso secundário de formação total, portanto com iniciação manualista, a diferenciação excessiva dos seis cursos não só se contrapunha ao princípio geral, como era contrária às condições sociais da época".[64]

Para Venâncio Filho, "o grande espírito", ou seja, Rui Barbosa, muitas vezes "via os problemas nacionais fora do foco", propondo, por exemplo, uma especialização de estudos muito fora da realidade brasileira de então. Assim, "a demonstração da necessidade desses cursos, eruditamente feita, não se documentava com dados nacionais". Além disso, acrescenta, "várias inovações, como estenografia, escrituração mercantil, economia política, em todos os cursos, teriam utilidade se houvesse professores".

> Que possibilidades teria hoje um adolescente que fizesse um curso de relojoaria e instrumentos de precisão? Os primeiros alunos saídos da escola lotariam para logo o mercado do trabalho e viria o inevitável *chômage*... A não ser a Suíça, de indústria especializada, e os Estados Unidos, onde encontrar presentemente essas escolas? Hoje, em 1942! E 1882?[65]

Assim, como se vê, diferentemente dos seus antecessores, o comentário de Venâncio Filho tinha por objeto de análise apenas o parecer sobre o ensino secundário e superior e, nele, ressalta a inadequação do projeto à realidade brasileira do século XIX e, mesmo, à década de 40 do século XX. Assim, depois de afirmar que, "quanto aos métodos de ensino, encontra-se, apenas, esta observação insuficiente, é certo, mas oportuna: 'a lição deve eximir quase inteiramente o aluno dos estudos fora da aula'", ele lembra também que "a gratuidade do ensino secundário, que constitui no presente utopia remota e distante, figura-se para Rui Barbosa, em 1882, 'exigência de direito absoluto'".[66]

As suas críticas se voltavam, ainda, para a própria concepção de ensino secundário, pois se vê que escapava a Rui "a necessidade formativa do curso secundário para todos, preocupando-se apenas com o aspecto policial do exame, para apurar preparo feito, sem se saber

---

[64] *Ibidem*.
[65] *Ibidem*, p. 108.
[66] *Ibidem*.

onde e como". No entanto, advertia Venâncio Filho, "é incontestável que os pareceres de Rui Barbosa sobre o ensino dão-lhe um lugar de destaque entre os educadores brasileiros", pois, "considerados o tempo e as nossas condições de cultura, pode-se afirmar sem exagero que constituam, em conjunto, obras monumentais".[67]

É, portanto, ao caráter monumental dos pareceres e ao investimento de Rui para produzi-los que se debita, segundo o autor, uma "interrogação angustiante de Vicente Licínio Cardoso", o qual afirma:

> Não esqueci Rui Barbosa. Apenas o seu procedimento me parece de todo inexplicável. Aquele relatório de 1882 é, de fato, monumental.
>
> Modelar nas medidas sugeridas; admirável na oportunidade do diagnóstico opulento no propósito e no prognóstico dos alvitres propostos. Quem esqueceu o relatório foi o Rui republicano, o tribuno, o jornalista, o político, o colaborador robusto da Constituinte, o senador das três décadas republicanas; o candidato várias vezes à presidência da República. Foi ele mesmo quem nunca mais falou naquele programa magistral, molde oracular em que podia ter sido vasado o *idealismo orgânico* da República.[68]

Ainda acerca do suposto alheamento de Rui aos problemas educacionais, Venâncio Filho buscará a avaliação de outro ícone do movimento escolanovista, José Augusto, que, em 1927, por ocasião do centenário da única lei de ensino primário do regime monárquico, com igual autoridade, dissera:

> Ao Brasil faltou a ação evangelizadora de um Sarmiento ou José Pedro Varela. Os seus homens mais eminentes e cultos voltaram-se de preferência para as questões propriamente políticas, e mesmo aquele que, no começo de sua vida pública, revelara, pelo conhecimento do problema educativo e pela paixão patriótica com que abordara, capacidade para ser o nosso apóstolo, após os primeiros passos seguros e firmes, desviou a sua atividade para o terreno político, deixando a sua causa da educação sem o grande advogado de que necessitava. Quero referir-me a Rui Barbosa.[69]

---

[67] *Ibidem*.
[68] *Ibidem*, p. 109.
[69] *Ibidem*.

E termina a primeira parte de seu texto com certa dose de laconismo e mistério dizendo: "Vê-se, pois, que a interrogação perdura. Que teria levado o grande estadista a esquecer-se?"

Dois meses depois, aparece a segunda parte do texto de Venâncio Filho, agora no número 28 da mesma *Cultura Política*. Nele, o autor principia por afirmar que, "como seria natural, ainda hoje", os pareceres dão muito mais ênfase ao ensino superior do que ao ensino secundário. Isso porque o ensino "secundário foi e continua a ser corredor de passagem" entre os dois níveis considerados mais importantes da educação escolar: o primário e o superior.[70]

No que se refere às instituições, Venâncio Filho avalia que, com os pareceres, "inicia-se o processo de criação desnecessária de escolas, com alunos em número deficiente que a justifique, bastando a variação dos cursos, conforme as especialidades", e que "de modo geral nele não se encontra nenhuma ideia revolucionária, antes fixando-se como seria daí por diante em minúcias que, pretendendo corrigir erros e defeitos, apenas dão a ilusão de que as coisas melhoraram".[71]

Remete à conferência de Lourenço Filho que "afirmou-o, com sua autoridade, ser 'um magistral tratado de pedagogia – das obras de conjunto mais amplas, mais documentadas, mais completas, no gênero, que, ao tempo, se escreveram'", não deixando, porém, de assinalar:

> Entretanto, se é, sem contestação, obra de erudição, como todas as que saíram daquela pena privilegiada, que só sabia exprimir-se em linguagem a primor, não contém nenhuma força removedora, no sentido de criar novos órgãos ou funções, como sejam os cursos para formação de professores secundários e normais, ainda agora a necessidade mais angustiante do nosso sistema educacional.[72]

Do mesmo modo, se "é certo que o projeto traz uma ideia nova, qual a dos estudos de ciências, as físicas feito na Escola Politécnica, e as naturais no Museu Nacional, ideia que só se consignam em lei na Reforma Campos, em 1931 e, em realidade, em 1936 em S. Paulo e no Distrito Federal". Também no que concerne às despesas,

---

[70] *Idem*, Os pareceres de Rui Barbosa, *Cultura Política*, Rio de Janeiro, v. 3, n. 28, p. 131, jun. 1943.
[71] *Ibidem*, p. 131-132.
[72] *Ibidem*, p. 132.

[...] há larga documentação sobre os dispêndios em vários países, mas falta o que seria essencial, a indicação das fontes de receita, que àquela época já a Argentina e os Estados Unidos tinham buscado em terras devolutas, como reservas para o futuro. Reconhecendo, com Paulino de Souza, que nenhum país gastava tão pouco com educação, não dava entretanto o remédio, o que se tornava indispensável.[73]

Finalmente, se "a obra monumental de Rui Barbosa só poderá ser examinada no seu conjunto total, quando se publicar o parecer de ensino primário, em que se completam as suas ideias fundamentais sobre educação", pode-se adiantar que dois traços fundamentais se revelam nos dois pareceres: "De um lado a grande preocupação, que os domina pelo espírito científico, pelo valor espiritual e pragmático da ciência, pelo que ela representa, na formação da personalidade, como conteúdo e como método." Isso pode ser aquilatado, por exemplo, no "capítulo sobre ciências físicas e naturais [que] contém conceitos de raro brilho e vigor, tão mais expressivos quanto em 1942 a nossa organização secundária olhou mais para o passado do que para o futuro, que o grande brasileiro contemplava clarividente".[74]

O outro lado é representado pela "constante impregnação do sentimento de liberdade, que perfuma toda a obra de pensamento e de ação de Rui Barbosa". Assim, finaliza Venâncio Filho, "se ele se esqueceu de si mesmo, destes pareceres que fariam prever o compromisso definitivo de uma vida inteira, duas coisas ficaram-lhe presentes sempre: o amor pela cultura e pela liberdade. O que, só isto, basta à sua grande glória."[75]

O prefácio de Américo Jacobina Lacombe aos tomos da reforma do ensino primário (1945/1947)

Em 1947 vem a lume o tomo I do volume X das Obras Completas, dedicado aos pareceres sobre a reforma do ensino primário e várias instituições complementares de instrução primária. Esses pareceres

---

[73] *Ibidem.*
[74] *Ibidem*, p. 133-134.
[75] *Ibidem*, p. 134.

ocupam quatro tomos, um dos quais havia sido publicado no ano anterior (o tomo II), tendo sido os demais publicados em 1947. O responsável pelo prefácio desse volume foi Américo Jacobina Lacombe. A sua publicação, no tomo I, posterior, portanto, ao tomo II, parece ser explicada pela demora na finalização do prefácio, pois a data de sua conclusão, anotada pelo autor, é novembro de 1946.

Talvez por ter sido escrito após o prefácio de Thiers Moreira para os pareceres sobre o ensino secundário e superior e o texto de Lourenço Filho sobre o conjunto dos pareceres sobre instrução escrito por Rui Barbosa, ambos amplamente divulgados, ou, quem sabe, devido ao acúmulo de trabalho, ou, talvez mais provavelmente, pelos dois motivos, o texto de Lacombe que abre os tomos sobre o ensino primário é bastante simples, se comparado aos demais. Destaca-se nele, ainda, a intensa remissão ao texto de Thiers Moreira e, sobretudo, ao texto de Lourenço Filho. Há, ainda, uma transcrição de uma longa carta, em francês, do diretor do Observatório Nacional, Emmanuel Liais, em resposta a uma consulta feita por Rui Barbosa a respeito das reformas necessárias na Escola Politécnica.

O prefácio se inicia com o detalhamento sobre as circunstâncias em que os pareceres foram publicados e como foi feita a edição deles no século XIX. Para explicar a elaboração de "dois substitutos que constituem estes monumentais volumes", e não de apenas um, como mandava a "boa técnica" parlamentar, Lacombe faz uma longa remissão ao texto de Lourenço Filho quando este trata do mesmo assunto.[76] Como vimos anteriormente, Lourenço Filho defende a tese de que a publicação de dois pareceres e não apenas de um deve-se não a um erro do relator mas à necessidade por este sentida de melhor fundamentar suas proposições, o que demandou um tempo de espera para que os livros solicitados no exterior chegassem até ele.

Considerando, ainda, que a repercussão dos pareceres no Brasil quando de sua publicação no século XIX já havia sido enfocada no prefácio de Thiers Moreira, Lacombe afirma que

> [...] restaria ainda referir que aquela impressão repercutiu além fronteiras. O *ANNUAIRE DE LÉGISLATION ÉTRANGÈRE*,

---

[76] Américo Jacobina Lacombe, Prefácio, Obras Completas de Rui Barbosa, v. X, t. I, 1947, p. XIII.

publicado pela Société de Législation Comparée, referindo-se a eles, declara: "Chacun de ces projets est précédé d'un long et intéressant rapport; jamais des travaux aussi considérables, à tous les points de vue, n'ont été présentés aux chambres."[77]

E, afirma ainda Lacombe, "acerca do valor atual deste trabalho, cedamos ainda uma vez a palavra ao prof. Lourenço Filho, por tantos títulos autorizados a representar o pensamento brasileiro contemporâneo em matéria de Pedagogia",[78] passando, em seguida, a uma longa citação do texto deste em que afirma o quanto são "diversos" os pareceres de Rui quando comparados a outros documentos do gênero. Uma observação mais atenta, no entanto, salientará que Lacombe mobiliza, para demonstrar a atualidade do pensamento de Rui, uma parte do texto de Lourenço Filho em que o autor, mais do que a atualidade, está tentando demonstrar a monumentalidade dos pareceres. Assim procedendo, Lacombe como que evita trazer para seu texto aquilo que, de fato, Lourenço Filho, em contraponto a Thiers Moreira, considerara a atualidade dos pareceres: a importância do ensino das ciências, a questão do método e o plano da política educacional assentado por Rui Barbosa que enfatizava a obrigatoriedade, a gratuidade e a laicidade da educação.

Baseado nos documentos de Rui Barbosa em poder da Casa, Lacombe chama a atenção do leitor para o processo de elaboração dos pareceres, demonstrando como seu autor incorpora as referências a outras experiências, a outros países em seu próprio texto. Referindo-se ao livro *Education, Scientific and technical: or how the inductive sciences are taught and how they ought to be taught*, de Robert Galloway, publicado em Londres em 1881, e utilizado por Rui, Lacombe detalha o modo de trabalho do parlamentar:

> As páginas desse livro acham-se quase todas assinaladas. São anotações rápidas, sintéticas, destacando um trecho, fixando uma passagem, marcando o que na leitura interessou a Rui Barbosa e lhe provocou a observação, ou a crítica. Através destas marcas é possível apreender o pensamento do relator no tocante aos problemas do ensino e de sua técnica. O que está nos pareceres sobre o assunto obedece ao plano geral do trabalho, aos seus objetivos políticos, à

---

[77] *Ibidem*, p. XV.
[78] *Ibidem*.

necessidade que os motivara, de uma reforma de todo o ensino público do Império. Não possuem, por isso, esta cor de espontaneidade e de observação desinteressada que se espelham nessas anotações. O livro é tanto mais interessante quanto é hoje pouco citado; não é de um técnico, mas de um professor de ciência, e reflete com uma fidelidade espantosa o pensamento cientificista moderno.[79]

Em seu texto, Lacombe afirma que "convém ainda mencionar um aspecto importante na elaboração destes pareceres e que não transparece de seu contexto, talvez por não se coadunar com os estilos da época. É a feição de inquérito que assumiu em torno da situação do ensino."[80] Para Lacombe, ele mesmo o autor de um desses *inquéritos* tão ao gosto da época,[81] essa feição de inquérito pode ser percebida nas visitas constantes de Rui às escolas da Corte, na busca de informações especializadas em centros internacionais, nas conversas do relator com professores e professoras e, mesmo, no envio de "questionamentos" a especialistas de algumas áreas. Neste último caso, está a correspondência, já citada, enviada ao diretor do Observatório Nacional, Emmanuel Liais, solicitando seu parecer sobre as reformas necessárias na Escola Politécnica. Em sua longa resposta, transcrita na íntegra por Lacombe no prefácio aqui analisado, o diretor chama a atenção, fundamentalmente, para o caráter excessivamente teórico, abstrato, dogmático e muito pouco prático de que se revestia a formação obtida pelos alunos na referida escola.[82]

O prefácio termina acentuando a importância da publicação dos pareceres, já que "o parecer sobre o Ensino Primário, que tem sido tão utilizado pelos educadores, nunca foi reeditado integralmente",[83]

---

[79] *Ibidem*, p. XVIII.

[80] *Ibidem*.

[81] Segundo informações do site da ABL sobre Américo Jacobina Lacombe, ainda quando estudante de Direito, "As inquietações e os ideais próprios da idade fizeram com que participasse, também, de agremiações juvenis, como o Centro Acadêmico Jurídico Universitário – o famoso Caju –, depois Centro Acadêmico de Estudos Jurídicos, a cujas sessões costumava comparecer, de cuja revista foi o principal redator, ao lado de San Tiago Dantas, Otávio de Faria e Hélio Viana. Nessa qualidade promoveu um Inquérito de Sociologia Brasileira, na época muito discutido, e que mereceu de Azevedo Amaral este comentário: 'a mocidade ainda na idade de aprender começa a dar lições aos que deveriam ter sido seus mestres'". Disponível em <http://www.academia.org.br/abl/cgi/cgilua.exe/sys/ start.htm?infoid=122&sid=215&t>, acesso em 12 abr. 2012.

[82] *Ibidem*, p. XIX *et seq*.

[83] A esse respeito, Jacobina Lacombe informa, também, que, em 1941, o IBGE publicara "os três primeiros capítulos em edição comemorativa da Primeira Conferência de Educação" e que, no

chamando a atenção para algumas das características editoriais dos tomos e reconhecendo os méritos daqueles que colaboraram para efetivar a edição, dentre eles, o trabalho de organização, revisão e anotação exercido por Thiers Martins Moreira.

Lourenço Filho e o prefácio do *Lições de coisas* (1945/1948/1950)[84]

Embora realizada em 1881, a tradução do livro *Lições de coisas*, de Norman Calkins, somente foi publicada em 1886, razão pela qual o livro é parte do volume XIII, referente ao ano de 1886, das Obras Completas de Rui Barbosa. Chama a atenção, no tomo publicado em 1950, em que não há indicação nenhuma, na capa ou nas primeiras páginas do livro, de que se trata de uma tradução e não de uma obra original de Rui Barbosa.

O prefácio ao tomo, como já se sabe, coube a Lourenço Filho, apresentado como sendo "da Faculdade Nacional de Filosofia da Universidade do Brasil". Datado de agosto de 1945, o texto começa com um reconhecimento que muito incomodava ou intrigava a todos os que, sendo da área de educação, lidavam com a produção e atuação de Rui Barbosa:

> Sem que tivesse sido educador de ofício, Rui Barbosa devia dedicar aos assuntos pedagógicos vários anos de intensa atividade. Foram eles poucos, é certo. Mas os bastantes para que lhe marcassem com brilho o início da carreira parlamentar, e lhe inscrevessem o nome, de forma indelével, entre os de nossos maiores pedagogistas.[85]

Para Lourenço Filho, duas eram as razões que chamaram a atenção do jovem deputado para as questões da educação, uma de ordem política, e outra, sentimental. No que se refere à primeira, para Lourenço Filho

---

ano seguinte, a Divisão de Educação Física do Departamento Nacional de Educação imprimira, em folheto, o capítulo referente à Educação Física. (p. XXIV) Penso que valeria a pena investigar os modos de circulação de Rui Barbosa nas discussões educacionais brasileiras nos *circuitos* das estatísticas educacionais e da educação física. Neles destacam-se, sem dúvida, Teixeira de Freitas (Estatística), além do próprio Lourenço Filho, e Inezil Pena Marinho (Educação Física) como importantes leitores e divulgadores do pensamento de Rui Barbosa.

[84] Apesar de publicado como prefácio somente em 1950, o texto foi produzido em 1945 e publicado, pela primeira vez, em 1949, na *Revista da Academia Paulista de Letras* (v. 12, n. 45, p. 28-48, mar. 1949).

[85] M. B. Lourenço Filho, Prefácio, Obras Completas de Rui Barbosa, v. XIII, t. I, 1948, p. IX.

Rui Barbosa estava plenamente consciente da importância da educação no plano das reformas liberais que agitavam o mundo naquele último quartel de século. Isso poderia ser comprovado, segundo o prefaciador, pelas reiteradas referências e citações de autores das mais diversas nacionalidades que constam nos pareceres. Já as razões de ordem sentimental devem-se ao "respeito e admiração à figura paterna", com quem Rui buscava se identificar.[86]

"Mais, portanto, do que certas circunstâncias ocasionais, embora por ele mesmo alegadas, e por seus biógrafos repetidas, a tarefa de traduzir, adaptar e fazer publicar este guia de orientação didática, para circular entre modestos professores primários, deverá explicar-se por esse sentimento", afirmava Lourenço Filho numa tentativa de dignificar o empenho de Rui Barbosa em traduzir a obra de Calkins, e em reação aos biógrafos do parlamentar que afirmavam que o trabalho havia sido feito, fundamentalmente, por razões pecuniárias.[87]

Apesar de não pôr em dúvida o desejo do tradutor em "encontrar proventos" com a tradução, o que não seria "nada de mais natural e legítimo", já que Rui possuía um domínio grande das línguas estrangeiras, a escolha do livro de Calkins devia ser buscada nas circunstâncias vividas por Rui naquele momento da tradução, notadamente a sua aproximação com Jacobina Lacombe, nas visitas ao Colégio Progresso, paradigma de ensino moderno na Corte, e em seu trabalho na Comissão de Instrução da Câmara.

Lourenço Filho chama a atenção, então, para o caráter revolucionário do ensino intuitivo na pedagogia da época e para o caráter decisivo da contribuição do livro de Calkins na consolidação desse ensino nos Estados Unidos. Tendo feito a tradução em dois meses, Rui Barbosa apressa-se, também, em publicá-la. "Infelizmente, frustradas seriam essas esperanças quanto à presteza da publicação", afirma Lourenço Filho, que passa, então, a detalhar as razões[88] que fizeram com

---

[86] *Ibidem*, p. IX-X.

[87] *Ibidem*, p. XI. Para maiores detalhes sobre as condições de tradução e publicação do livro *Lições de coisas*, cf. Luciano Mendes de Faria Filho, Rui Barbosa, a tradução como negócio, em Márcia Abreu (org.), *Leitura, história e história da leitura*, São Paulo, Mercado de Letras, 2002, p. 595-610.

[88] Entre as razões, sobressaem a falta de recursos de Rui para custear a edição, a falta de patrocinador privado, a falta de empenho e o emperramento da máquina oficial, a ação ou inação, dos inimigos de Rui nos Ministérios do Império.

que o livro somente fosse publicado em 1886. Apesar de tarde, como já se demonstrou, a edição foi um grande negócio para Rui Barbosa: foram publicados 15 mil exemplares, dos quais 12 mil foram entregues ao tradutor sem nenhum custo.[89]

Para Lourenço Filho, "a necessidade de um guia de orientação para professores, tal como esse livro, de há muito vinha sendo demonstrada pelas autoridades do ensino", sendo legítima a preocupação com a formação de professores para o trabalho por meio do método intuitivo ou com as lições de coisas. Aos discursos das autoridades oficiais somava-se uma série de iniciativas empreendidas naquele momento, tais como as conferências pedagógicas organizadas pela Liga do Ensino, a Exposição Pedagógica de 1883, a reforma da Escola Normal da Corte, dentre outras.[90]

> As *Lições de coisas* vinham, assim, embora retardadas na publicação, com admirável oportunidade, e sua divulgação haveria de concorrer para a consolidação das ideias, que então se agitavam, no sentido da reforma do ensino meramente de palavras, para o da observação e mais refletida atividade por parte dos alunos, ou, como diria Rui no preâmbulo com que apresentou o livro, "o ensino pelo aspecto, pela realidade, pela intuição, pelo cultivo complexo das faculdades de observação, destinado a suceder triunfalmente aos processos verbalistas, ao absurdo formalismo da escola antiga."[91]

Chamava, ainda, o prefaciador a atenção para o fato de que Rui Barbosa, em comunhão com aqueles que tinham um entendimento ampliado do método intuitivo, defendia que as lições de coisas não deveriam ser apenas uma disciplina, mas um método que subjaz a toda a instrução escolar. Desse modo, afirma Lourenço Filho, a obra não trazia "apenas contribuição de um formulário de 'lições de coisas', nem esse era o desejo de Rui. Vinha documentar uma nova direção pedagógica, um novo espírito, que se elaborava nos mais adiantados países, e com o qual ele punha em contato direto, pela primeira vez, os mestres brasileiros."[92]

---

[89] Faria Filho, Rui Barbosa, a tradução como negócio, p. 608.
[90] M. B. Lourenço Filho, Prefácio, Obras Completas de Rui Barbosa, p. XXVII.
[91] Ibidem, p. XXVIII.
[92] Ibidem, p. XXIX.

Distanciando-se, assim, uma vez mais, da interpretação um tanto quanto limitada que lhes dera Thiers Martins Moreira no prefácio do tomo sobre o ensino secundário e superior, concluía o prefaciador do tomo referente às Lições de coisas que, "na evolução do pensamento pedagógico brasileiro, a tradução de Calkins teve, assim, enorme influência, muito maior do que aquela que, à primeira vista, hoje se possa supor". Inclusive porque, acrescentava Lourenço Filho, tudo aquilo que Rui "concebeu e expôs nos pareceres e projetos substitutivos de 1882, ele o sentia ligado a um sistema de ideias, a um espírito, a uma filosofia, e que era a da ação educativa baseada no conhecimento da natureza do homem".[93]

O Rui Barbosa das *Lições de coisas* é, finalmente, traduzido por Lourenço Filho, no prefácio, como o reformador social em quem "a reforma do método [...] deveria ser a reforma dos costumes e da mentalidade de nossa gente". Pois, em Rui, "o reformador político justificava o reformador pedagógico", mesmo que outras preocupações levassem o autor dos pareceres para terrenos outros que não a causa da instrução. Mas isso "pouco importa. Ainda assim não poderá negar que esta obra, aparentemente modesta, para uso de obscuros mestres primários, representa algo de considerável, no pensamento do grande lutador." Afinal, "em sua vida sentimental, profunda e inquieta, deverá ter representado talvez mais. Por ela, com efeito, é que a luminosa mensagem, recebida de João Barbosa, se lhe desprendia das mãos para o seu destino."[94]

Rui Barbosa e a educação nas conferências do centenário

Como salientamos no primeiro capítulo, houve uma grande mobilização em 1948 e 1949 em torno do centenário de Rui Barbosa. Houve, como já se informou, uma comissão nacional organizadora das atividades do centenário, nomeada pelo presidente da República, que teve a seu encargo a organização e/ou o incentivo aos festejos em todo o Brasil. Na capital da República, coube à Casa de Rui Barbosa um número significativo de atividades oficiais, dentre elas a principal, a da cerimônia de transladação dos restos mortais de Rui para a Bahia.

---

[93] *Ibidem*, p. XXX-XXXI.
[94] *Ibidem*, p. XXXII-XXXIII.

No que se refere à educação, três dos mais importantes nomes da área, no Brasil, se manifestaram sobre o tema. São eles: Clemente Mariani, Fernando de Azevedo e, mais uma vez, Lourenço Filho. É desses textos que trataremos aqui.

Clemente Mariani: "Rui e a educação"

Em novembro de 1949, por ocasião das comemorações do centenário de Rui Barbosa, o então ministro da Educação e Saúde, Clemente Mariani, foi convidado para fazer duas conferências sobre o jurista baiano. A primeira, no dia 3 de novembro, na Casa de Rui Barbosa, no ato de transladação dos despojos de Rui para a Bahia, cerimônia da qual participaram, ainda, o presidente da República, representantes de nações estrangeiras e várias outras autoridades. A segunda, cinco dias depois, no Fórum Rui Barbosa, em Salvador. Ambas as conferências foram publicadas, ainda naquele ano de 1949, pela Casa de Rui Barbosa.[95]

A publicação da Casa de Rui Barbosa não traz o título das conferências. No entanto, a segunda conferência foi, também, publicada pela Revista do Instituto Histórico e Geográfico Brasileiro, em 1952. Nessa publicação a conferência de Clemente Mariani ganha o título de "Rui e a educação".[96]

Segundo o ministro, tão logo recebeu, da Universidade da Bahia, o convite para pronunciar a conferência como representante daquela universidade, formou o propósito de focalizar, em primeiro plano, Rui e a educação, seus trabalhos sobre instrução pública, sua crença no resultado do processo educativo, seu esforço, ainda que improfícuo, para libertar-nos daquilo que considerou "a chave misteriosa das desgraças que nos afligem" – "a ignorância popular, mãe da servilidade e da miséria".[97]

A escolha se devia, sem dúvida, à atualidade dos ensinamentos do mestre, pois, dizia Clemente Mariani, "tantas vezes encontrei, com efeito, na sua obra, a solução exata, o conselho justo, a orientação adequada, para os problemas de tão magna importância, cuja responsabilidade me foi confiada". Mas, completava o ministro, "ao

---

[95] Clemente Mariani Bittencourt, *Rui Barbosa*, Rio de Janeiro, Casa de Rui Barbosa, 1949.

[96] *Idem*, Rui e a educação, Rio de Janeiro, *Revista do Instituto Histórico e Geográfico Brasileiro*, v. 205, p. 187-202, out./dez. 1949.

[97] Bittencourt, *Rui Barbosa*, p. 27.

procurar distinguir, na sua obra, os aspectos educativos, assalta-nos a perplexidade. Não é um capítulo, mas o todo. É a plenitude de sua vida, em todas as refrações de um prisma de mil faces."[98]

É, pois, esta abordagem mais geral da obra de Rui, como pedagogo da nação, mais do que a exploração de um texto em particular, que marcará a leitura de Clemente Mariani sobre os aspectos educativos da obra de Rui Barbosa, pois "é na totalidade da sua vida, na pedagogia militante do seu acendrado amor à perfeição, que se encontra a sua lição fundamental", reafirmava mais à frente.[99]

Num discurso em que sobressaem as tópicas, ou seja, as imagens, palavras e evocações de uma retórica profundamente religiosa, Clemente Mariani, de forma explícita, vai comparar Rui, o pedagogo da nação, com o grande pedagogo da humanidade: Jesus Cristo. Assim, o calvário de Rui nada mais seria, em terras tupiniquins, do que o calvário vivido outrora por Cristo. Rui, ele sozinho numa universidade, teria ensinado, com zelo missionário, pela doutrina e pela experiência, o seu evangelho cívico. Rui Barbosa, "numa época em que as ideias eram, ainda, em geral, ornatos, artifícios, símbolos sem vida, da frívola inteligência de gerações sem experiência histórica e cultural", "banhado pela aura dos eleitos", havia buscado o caminho mais difícil da consagração pelo esforço e trabalho de toda uma vida.[100]

Nosso herói moderno "foi um *sistema de ideias*, num país que jamais exigiu dos homens que as tivessem, para consagrá-lo". Mais do que isso, acrescentava o conferencista, "não se isolou na torre de marfim do castelo doutrinário" e "trouxe a sua verdade para a terra, e, no seio áspero da vida pública, nutria-a com a seiva de sua sinceridade e com o amor dos apóstolos".[101]

A tópica que faz a vida de Rui Barbosa repetir e, assim, atualizar a vida de Cristo, ganha contornos épicos e maior abrangência quando Clemente Mariani afirma que a concepção liberal, pedra angular da filosofia ruiana, é uma "verdade que recebeu, desde criança, com a influência paterna, espécie de Monte Sinai de sua revelação" e "a ela

---

[98] *Ibidem*, p. 27-28.
[99] *Ibidem*, p. 28.
[100] *Ibidem*, p. 28-29.
[101] *Ibidem*, p. 30.

afeiçoou a formação do espírito, a sistematização da cultura e o evangelho normativo de sua existência".[102]

O liberalismo seria o "sistema filosófico" dentro do qual Rui "ordenara seu espírito e seu procedimento". Assim, "no que fala, percebe-se o simbolismo da religião liberal; no que realiza, a inspiração do seu catecismo". É, pois, "do firmamento liberal a estrela que o guiou no seu caminho terreno, – a liberdade", acrescentava o ministro na mesma ocasião.

A liberdade para Rui, "como numa teologia liberal, é ela – princípio e origem – que fornece a luz e calor a esse universo criado pela Razão do homem". E esta, para Rui, longe de constituir um dualismo quando confrontada com a realidade, como queria Luís Delgado,[103] constitui um sistema monístico uma vez que um é o plano das doutrinas, outro, o da realidade, "que, como toda esfera de conhecimento ou de atividade, é apenas um esboço, senão a negação da verdade abstrata". Demonstrando ter plena consciência da necessidade de o homem público mobilizar não apenas doutrinas, mas, em linguagem atual, repertórios os mais variados para dar sentido às suas propostas e práticas políticas, Clemente Mariani conclui: "o teórico não se preocupa em erigir o fato em princípio, a necessidade em direito, a realidade em verdade."[104]

Na narrativa filosófico-religiosa mobilizada, entre a realidade, contingente e imperfeita, e a teoria, os princípios, há o terreno em que os homens e as circunstâncias agem na história. Tal como na história sagrada, afirmava Clemente Mariani, "o Gênesis do liberalismo cria em primeiro lugar a ideia, depois o regime, as instituições, a arquitetura jurídica e política da sociedade. Volta-se, somente então, para o seio da vida, da realidade, a ação da Providência. É hora do apóstolo, para levar à terra a lição divina."[105] Nesse percurso, Rui, ao estabelecer as bases da República brasileira, por meio da Constituição, teria sido o Moisés de nossa história. Assim, como na natureza, em que a "geometria se transforma em *mecânica*, quando desce do mundo das ideias para

---

[102] *Ibidem*, p. 31.

[103] Luís Delgado, *Rui Barbosa, tentativa de compreensão e síntese*, Rio de Janeiro, José Olympio, 1945.

[104] Bittencourt, *Rui Barbosa*, p. 33-34.

[105] *Ibidem*, p. 36.

o mundo das *forças*", para colocar em prática a Constituição, modelo ideal, seria preciso a política, a qual "procura enformar a realidade, dentro dos seus pontos de referência teórica, de seus moldes ideais, conhecer, organizar, manipular, governar as *forças reais* da sociedade e aplicar-lhes a forma e a técnica neles inspiradas".[106]

Arquiteto e construtor da República, Rui seria também o profeta e o apóstolo que zelava pela legalidade constitucional e democrática, denunciando, sempre que preciso, o distanciamento dos governantes do catecismo liberal. Nisso, teria atuado Rui Barbosa como um verdadeiro educador nacional. Dessa longa romaria ascética e desenganada – que iniciou com o combate aos desmandos da ditadura de Floriano Peixoto, passando pelas campanhas à presidência até chegar ao "apostolado em 1919" – teriam resultado frutos generosos os quais "anteciparam de vários lustros o progresso cívico do Brasil".

Na campanha na Bahia, em 1919, todo o povo, "como ao Filho de Deus, saiu ao seu encontro", o que, para o conferencista é explicado pelo fato de que "se os símbolos criados pelo homem, embora refletindo a criação divina, podem ser um deles, na precária limitação da franqueza humana, um símile do Salvador, esse foi, sem dúvida, Rui Barbosa":

> Vemo-lo, então entre os doutores do seu tempo, surpreendendo os mestres, como Abílio e Ibirapitanga, pela sua sabedoria e precocidade; vemo-lo desde cedo, pregando a sua verdade que era o evangelho do liberalismo, a libertação dos escravos, a correção dos costumes políticos, dos índices de corrupção e de vícios, dos processos deletérios das virtudes do cidadão e do político; pregando na imprensa, na praça pública, nos salões, sempre com timbre apostolar e a austera pureza do coração votado aos ideais e não aos interesses. Já os açoites vibram na sua mão, tentando expulsar do templo da vida pública os vendilhões de todos os feitios.[107]

Como se vê, a retórica religiosa do discurso, apropriando-se de representações sobre Rui Barbosa, amplamente divulgadas, como aquelas que lhe impigem uma precocidade escolar,[108] vai reafirmando

---

[106] *Ibidem*, p. 37-38.

[107] *Ibidem*, p. 53-54.

[108] Somente em 1949 foram publicados três livros sobre a vida de Rui Barbosa para crianças e jovens, os quais atualizavam essas representações de precocidade. O primeiro deles, como vimos, saiu

a similaridade entre as vidas do nosso herói e aquela do herói bíblico, à qual não poderiam faltar, evidentemente, os milagres, o calvário e, mesmo, a ressurreição. Os milagres, que "não são poucos", seriam "milagres de fé humana e de santidade cívica, conversões dos fracos e ímpios à crença do seu apostolado, alegrias dadas ao povo em horas difíceis, triunfos imprevistos do bem sobre o mal".[109] Também "não lhe faltou nenhum dos quadros da paixão, nem a verônica e a noite de agonia. Dividiram-lhe a túnica ao pé da cruz, nas críticas profanas."[110]

Mas, para Clemente Mariani, tendo "apagado o sol" e tendo a nação inteira sido privada de seu "centro de gravitação", "foi-nos permitida a ventura de assistir a sua Ressurreição":

> Ressurreição em que resumiu a doçura e todo o vigor da fé, "flor do Calvário, flor da Cruz", ressurreição, em cuja aleluia celebra hoje o Brasil a sua glória eterna e a sua lição iluminada. Ressurreição, "sorriso em que desabotoa o horror dos seus martírios", cada vez mais vivo, e já agora consagrado como nome tutelar da nossa liberdade.[111]

Assim, numa espécie de oração cívico-religiosa, Clemente Mariani retomava, em novo plano, a mesma tópica do discurso que há vários anos se vinha construindo em relação ao ressurgimento, ao retorno de Rui Barbosa à cena social e política brasileira. Dessa tópica, no entanto, nem mesmo Fernando de Azevedo irá se livrar, como veremos a seguir.

Fernando de Azevedo: humanismo de Rui Barbosa

Passados apenas dois dias da conferência de Clemente Mariani, quem vai ocupar o mesmo espaço para falar sobre Rui Barbosa será Fernando de Azevedo. Pelo que se sabe, Azevedo não foi convidado pela Casa de Rui Barbosa para participar da edição das Obras Completas, apesar de sua marcante presença no campo intelectual brasileiro. Aliás, do período, havia somente aquela apreciação

---

pela própria Casa e teve Cecília Meireles como autora. O segundo, de Vicente Guimarães, *Rui, biografia de Rui Barbosa para a infância e juventude*, pelo IBGE, e o terceiro, de Pereira Reis Junior, *A vida de Rui Barbosa: para as crianças do Brasil*, em edição do autor.

[109] Bittencourt, *Rui Barbosa*, p. 56.

[110] *Ibidem*, p. 57.

[111] *Ibidem*, p. 56.

nem um pouco positiva sobre Rui Barbosa publicada numa passagem de *A cultura brasileira*, a qual, diga-se, continuava intocada nas edições mais recentes da obra. A respeito das Obras Completas, consta, entre os documentos da Casa de Rui Barbosa, uma "Carta de Fernando de Azevedo a Américo Jacobina Lacombe, [em 24/09/46] agradecendo o envio do volume XVIII, tomo I, das 'Obras Completas' de Rui Barbosa. Ressalta a importância das publicações e da iniciativa do Ministério da Educação e Saúde" (AL- AL. 24/09/1946), a qual, no entanto, não pôde ser consultada por não ter sido encontrada.

Fernando de Azevedo fora convidado por Anísio Teixeira para proferir a conferência, em nome do governador da Bahia, João Mangabeira, em 1 de outubro. Em telegrama a ele, dizia Anísio que:

> Governador Mangabeira acaba encarregar-me convidá-lo pronunciar na Semana dos Centenários de cinco a doze novembro conferência sobre Rui Humanista. Peço-lhe não faltar a Bahia com essa homenagem sua inteligência ocasião celebra ela sua maior festa e centenário nascimento seu maior filho a quem você tem por certo grande dívida a saldar.[112]

Aceito o convite, a 18 de outubro Anísio Teixeira volta a entrar em contato com Fernando de Azevedo para agradecer o aceite e, sobretudo, para esclarecer:

> Não pense que o convite não tenha sido objeto de grande meditação. Foi. Precisávamos de alguém que nos falasse de Ruy sem ser por encomenda. Alguém que o conhecesse como intelectual e, sobretudo, como humanista. O seu nome me ocorreu logo e logo foi aceito com entusiasmo. Teremos, graças a V., um estudo que nos dê uma posição de Ruy na história da cultura brasileira. Algo que nos signifique a sua contribuição permanente e duradoura ao espírito brasileiro. O pensamento de Ruy em vez de sua eloquência. Esta é a minha confiança.[113]

Anísio convida, ainda, a Fernando para adiantar sua viagem de modo a participar de toda a semana de festa. Este, no entanto, por

---

[112]Cf. Diana Vida, *Na batalha da educação*: correspondência entre Anísio Teixeira e Fernando Azevedo (1929-1971), Bragança Paulista, Edusf, 2000, p. 57.

[113]*Ibidem*, p. 58.

algum motivo, hesita em ir e, ao que parece, comunica que não irá, motivo pelo qual Anísio lhe dirige, por telegrama, um apelo, em 3 de novembro, dizendo: "profundamente entristecido sua resolução pedimos tudo fazer sentido reconsiderar pois há imensa expectativa a sua conferência e governador muito se empenha sua vinda telegrafe. Saudoso abraço cheio de confiança sua vinda Anísio."

Azevedo atende aos apelos de seu amigo e, a 10 de novembro, profere a conferência que ganha o título de "Rui e o humanismo". O texto da conferência foi publicado no ano seguinte pelo governo do estado da Bahia[114] e, em 1952, no livro *Na batalha do humanismo*.[115] É o texto publicado no livro que vamos aqui utilizar.

No texto relativo à conferência de Fernando de Azevedo sobre "Rui e o humanismo" três aspectos chamaram a nossa atenção. Em primeiro lugar, a escrita rebuscada, hermética, de difícil compreensão para os não iniciados e, sobretudo, imagino, de difícil compreensão para quem apenas a ouviu. Em segundo lugar, Fernando de Azevedo ignorou solenemente a publicação das Obras Completas de Rui Barbosa que vinha sendo levada a cabo pela Casa de Rui Barbosa. Não apenas não se refere ao trabalho de edição como, nas citações, prefere referir-se aos textos publicados antes dos anos de 1940. Finalmente, também chama a atenção o fato de o conferencista referir-se muito pouco às questões relacionadas diretamente à educação, a área de sua reconhecida competência e na qual continuava militando.

Estaria Azevedo escondendo, por detrás de um texto formalmente construído, algum desconforto com o convite ou com a situação ou, mesmo, com o fato de falar sobre Rui Barbosa? Estaria ele, ainda, evitando o debate com Thiers Moreira, com Lourenço Filho e com Américo Lacombe que uma referência às Obras Completas por certo demandaria? Se não temos respostas para essas questões, o fato é que a abertura do texto de sua conferência parece indicar que algo estava ocorrendo em seu interior. Segundo ele:

> Entre as vozes que se ergueram na Bahia, para exaltarem a memória do maior de seus filhos, em suas maiores festas a que convocou

---

[114] *Ibidem*, p. 175, nota 29.

[115] Fernando de Azevedo, *Na batalha do humanismo*, São Paulo, Melhoramentos, 1952.

alguns e de que, nos vários pontos do território nacional, participam todos os brasileiros por igual empenhados, na mais profunda solidariedade, em celebrar o centenário do nascimento de Rui Barbosa, é certamente esta que, por deliberação e graça do eminente governador do estado, ides agora ouvir, na "sua apagada e vil tristeza", a mais desconcertante, não por destoar do coro uníssono de louvores à figura singular, mas pelo contraste entre a desordem e as paixões contemporâneas e o tipo ideal humano que ela encarnou.[116]

Fernando de Azevedo, mesmo tendo sido alertado por Anísio Teixeira, sabia que não podia deixar de se referir a Rui Barbosa como exemplo de eloquência e de sua presença entre os "maiores da língua portuguesa", ao lado de Camões, Vieira, Bernardes, Castilho, Castelo Branco e Machado de Assis. Mas, como queria o amigo, Azevedo passa rapidamente por esse aspecto para, em seguida, chamar a atenção para a atualidade de Rui Barbosa. Para ele, o que se vê é um contraste enorme entre aquilo que pregava o mestre baiano e a realidade atual, seja no círculo das nações, seja no que se refere à liberdade e às instituições democráticas, seja em relação ao parlamento e aos partidos políticos.

> Por isso [dizia o conferencista] quando comecei a refletir sobre tudo que em Rui é espiritualmente universal e parece pertencer a todas as épocas, sobre o que ele evangelizou para todos os povos, afigurou-se-me assistir, no país e no mundo, a um vasto tumulto de motejos, hostilidades e incompreensões, por entre os quais na assembleia dos homens, desnorteados e impacientes, divagaria como um fantasma a sombra do venerável Rui, lançando-lhes a mesma apóstrofe com que Cavalloti respondeu aos clamores com que na Câmara italiana acolheram o novo deputado republicano os membros da direita: "Consciências inquietas, respeitai as consciências tranquilas."[117]

Segundo Azevedo, a civilização da qual Rui havia assistido ao fim dera lugar a uma outra, marcada pela preponderância da técnica e das forças materiais, pela violência extrema e, dentre outras, pela "impetuosidade devastadora das paixões humanas". Isso significava, também, que as tradições intelectuais humanistas haviam sofrido uma

---

[116] *Ibidem*, p. 110.
[117] *Ibidem*, p. 113.

derrota, sendo, pois, consideradas ultrapassadas. Seguindo no diagnóstico pessimista de seu tempo, conclui:

> Em lugar do apelo ao direito, o recurso à força bruta, com que as armas se recusam a ceder à toga; onde estava o respeito à vida e à dignidade da pessoa humana, a criação de Estados monstruosos, concebidos não como um meio mas como um fim em si mesmos; em vez de equilíbrio entre os valores materiais e os valores espirituais, a invasão tumultuosa de forças que, com a mesma surpresa dos aprendizes feiticeiros, da lenda medieval, não teve ainda tempo de governar, tendo tido a audácia de descobri-las sem haver arrebatado à natureza o segredo de suspendê-las ou discipliná-las.[118]

É necessário, pois, a mobilização da tradição humanista para pôr ordem no mundo, sob pena de uma verdadeira regressão da humanidade a um estado instintivo. Nesse sentido, Rui, que, no interior da tradição humanista ocidental, "marca o ponto mais alto, na América, dessa larga e generosa concepção de vida", demonstrou dar uma contribuição fundamental nos vários campos de sua atuação profissional e política. Num longo e bem elaborado elogio à forma com que Rui elabora seus trabalhos, Azevedo busca demonstrar que estes, apesar de sua linguagem rebuscada e clássica, não deixam de conservar "a espontaneidade, o vigor e o movimento, nem diminuem a plasticidade e a adaptação ao ritmo intenso da vida e ao sentido de suas paixões".[119]

O humanismo de Rui não seria do tipo derrotista ou daquele que se afastou da vida. Pelo contrário, dirá Azevedo, é daquele que "toma do encontro com o homem concreto e seus problemas os elementos para se renovar no seu conteúdo, e refrescar a sua linguagem, para falar aos homens de seu tempo e tornar-se acessível a todas as épocas". Tendo passado a vida toda falando aos homens, Rui teria, daí, aprendido não só a compreender, mas também a fazer compreender.[120]

Se a base do humanismo de Rui é a tradição clássica, as culturas modernas o enriqueceram e o alargaram. Por isso, não se observa em sua obra nenhum divórcio entre as humanidades e as ciências, entre

---

[118] *Ibidem*.
[119] *Ibidem*, p. 116.
[120] *Ibidem*, p. 119.

a formação humanística e a formação científica, ou, nas palavras de Azevedo,

> [...] da preeminência entre os estudos científicos e os estudos morais e literários. Não era esse, por certo, o pensamento de Rui, como podeis ver em toda a sua obra, e particularmente, nos pareceres magistrais sobre o projeto de reforma do ensino no Império. Para ele, não é a luta, não é o antagonismo que se deve estabelecer entre as faculdades do espírito humano, mas o concurso, a harmonia.[121]

Assim, evocava a figura de um Rui Barbosa como intelectual moderno que, fazendo a síntese entre o humanismo clássico e o moderno, entre estes e a ciência e a tecnologia, difundia, qual num apostolado, "as verdades universais e os valores eternos"; de um Rui que faz a síntese entre

> [...] o humanismo teológico, transcendente, e o humanismo imanente, humano; a mensagem de Deus e a mensagem da civilização; o evangelho da ordem da caridade e o apostolado da lei e do direito, em que se realizaram [...] o acordo do sentimento religioso com a mais clássica razão e, no prodigioso orador, a harmonia da razão humana com o ideal cristão de beleza moral.[122]

Ao fazê-lo, Fernando de Azevedo não apenas atendia aos pedidos do amigo Anísio Teixeira e saldava a dívida, evocada por este, de um pronunciamento sobre o jurista baiano como também o fazia de uma forma lapidar. Não deixava, porém, de tomar partido nas disputas pelas quais o legado ruiano vinha passando, naqueles anos de 1940, no campo da educação. A sua conferência é um contraponto à leitura de Thiers Martins Moreira, por exemplo, que acusa o excesso de ciência ou o otimismo cientificista na obra de Rui. Mas, não poderia ser ela, também, um contraponto à leitura um tanto quanto metodologizante e pragmática de Lourenço Filho no seu afã de mostrar a atualidade de Rui?

Lourenço Filho e a pedagogia de Rui Barbosa

Em 1949, o Instituto Histórico e Geográfico Brasileiro (IHGB) organizou um *Curso Rui Barbosa*, que reuniu um número significativo

---

[121] *Ibidem.*
[122] *Ibidem*, p. 132.

de intelectuais e políticos brasileiros, dentre os quais figuravam Pedro Calmon, Jacobina Lacombe, Levi Carneiro e Edgard Batista Pereira.[123] Para falar sobre a educação na obra de Rui Barbosa, foi convidado o professor Lourenço Filho. Para essa conferência, ele preparou um texto que, junto com alguns outros, foi publicado no livro *A pedagogia de Rui Barbosa,* em 1954, conforme já se informou. É esse texto publicado no livro o objeto de nossa atenção neste momento.[124]

Como que a dizer que a obra de Rui deveria ser lida como um *repertório* das ideias e projetos pedagógicos em circulação naquele final de século XIX, Lourenço Filho indica que tais textos devem ser lidos ora buscando a "harmonia dos sistemas" ora as "razões práticas" que mobilizavam os atores nas disputas nas quais se encontravam.

A apreciação geral que Lourenço Filho faz sobre a obra pedagógica de Rui Barbosa não deixa dúvida quanto à posição que, para ele, os textos do jurista ocupam na história do pensamento educacional brasileiro:

> [...] na mole imensa de cultura que nos legou, os escritos pedagógicos representam papel relativamente diminuto. Mas, em Rui, o diminuto é, ainda e sempre, copioso. [...] Quaisquer que tenham sido, assim, as circunstâncias, a forma de produção e a extensão, bastariam estes escritos para que o nome do autor fosse incluído no rol de nossos maiores pedagogistas, e para que o seu pensamento tivesse influído, como continua a influir, sobre gerações sucessivas de mestres e estudiosos da especialidade, em nossa terra.[125]

---

[123] Os temas e os textos de alguns desses convidados foram publicados no número 205 da revista do IHGB, referente ao período de outubro/dezembro de 1952. A edição da revista, no entanto, só foi realizada em 1952 e nela não consta o texto de Lourenço Filho. Apesar de Ruy Lourenço Filho, organizador da 4ª edição do livro, dizer que o texto teria sido "escrito e apresentado" no Instituto Histórico e Geográfico do Rio de Janeiro, em 1949 (p. 26), pensamos que se trata mesmo do IHGB, pois o IHG do Rio de Janeiro somente foi fundado em 1957.

[124] A inclusão deste texto em nossa análise merece uma explicação. Apesar de ele não ter sido publicado na revista do IHGB com os outros textos do curso em 1952 e de ter sido publicado apenas em 1954, temos indícios de que o texto já estava escrito em 1949 e que, portanto, se encaixaria em nosso critério de incluir apenas textos que tenham sido elaborados e/ou publicados até 1949. O indício mais forte é o de que o autor cita apenas trabalhos que já estavam publicados em 1949. De outra parte, dificilmente Lourenço Filho ignoraria o texto de Fernando de Azevedo, sobre Rui Barbosa, publicado em 1950 pelo governo da Bahia, e em 1952, no livro *Na batalha do humanismo*, mencionado anteriormente. Há, ainda, a afirmação do organizador da 4ª edição do livro de que o texto teria sido "escrito e apresentado" em 1949.

[125] M. B. Lourenço Filho, *A pedagogia de Rui Barbosa*, São Paulo, Melhoramentos, 1954, p. 14.

Quais são, para Lourenço Filho, as razões que justificam essa posição?

> Várias são as razões desses fatos. A primeira é a de que Rui, como em tantas outras coisas, figura como precursor. Foi sem dúvida, no Brasil, o primeiro a tratar da pedagogia como problema integral da cultura, isto é, problema filosófico, social, político e técnico, a um só tempo. A segunda é a de que tais escritos não se separam do conjunto de sua vida pública, nela representando, muitas vezes, a chave para a compreensão de muitas passagens de suas lutas, e de mudanças que apresentou em certas ideias e atitudes. Por último, a oportunidade com que trabalhou tais assuntos, em momento de rápida evolução de doutrinas sociais e educativas, no mundo em geral, em nosso país em particular.[126]

E lembra, em seguida, que a importância do trabalho de Rui pode ser aquilatada, também, por seus "efeitos" em Veríssimo, Romero, Bordeaux Rego, Monteiro, Miguel Couto, Teixeira de Freitas, Mário Pinto Serva, "para não citar outros".[127] Assim, ao contrário de Fernando de Azevedo, que via nos pareceres de Rui Barbosa um amontoado desconexo de citações desassociadas da realidade brasileira, Lourenço Filho vê aí uma produção coerente e profundamente engajada nos embates de seu tempo. A esse respeito, afirma ele:

> Nos escritos pedagógicos, sob a aparência desnorteadora das citações, ou na variedade de fatos e opiniões, que transcreve, há todo um sistema seu, uma nova trama de relações, no encarar os elementos da cultura, do mundo, da liberdade e do espírito. Há, aí, enfim, uma pedagogia integral.[128]

É com essa perspectiva de leitura que, no texto que resulta da conferência proferida no IHGB e que abre o livro, Lourenço Filho busca mostrar os estreitos vínculos dos pareceres de Rui Barbosa com as discussões políticas, pedagógicas, sociais e científicas daquele final de século XIX. Para ele, Rui é, antes de tudo, um homem que busca respostas às grandes questões de seu tempo e, para isso, inspira-se no

---

[126] *Ibidem.*
[127] *Ibidem.*
[128] *Ibidem*, p. 20.

que há de melhor na produção intelectual em todas essas áreas sem, no entanto, deixar de construir um pensamento autêntico e original. Segundo ele,

> [...] ainda traduzindo, repensava; ainda citando, revia-se no pensamento alheio, para descobrir-lhe novas relações; abeberando-se numa multiplicidade de fontes, não podia escravizar-se a nenhuma delas. Rui confirmava que o pensador mais original não é o que tem um só mestre, mas o que tem muitos.[129]

Assim, o texto de Lourenço Filho busca postar a produção de Rui Barbosa no rol daquelas que, na segunda metade do século XIX, buscam mobilizar os conhecimentos e experiências produzidas nas mais diversas áreas do saber e nas mais diversas realidades para propor soluções dos problemas educacionais diagnosticados. Ou seja, de forma contundente ele reafirma continuamente a relação entre ideias e realidade social na obra de Rui Barbosa.

Para o que nos interessa neste livro, é particularmente relevante a forma como Lourenço Filho entra nos debates que, naqueles anos 40 do século XX, buscavam aquilatar a contribuição de Rui Barbosa à cultura intelectual brasileira. Ao contrário de Oliveira Viana, que via em Rui um "marginalizado", um estrangeiro dentro de seu próprio país, Lourenço Filho lançará Rui Barbosa numa outra tradição de pensamento: a romântica. E a esse respeito enfatiza:

> A este propósito, particularmente em relação às coisas do direito, em recente e grande livro, Oliveira Viana [nota: Instituições políticas brasileiras] salienta o que chamou o "marginalismo" de Rui. Pelo pensamento vivia ele fora do país; era inglês, ou norte-americano, que propunha soluções inadaptáveis às condições de sua gente. [...] No plano dos problemas pedagógicos, no entanto, essa "marginalização", se existente, de muito se reduzia. Não ousaríamos chamá-lo, aí, de marginal. O seu pensamento é influenciado por aquilo que Ortega y Gasset assinala em certo tipo de grandes homens – a dificuldade em propor-se a verdadeira perspectiva cultural de seu tempo. É assim, no sentido sociológico, um "romântico", não um marginal. As ideias, ele as poderia antecipar, mas nem por isso seriam absurdas ou inexequíveis. Quase tudo o que pregou,

[129] *Ibidem.*

com efeito, ou que propôs, outros países em condições similares às nossas o realizaram, à época – a Argentina, por exemplo. E, entre nós, muito do que imaginou devia fazer-se realidade, mais tarde.[130]

Por fim, cabe salientar que a Lourenço Filho não passou despercebido, evidentemente, o fato de Rui Barbosa se ocupar de questões pedagógicas apenas num curto período de sua vida (entre 1882 e 1886). Assim, ele tenta também entender, e justificar, por que Rui teria deixado de se interessar pelo assunto a partir de 1886. "É estranho na realidade, verdadeiramente estranho, que Rui não tenha volvido à Seara."[131] Mas procura mostrar que a preocupação com a instrução popular continuará a acompanhar Rui durante toda vida, mesmo que não seja com o mesmo "ardimento". Uma das formas de atualização dessa preocupação, em Rui, seria na defesa da liberdade, pois, esta, para ser verdadeira, depende da educação/instrução do cidadão. "Em face das realidades do país, ou de sua miséria, teria ele de planejar uma transformação radical mediante a educação do povo."[132]

Ficava, assim, estabelecida a centralidade da educação no pensamento de Rui Barbosa e, mais do que isso, a sua contribuição sem igual à pedagogia brasileira. Nessa leitura, para ele como para o grupo de "profissionais da educação" ao qual Lourenço Filho buscava se filiar, a reforma social se faria pela reforma educacional ou não seria realizada. O Rui Barbosa pedagogista fundia-se ao Rui Barbosa reformador social e, desse modo, estava pronto para ser apropriado, nos anos vindouros, por várias gerações de professores e pesquisadores da educação.

---

[130] *Ibidem*, p. 19.
[131] *Ibidem*, p. 17.
[132] *Ibidem*, p. 19.

Conclusões

Em 5 de novembro de 1949, em solenidade em homenagem a Rui Barbosa na Academia das Ciências de Lisboa, o professor da Faculdade de Direito e membro da Academia das Ciências de Coimbra, José Beleza dos Santos, lembrava do homenageado dizendo: "Dele escreveu Álvaro Lins: 'Não é uma figura histórica, mas um contemporâneo. Há uma presença de Rui Barbosa a condenar, a advertir, a profetizar e a confiar a despeito de tudo'".[1]

Como vimos, o esforço empreendido no sentido de tornar Rui Barbosa um contemporâneo dos leitores da década de 1940 passava por produzir e atualizar seu *legado*. Essa ultrapassagem dos tempos e dos espaços da experiência vital do patrono da Casa e da produção de seus textos os mais diversos tinha, no entanto, na própria ideia de *obras completas* e na necessidade de mobilização de outros *contemporâneos*, as suas possibilidades e seus limites.[2]

Este livro buscou compreender esses limites e possibilidades por meio da análise das redes de sociabilidades intelectuais construídas e mobilizadas em torno da publicação das Obras Completas de Rui Barbosa, na década de 1940, sob a liderança do diretor da Casa de Rui Barbosa Américo Jacobina Lacombe, em consonância com as diretrizes estabelecidas pelo ministro da Educação e Saúde Gustavo Capanema.

---

[1] José Beleza dos Santos, *Rui Barbosa*: valor e atualidade da sua formação jurídica, Lisboa, 1950. Discurso pronunciado na Academia das Ciências de Lisboa em 1949, v. XXI, nov. 1949 (Separata do Boletim da Academia das Ciências de Lisboa).

[2] Sobre a questão do *contemporâneo* na modernidade ver, entre outros, Giorgio Agamben, *O que é o contemporâneo? e outros ensaios*, Chapecó, Argos, 2009; Eneida Maria de Souza, *A modernidade residual do contemporâneo*, Belo Horizonte, 2011.

Vimos que, desde os anos de 1920, logo após o falecimento de Rui Barbosa, um grupo, formado por familiares, políticos e intelectuais, mobilizou-se para constituir a casa onde morara o senador baiano e sua família num lugar de memória e, sobretudo, para constituir o *legado* ruiano – biblioteca, móveis, obras – num importante legado para a história da cultura brasileira. Por meio desse investimento, constituía-se, também, o próprio patrono da casa em uma figura emblemática e exemplar da nacionalidade brasileira.

Prevista já no decreto que autorizou a compra da casa da família Barbosa, em 1924, a publicação dos textos de Rui Barbosa ganhou centralidade dentre as atividades desenvolvidas pela instituição Casa de Rui Barbosa em meados da década seguinte, quando assumiram a direção do ministério da Educação e Saúde Pública o mineiro Gustavo Capanema e a direção da Casa o também mineiro Luiz Camillo de Oliveira Netto. Estes, secundados por Carlos Drummond de Andrade, na chefia de Gabinete de Capanema, e por Rodrigo Melo Franco Andrade, no recém-criado Iphan, vão criar as condições não apenas para iniciar os preparativos para a publicação das obras mais importantes de Rui Barbosa, mas também para inserir a Casa nas políticas de patrimônio cultural do Brasil.

A transformação da ideia de publicar as principais obras do patrono da Casa em um projeto político-cultural-editorial de publicação das Obras Completas de Rui Barbosa será consolidada, pois, sob a égide de uma administração mineira – no ministério, na Casa e no Iphan. Não por acaso, nesse momento, a publicação das Obras Completas de Rui Barbosa não apenas se constituiu no maior dos empreendimentos da Casa de Rui Barbosa, mas também numa importante iniciativa do regime varguista no campo da história e da memória nacionais.

Será sob a direção de Américo Jacobina Lacombe que a iniciativa de publicação das Obras Completas se materializará num claro projeto de Estado no campo político-cultural por meio da editoração dessas obras. Como características desse projeto, podemos citar, dentre outras, a exaltação da figura de Rui Barbosa; a constituição do seu *legado* para os variados campos em que atuou ou produziu – jornalístico, jurídico, educacional, político, linguístico-filológico; o combate a interpretações discordantes ou alternativas da contribuição de Rui Barbosa à cultura e à política brasileiras; a produção de Rui Barbosa como herói nacional e *tipo* exemplar do cidadão-intelectual brasileiro.

Para constituir e levar à frente esse projeto, o diretor da Casa mobilizou uma ampla rede de intelectuais e instituições, aproveitando e/ou constituindo redes de sociabilidades que funcionavam a partir de relações de amizade, de aproximação regional, de investimentos políticos e/ou profissionais, dentre outras. O diretor da Casa, em acordo com o ministro Capanema, sobretudo, conseguiu constituir e movimentar, com rara maestria, um grupo bastante heterogêneo de colaboradores, dentre os quais constam tanto adeptos e colaboradores contumazes do regime varguista quanto colaboradores eventuais ou, mesmo, francos oposicionistas ao regime.

Essa ampla rede não prescindiu, pelo contrário, parece ter necessitado, da constituição de um grupo principal de colaboradores mais diretos, o qual se compôs, sobretudo, dos antigos zeladores/diretores da Casa e colegas de faculdade do diretor, alguns dos quais já haviam atuado juntos na Ação Integralista e vão trabalhar, posteriormente, na Universidade do Brasil e na Universidade Católica do Rio de Janeiro. A esse grupo veio se juntar, sem que isso tenha sido preestabelecido, o estudante de direito, depois advogado, juiz e desembargador, José Gomes Bezerra Câmara.

Mesmo gravitando em torno do mesmo eixo – Casa-diretor-Obras Completas –, a existência de tais redes não significou a composição de uma única comunidade de leitores das obras de Rui. Pelo contrário, a par de um investimento comum de constituição, valorização e divulgação do *legado* ruiano para a sociedade brasileira, havia, também, disputas em torno das facetas mais importantes da contribuição, das *verdadeiras* interpretações das obras e de seus contextos de produção, e, sobretudo, sobre os modos de atualização do pensamento do senador baiano naquele contexto dos anos de 1940.

Atuando como mediadores – entre o tempo da produção da obra e o tempo em que atuavam; entre as obras e os leitores; entre o cidadão exemplar Rui Barbosa e o comum cidadão brasileiro –, os colaboradores mobilizados por Lacombe para prefaciarem e revisarem os livros publicados produziam e divulgavam o que lhes parecia ser as melhores chaves de leitura para a produção ruiana. Nesse processo de apropriação e divulgação, esses colaboradores foram, também, inventando várias facetas de Rui Barbosa, as quais nem sempre compunham um único retrato do autor prefaciado. A escolha por enfatizar, no prefácio, a possibilidade de mobilizar Rui Barbosa para uma interpretação ou reinterpretação de nosso passado mais ou menos imediato, e também, alternativa ou complementarmente, para estabelecer ou atualizar doutrinas nas diversas áreas em que atuou, era solidária com prefácios voltados para o estabelecimento de um Rui Barbosa herói político nacional e/ou moderno intelectual ocidental.

Se uma importante estratégia conduzida por Lacombe e Capanema foi a constituição de uma ampla rede de colaboradores, outra foi a profissionalização buscada para dar cabo à tarefa. Assim, com um profissionalismo ainda raro para a época – talvez em parte inspirado na crescente profissionalização do campo literário e editorial no país –, Lacombe busca não apenas constituir um corpo técnico-profissional capaz de dar suporte à edição das Obras Completas no âmbito da própria Casa, mas também busca estender esse tratamento profissional para a própria relação com os colaboradores por meio, por exemplo, do pagamento pelo trabalho realizado.

As estratégias delineadas pelos responsáveis pela edição das Obras Completas ao longo do período analisado neste estudo supunham não apenas a adesão ao projeto pelo próprio Ministério da Educação e pelos colaboradores mais diretos, mas também por parcelas importantes da intelectualidade e do meio político brasileiros e, mesmo, por parcela da opinião pública, sobretudo por aquela a quem, supostamente, a edição era dirigida: professores, profissionais do direito, jornalistas. Para atingi-los, Lacombe e alguns de seus colaboradores, pessoal ou institucionalmente, buscaram tanto divulgar em jornais e revistas as ações empreendidas para publicar as obras quanto enviar exemplares das obras publicadas para sujeitos estrategicamente posicionados nos diversos campos cujos componentes queriam atingir.

Como vimos também, apesar do amplo esforço desprendido por Lacombe e por parte de seus colaboradores mais próximos, não logrou sucesso o projeto de publicar as Obras Completas até o ano das comemorações do centenário de Rui Barbosa, em 1949. As razões desse aparente fracasso são variadas e o exame do seu conjunto revela, ao contrário, o enorme sucesso do projeto editorial do empreendimento. Cabe sublinhar que no início e, mesmo, no decorrer do trabalho de edição, ao longo da década de 1940, Lacombe e seus colaboradores mais próximos não tinham ideia do que significavam, em termos de volume a ser publicado, as Obras Completas. Isso se refletia não apenas numa imprecisão sobre a quantidade de tomos a serem publicados – 100? 200? 150? –, mas sobretudo no desconhecimento dos próprios textos e nas dificuldades em localizá-los.

O trabalho de pesquisa desenvolvido por vários dos colaboradores e, sempre, pelo próprio diretor da Casa, no sentido de localizar, revisar e editar os materiais impressos e manuscritos, acabou significando um investimento necessário, mas que retardou sobremaneira o ritmo da edição. Por outro lado, esse mesmo trabalho revelou a existência de um número impensável de peças de autoria de Rui Barbosa, o que, no limite, pôs em questão, continuamente, o próprio projeto de publicar as Obras Completas. Se sempre era possível imaginar a existência, em algum lugar no Brasil, como dizia José Câmara, de uma nova peça, como sustentar que estavam publicando as Obras Completas?[3] Nesse sentido, o projeto mostrava-se inexequível nos próprios termos de sua concepção. Isso não significa que a ideia de *obra completa* não tenha sido

---

[3] A esse respeito, é necessário fazer referência ao texto de Michel Foucault, *O que é um autor* (1992), quando ele pergunta, sucessivamente: "Primeiro, a noção de obra. Diz-se, com efeito (e estamos ainda em presença de uma tese muito familiar), que a função da crítica não é detectar as relações da obra com o autor, nem reconstruir através dos textos um pensamento ou uma experiência; ela deve, sim, analisar a obra na sua estrutura, na sua arquitetura, na sua forma intrínseca e no jogo de suas relações internas. Ora, é preciso levantar de imediato um problema: 'O que é uma obra? Em que consiste essa curiosa unidade que designamos por obra? Que elementos a compõem? Uma obra não o que escreveu aquele que se designa por autor?' Vemos surgirem as dificuldades. Se um indivíduo não fosse um autor, o que ele escreveu ou disse, o que ele deixou nos seus *papiers*, o que dele se herdou, poderia chamar-se de 'obra'? Se Sade não foi um autor, que eram então os seus papéis? Rolos de papel sobre os quais, durante os dias de prisão, ele inscrevia os seus fantasmas até ao infinito. Mas suponhamos que nos ocupamos de um autor: será que tudo o que ele escreveu ou disse, tudo o que ele deixou atrás de si faz parte de sua obra? É um problema simultaneamente teórico e técnico. Quando se empreende, por exemplo, a publicação das obras de Nietzsche, onde se deve parar? Será com certeza preciso publicar tudo, mas que quer dizer esse 'tudo'? Tudo o que o próprio Nietzsche publicou, sem dúvida. Os rascunhos de suas obras? Evidentemente. Os projetos de aforismos? Sim. As emendas, as notas de rodapé? Também. Mas quando, no interior de um caderno cheio de aforismos, se encontra uma referência, uma indicação de um encontro ou de um endereço, um recibo de lavanderia: obra, ou não? Mas por que não? E isto indefinidamente. Como definir uma obra entre os milhões de vestígios deixados por alguém depois da morte? A teoria da obra não existe, e os que ingenuamente empreendem a edição de Obras Completas sentem a falta dessa teoria e depressa o seu trabalho empírico fica paralisado. E poderíamos continuar: *As mil e uma noites* constituem uma obra? E os *Stromata,* de Clement de Alexandria, ou as *Vidas*, de Diogenes Laercio? Apercebemo-nos da crescente quantidade de questões que se põem a propósito da noção de obra. De tal forma que não basta afirmar: deixemos o escritor, deixemos o autor, estudemos a obra em si mesma. A palavra 'obra' e a unidade que ela designa são provavelmente tão problemáticas quanto a individualidade do autor". M. Foucault, *O que é um autor*, Lisboa, Passagem, Vega, 1992, p. 38-39).

importante para o projeto. Pelo contrário, essa ideia atuou como uma estratégia retórica fundamental não apenas para produzir a legitimidade e a expansão do próprio projeto, mas também da instituição Casa de Rui Barbosa nos cenários político, acadêmico, intelectual, cultural e, mesmo, editorial brasileiros.[4]

Talvez por isso mesmo, ao longo de todo o processo aqui estudado, os responsáveis pela edição não colocaram em questão qual o significado mais preciso da noção de *obras completas*.[5] Os questionamentos de que ela foi objeto vieram muito mais pelas práticas – a impossibilidade de localizar *todos* os processos jurídicos, ou *todos* os jornais onde Rui Barbosa teria escrito, por exemplo – do que por interrogações de cunho teórico. Era como se, de certa forma, a *obra já estivesse completa*, em algum lugar, bastando para isso o trabalho de localizar e publicar como *obras completas*. Mas, ao longo do processo, como já se indiciou, a ideia de *completude* foi se tornando uma convenção, e a incompletude jamais foi assumida como uma condição mesma do projeto.[6]

Também contribui para o fracasso do projeto de publicar toda a obra de Rui Barbosa na década de 1940 o investimento muito desigual dos diversos colaboradores do projeto. Os atrasos na produção dos prefácios e na realização da revisão comprometiam o cronograma de edição e de publicação das obras, o qual não podia ser compensado nem mesmo pelo superinvestimento do próprio diretor e de alguns de seus colaboradores. As razões dessa desigual mobilização por parte dos prefaciadores e revisores para levar adiante o trabalho que lhes foi confiado podem ser buscadas, dentre outras, nos lugares e/ou posições de recrutamento destes, nas formas como entraram no projeto, nas disputas entre os próprios participantes em torno do *legado* ruiano ou mesmo no "lucro" que esse investimento no

---

[4] Georges Dulac, La complétude comme convention: les 'Œuvres Complètes' de Diderot, em Jean Sgarg e Catherine Volplhac-Auger (ed.), *La notion d'œuvres complètes*, Oxford, Voltaire Foundation, 1999, p. 67-84.

[5] A esse respeito, cf. o muito instigante prefácio de Catherine Volplhac-Auger ao livro organizado por ela e Jean Sgarg com as contribuições apresentadas num colóquio sobre a noção de obras completas, realizado na Universidade de Grenoble III (França), em 1994: Sgarg e Volplhac-Auger (ed.), *La notion d'œuvres complètes*.

[6] Catherine Larrère, Œuvres complètes, œuvres incomplètes, À propos de Michel Foucault, em Sgarg e Volplhac-Auger (ed.), *La notion d'œuvres complètes*, p. 125-150.

projeto poderia agregar a essas mesmas posições e/ou aos seus próprios orçamentos financeiros.

Nesse sentido, não podemos negligenciar que a participação no projeto político-editorial comandado por Lacombe recebia de seus colaboradores e/ou a eles transferia capitais distintos, em quantidade e intensidade, dependendo da posição prévia que ocupavam ou da forma como atuavam no interior do projeto. Corrobora essa afirmação o modo como os diversos sujeitos utilizaram ou mobilizaram a sua atuação no projeto em suas redes de sociabilidades e, ainda, a visibilidade pública que lograram ter (ou buscavam dar) com essa participação. Evidência disso é, ainda, o fato de que, para alguns, a colaboração nas Obras Completas sequer figura em seu legado bibliográfico e, para outros, esse é seu principal legado editorial.

Todavia, mesmo quando os trabalhos dos colaboradores estiveram dentro do cronograma, o projeto político-editorial encontrou outras limitações, de ordem material, para se efetivar. Inicialmente, a conjuntura político-econômica na qual ele tomou corpo e foi iniciado, em plena Segunda Guerra, interpôs o limite da inexistência, da inadequação ou insuficiência do papel para a normalidade da impressão, pelo menos até 1945. A esse problema soma-se também o fato de que a Imprensa Nacional, que deveria imprimir as Obras Completas, apesar do investimento inicial recebido por meio do orçamento do projeto, não tinha estrutura gráfica suficiente para fazer frente à demanda da Casa. Além disso, estando subordinada a outro ministério, a Imprensa Nacional nem sempre podia dar à impressão das obras de Rui a prioridade requerida por seus organizadores.

Não se pode esquecer, ainda, o impacto que teve na dinâmica da edição e publicação a própria disponibilidade de recursos para fazer frente a tão vultoso empreendimento. Não poucas vezes, o diretor da Casa teve que solicitar a recomposição do orçamento da Casa tendo em vista o pagamento dos colaboradores, questão que se mostrou mais delicada no fim do Estado Novo, com a troca de ministros e de quadros executivos, como o da Imprensa Oficial, e das rubricas que compunham o orçamento da educação.

Finalmente, a própria Casa enfrentava limitações de pessoal. Apesar dos constantes apelos para a constituição de uma equipe técnica suficiente e competente para levar o projeto à frente e, sobretudo, apesar dos esforços despendidos pela equipe técnica existente, a Casa não contava, no período, com profissionais em número suficiente para assumir o enorme trabalho de revisão e editoração que lhe era confiado. Tal problema se agravou no final do período estudado quando a aproximação do centenário e a realização das primeiras avaliações dos tomos já publicados levaram à consciência que era preciso apressar e tornar mais profissional o trabalho de revisão.

Apesar da frustração de Lacombe e de alguns de seus assíduos colaboradores com a não publicação da *obra completa* ainda nos anos de 1940, a avaliação das realizações do projeto ao longo da primeira década pode ser considerada, sem dúvida, muito positiva. E isso, sob diferentes aspectos. Primeiro, pelo número de tomos publicados e preparados no período. A publicação de 19 tomos e a preparação de outros 21 que seriam publicados nos anos seguintes dá aos anos de 1940 o título de período de maior produtividade na publicação das Obras Completas. Considerando todos os tomos preparados, vemos que naquele período se preparou quase a metade das projeções atuais do que virão a ser as Obras Completas e mais da metade do que já se publicou até hoje dentro da coleção.

Em segundo lugar, o projeto político-cultural-editorial das Obras Completas é, sem dúvida, uma das iniciativas principais, se não for a principal responsável pela constituição e divulgação do *legado* de Rui Barbosa no período. Se em 1942 Cândido Mota Filho podia, como vimos, escrever e publicar o livro *Rui Barbosa, esse desconhecido*, aparentemente com grande propriedade, esse epíteto dificilmente seria aceito no final dos anos de 1940, quando se celebrava uma verdadeira *ressurreição* do autor nos mais diversos campos do conhecimento e de atuação profissional.[7]

Assim, podemos considerar também que, em terceiro lugar, foram as atividades dos anos de 1940, sobretudo em torno da edição

---

[7] No entanto, as reclamações quanto ao desconhecimento não cessam. Ainda hoje é possível ler: "Pode-ser afirmar – sem desprezar contribuições expressivas como as de Sant Tiago Dantas, Luís Viana Filho e Bolívar Lamounier – que Rui ainda é, parcialmente, conhecido, e que tem sido um personagem mais distorcido, folclorizado que, propriamente, estudado e analisado." Cf. Carlos Henrique Cardim, *A raiz das coisas*, Rui Barbosa: o Brasil no mundo, Rio de Janeiro, Civilização Brasileira, 2007, p. 9. E, mais interessante, o autor escreve isso depois de informar que, em duas enquetes, realizadas em 2006 (revista *Época*) e 2007 (*Folha de S.Paulo*), Rui Barbosa figurava nos primeiros lugares entre os *maiores brasileiros da história/maiores brasileiros de todos os tempos!*

das Obras Completas, que lograram colocar o *legado* ruiano no centro de interesse de estudo de algumas áreas do conhecimento, das quais, como vimos, a educação, mas não só ela, é um exemplo. Nesse sentido, o legado desse período para os períodos vindouros é, também, a constituição de um Rui Barbosa como pensador sistemático, cuja produção, embora fragmentada e dispersa, obedeceria a certas coordenadas filosóficas. Tais coordenadas, buscadas na tradição político-filosófica liberal, encerrariam, a uma só vez, uma síntese entre o antigo e o moderno, o humanismo e a técnica, a ciência e a cultura e, por que não, o Império e a República brasileiros. Lugar e personagem da síntese do pensamento ocidental e exemplar de nossa nacionalidade possível, Rui Barbosa estaria, assim, pronto para ser assimilado tanto por profissionais quanto por pesquisadores ansiosos por responderem às questões formuladas nas décadas anteriores: *o que é o Brasil? O que somos nós, os brasileiros?*

Nesse mesmo movimento, penso ser possível afirmar que as pesquisas sobre Rui Barbosa, realizadas nos vários campos do conhecimento e, notadamente, em educação, não podem ignorar as condições que presidiram a produção de Rui Barbosa como pensador sistemático e, sobretudo, as condições que presidiram a edição das Obras Completas e o impacto dessa publicação na apropriação e difusão do pensamento do jurista baiano entre nós.

Em quarto lugar, a iniciativa de publicação das Obras Completas aliada à edição de um número muito grande de outros livros sobre Rui Barbosa, bem como à realização das atividades atinentes à missão original da Casa – museu, biblioteca... –, alçaram a instituição a patrimônio cultural brasileiro e, sobretudo, criaram condições para a sua transformação num grande centro de guarda, organização e disponibilização de acervos históricos e pesquisa em diversas áreas do conhecimento.

Se não bastasse tudo isso, a publicação das Obras Completas configurou-se, também, no período e além dele num exemplo de iniciativa do Estado Novo que conseguiu, como tantas outras, reunir intelectuais e políticos dos mais diversos matizes num projeto único de revigoramento e enriquecimento da *cultura brasileira*. Assim, a amplitude da obra realizada, o número de títulos publicados, a continuidade da direção firme de Lacombe, não obstante a mudança de regime, a adesão de sujeitos muitos diversos estariam a atestar, também, a genialidade de Capanema e a pertinência das políticas estadonovistas para alguns setores, apesar de sua clara feição autoritária.

Não poderíamos concluir este livro sem ressaltar a habilidade de Américo Jacobina Lacombe na direção da Casa de Rui Barbosa e, no que nos toca mais diretamente aqui, na condução do projeto político-editorial de publicação das Obras Completas de Rui Barbosa. Nunca será demais ressaltar seu empenho nas negociações com o Ministério e na montagem do grupo de colaboradores; sua habilidade na constituição e/ou mobilização de redes de sociabilidades as mais diversas para cumprir a missão da instituição à qual dedicou boa parte de sua vida; sua versatilidade no cumprimento de funções as mais variadas no desenvolvimento do projeto sob sua responsabilidade; sua capacidade de diálogo com sujeitos com os quais não comungava dos mesmos princípios políticos e/ou teóricos; sua obstinação na constituição e defesa do *legado* ruiano para a cultura brasileira e a produção de chaves de leitura com as quais o patrono da instituição que dirigia poderia e, às vezes, deveria ser interpretado.

O reconhecimento da atuação de Lacombe na direção da Casa e da edição das Obras Completas, o qual poderia ser estendido, sem dúvida, para outros campos de sua atuação, não nos impede, no entanto, de terminar perguntando pelo legado da adesão dos intelectuais brasileiros às políticas estadonovistas para a nossa cultura política.

Ao considerar que a participação nas ações educativo-culturais implementadas pelo Estado Novo não significava uma adesão ao regime, pois aquelas estavam acima ou isoladas deste; ou, ao conceber que o *legado* de Rui Barbosa estava acima das vicissitudes partidárias e, por isso, a participação no projeto de edição de suas obras patrocinado pelo mesmo Estado que os perseguia ou, ainda, junto com inimigos históricos e declarados, não os comprometia com as políticas autoritárias estadonovistas, concluímos que é evidente que os intelectuais e políticos que aceitaram o convite de Capanema e Lacombe sabiam o que estavam fazendo.

Não se trata, obviamente, de buscar uma coerência dos políticos e intelectuais, inclusive porque sabemos que as ações desses sujeitos no espaço público obedecem muito mais a repertórios que visam ao êxito de suas ações do que a proclamados princípios doutrinários. Trata-se, isso sim, de se perguntar se, ao lado do *legado* ruiano, da estruturação da Casa de Rui Barbosa, de uma imensa obra publicada, dentre outros, não herdamos, também, uma silenciosa tolerância com o autoritarismo político, uma estranha separação entre educação, cultura e política e uma grande passividade em relação ao processo de construção e consagração dos heróis nacionais. Não seria esse legado, também, algo de um passado que insiste em se fazer presente e que torna necessário continuarmos indagando sobre *o que faz o Brasil... Brasil?*

Apêndice

Sinopses biográficas dos envolvidos diretamente na produção das Obras Completas de Rui Barbosa – 1930-1949

AMÉRICO JACOBINA LACOMBE (Américo Lourenço Jacobina Lacombe; Jacobina Lacombe) – Nasceu no Rio de Janeiro, em 7 de julho de 1909; faleceu em 7 de abril de 1993, na mesma cidade. Era filho de Domingos Lourenço Lacombe e de Isabel Jacobina Lacombe, uma família de origem francesa, que manteve estreitos vínculos com a Corte e os estratos socioculturais superiores. Realizou os primeiros estudos no Curso Jacobina, no Rio de Janeiro, instituição pertencente à família e onde sua mãe atuou como professora. Por motivos de saúde, mudou-se para Belo Horizonte e, por um ano, estudou no Colégio Arnaldo, época em que foi colega de Guimarães Rosa. De volta ao Rio de Janeiro, cursou Direito, no período de 1927 a 1931. Durante o curso superior, participou do Centro Acadêmico Jurídico Universitário (Caju). Sua formação religiosa o levou a participar, também, da Ação Universitária Católica (em 1929) e a frequentar o Centro D. Vital. Ao término do curso, não exerceu a advocacia, optando pelo doutorado, que veio a concluir em 1933, na Faculdade de Direito.

Jacobina atuou profissionalmente como: professor de História no Colégio Jacobina e no Colégio São Bento, no Rio de Janeiro, e na Pontifícia Universidade Católica do Rio de Janeiro (PUC-RJ), instituição que ajudou a fundar e da qual foi professor emérito; escritor/historiador; funcionário público, como secretário do Conselho Nacional de Educação e, posteriormente, como diretor da Casa de

Rui Barbosa, designado por cargo em comissão, função que desempenhou por 54 anos, desde 1933 até a sua morte. Ao longo de sua vida, Américo Jacobina Lacombe exerceu muitas outras funções: foi professor na École de Hautes Études (França), dirigiu a coleção Brasiliana e o Instituto Histórico e Geográfico Brasileiro, foi membro da Academia Portuguesa de História, do Instituto de Coimbra e da Academia Brasileira de Letras (ABL). Entre as obras que escreveu, sem levar em consideração o intenso/extenso trabalho de organizar e, em alguns casos, prefaciar as Obras Completas de Rui Barbosa, podem-se destacar: *Introdução ao estudo de história do Brasil* (Companhia Editora Nacional), *O mordomo do Imperador* (Biblioteca do Exército Editora).

Fontes

Américo Jacobina Lacombe, Biografia, disponível em <http://www.academia.org.br/abl/cgi/cgilua.exe/sys/start.htm?infoid=122&sid=215>, acesso em 11 dez. 2011.

Diário Oficial, Exposição de motivos, Decreto-lei n. 2. 432, de 20 de julho de 1940, publicado em 23 de julho de 1940, p. 14.208.

José Almino de Alencar, Deus está nos detalhes, *Revista Brasileira*, Fase VII, ano XV, n. 60, jul./ago./set. 2009.

ANTÔNIO GONTIJO (Antonio Gontijo de Carvalho) – Nasceu em Uberaba/MG, em 29 de julho de 1898; faleceu em 4 de agosto de 1973, em São Paulo. Filho de Tobias de Carvalho e de Francisca Gontijo de Carvalho, realizou os estudos secundários no Ginásio São Bento, em São Paulo, onde foi aluno de Afonso d'E. Taunay. De 1919 a 1923, cursou a Faculdade de Direito de São Paulo, onde demonstrou suas habilidades nas ações de política estudantil. Membro da Ordem de Advogados do Brasil de São Paulo, teve também ligações com a Sociedade Brasileira de Estudos Econômicos e com a Associação Comercial de São Paulo. Foi diretor da revista *Digesto Econômico*, periódico da Associação Comercial.

Filiado ao Partido Republicano Paulista (PRP), exerceu funções públicas, como: funcionário da Secretaria de Agricultura de São Paulo (1927-1930), secretário-geral do Departamento Nacional do Café (1936), funcionário do Ministério da Agricultura (1938), chefe da Casa Civil no escritório dos interventores federais (1939), membro do Departamento Administrativo, em São Paulo (1939-1941), e da Comissão de Estudos de Negócios dos Estados (1941-1944). Acumulou a presidência da subcomissão de Organização e Finanças, em São Paulo (1943-1944). Foi eleito deputado federal suplente (1945) pelo Partido Social Democrata (PSD), mas não chegou a assumir o posto. Foi, também, conselheiro do Conselho Administrativo de São Paulo (1939-1941).

Fontes

Adriano Nervo Codato, *Elites e instituições no Brasil*: uma análise contextual do Estado Novo, tese (doutorado em Ciência Política), Instituto de Filosofia e Ciências Humanas, Universidade Estadual de Campinas, Campinas, 2008.

Idem, Política no Estado Novo, *Acervo Histórico*, Divisão de Acervo Histórico da Assembleia Legislativa do Estado de São Paulo, n. 3, p. 2-18, 1º sem. 2005.

Digesto Econômico, disponível em <http://www.urbanismobr.org/bd/periodicos.php?id=47>, acesso em 28 dez. 2011.

Francisco Pati, *O espírito das Arcadas*, São Paulo, Gráfica São José, 1950, disponível em <www.ebooksbrasil.org>, acesso em 4 ago. 2016.

ASTROJILDO PEREIRA (Astrojildo Pereira Duarte Silva) – Nasceu em Rio dos Índios, município de Rio Bonito/RJ, em 8 de outubro de 1890; faleceu no Rio de Janeiro, em 20 de novembro de 1965. Filho de Ramiro Pereira Duarte Silva, (descendente de portugueses, médico, fazendeiro, comerciante e pequeno industrial) e Isabel Neves da Silva. Estudou em escola pública até os 13 anos de idade. Estudou no Colégio Anchieta de Nova Friburgo e aos 14 anos mudou-se para Niterói, passando a frequentar o Colégio Abílio, no Rio de Janeiro, até completar o curso secundário, quando encerra sua educação formal. A partir de então, constitui-se como intelectual autodidata.

Trabalhou no comércio como empregado e nos negócios do pai. Exerceu também as funções de tipógrafo e linotipista. Entretanto, sua atividade profissional mais significativa deu-se no jornalismo (como redator e diretor) e na crítica literária. Nos últimos anos de vida integrou a Comissão Machado de Assis, encarregada pelo governo federal de preparar as edições críticas da obra machadiana. Utilizou em seus trabalhos diversos pseudônimos, entre eles: Tristão, Astper, Basílio Torresão, Aurelínio Corvo, Júlio Bartaline, Sá Pedreira. Como militante político, iniciou sua participação em organizações operárias anarquistas. Em 1913 promoveu o II Congresso Operário Brasileiro. Em 1922 participou da fundação do Partido Comunista do Brasil (PCB), sendo eleito secretário-geral do partido. Viveu na Rússia entre 1929 e 1930. Em novembro de 1930 foi afastado da Secretaria Geral do partido. Em 1931 pediu desfiliação do PCB, retornando em 1945. Durante sua vida exerceu, concomitantemente, a militância partidária e a atividade crítico-jornalística.

Fontes

Astrojildo Pereira, em *Dicionário histórico-biográfico brasileiro pós-1930*, 2. ed., Rio de Janeiro, FGV, 2001, disponível em <http://cpdoc.fgv.br/producao/dossies/AEraVargas1/biografias/astrojildo_pereira>, acesso em 4 ago. 2016.

Astrojildo Pereira Duarte Silva, em Marxists Internet Archive, disponível em <http://www.marxists.org/portugues/astrojildo/index.htm>, acesso em 4 ago. 2016.

Conheça Astrojildo, disponível em <http:// http://www.fundacaoastrojildo.com.br/2015/conheca-astrojildo-pereira/>, acesso em 4 ago. 2016.

Israel Beloch, *Astrojildo Pereira*, Verbete, disponível em <http://www.fgv.br/cpdoc/acervo/dicionarios/verbete-biografico/astrojildo-pereira-duarte-silva>, acesso em 4 ago. 2016.

AUGUSTO MAGNE – Nasceu em Mende (França) em 1887 e faleceu no Rio de Janeiro em 1966. Emigrou para o Brasil aos 17 anos de idade, após ter concluído os estudos primário e secundário no país de origem. Assim que chegou ao Brasil, ingressou na Companhia de Jesus, tornando-se cidadão brasileiro em 1908. Além de padre jesuíta, foi linguista/filólogo (helenista, latinista e romanista) e professor. Em 1944, integrou o grupo fundador da Academia Brasileira de Filologia, da qual foi seu primeiro vice-diretor. Na Academia, cujo patrono é José de Anchieta, ocupou a Cadeira n.º 1. Foi professor catedrático de Filologia Românica na Faculdade Nacional de Filosofia e professor titular de Língua e Literatura Grega na PUC-Rio de Janeiro. Em 1951, recebeu o Prêmio Machado de Assis (ABL) pelo conjunto de sua obra.

Fontes

Academia Brasileira de Letras, *Prêmios literários nacionais*, disponível em <www.academia.org.br>, acesso em 4 ago. 2016.

Antonio José Chediak, *Síntese histórica da Academia Brasileira de Filologia (1944-1949)*. Primeira parte, Rio de Janeiro, 1999, disponível em <www.filologia.com.br>, acesso em 4 ago. 2016.

Augusto Magne, Fundação Biblioteca Nacional, disponível em <http://catcrd.bn.br/scripts/odwp032k.dll?t=bs&pr=manuscritos_guia_pr&db=manuscritos_guia&use=sh&disp=list&sort=off&ss=NEW&arg=etimologia>, acesso em 28 dez. 2011.

Serafim Pereira da Silva Neto, *História da língua portuguesa*, Biografias, disponível em <http://cvc.instituto-camoes.pt/hlp/biografias/sneto.html>, acesso em 25 abr. 2012.

AUSTREGÉSILO DE ATAÍDE (Belarmino Maria Austregésilo Augusto de Athayde) – Nasceu em Caruaru/PE, em 25 de setembro de 1898; faleceu no Rio de Janeiro, em 13 de setembro de 1993. Filho do desembargador José Feliciano Augusto de Athayde e de Constância Adelaide Austregésilo de Athayde. Estudou no seminário até o 3º ano de Teologia, quando se transferiu para o Liceu do Ceará, para revalidação dos estudos preparatórios. Em 1918, mudou-se para o Rio de Janeiro, formando-se em Ciências Jurídicas e Sociais na Faculdade de Direito.

Foi professor, jornalista, cronista, tradutor, ensaísta e orador. Iniciou as atividades de magistério no Colégio Cearense e no Colégio São Luís, no Ceará. Foi professor no Curso Normal de Preparatórios e no Curso Maurell da Silva, no Rio de Janeiro. Colaborou na imprensa durante toda a sua vida, tendo sido premiado por essa atividade com o Prêmio Moors Cabot (Universidade Columbia, 1952). Diante de sua oposição à Revolução de 1930, integrando o Movimento Constitucionalista 9 de Julho, ao lado de Assis Chateaubriand, foi exilado.

Em 1948, representou o Brasil como delegado na III Assembleia Geral da Organização das Nações Unidas (ONU), em Paris, quando participou da elaboração da Declaração Universal dos Direitos do

Homem, atividade da qual muito se orgulhou. Dedicou-se à vida acadêmica desde agosto de 1951, quando foi eleito para ocupar a Cadeira n.º 8. Em 1959, tornou-se presidente da Casa de Machado de Assis, tendo sido reeleito para dirigi-la por 35 anos.

Fonte
Austregésilo de Athayde, Biografia, disponível em <http://www.academia.org.br/abl/cgi/cgilua.exe/sys/start.htm?infoid=305&sid=137>, acesso em 5 ago. 2016.

CLÁUDIO BRANDÃO (Cláudio da Silva Brandão) – Nasceu em Ouro Preto, em 24 de novembro de 1894; faleceu em Mariana, em 20 de setembro de 1965. Era filho do professor Thomaz da Silva Brandão e de d. Emília Augusta de Lima Brandão. Estudou no antigo Colégio de Ouro Preto, fundado por seu pai, e formou-se em Direito. Foi professor de Português no Ginásio Mineiro de Belo Horizonte e fundador da Faculdade de Filosofia de Minas Gerais, em 1939, quando assumiu a Cadeira de Língua e Literatura Grega, e membro do Conselho Superior de Ensino e da Academia Mineira de Letras (Cadeira n.º 24). Em 1957, foi inscrito na Ordem do Mérito Educativo pela presidência da República. Exerceu atividades de funcionário dos Correios e de juiz municipal de Santa Luzia.

Fontes
Academia Mineira de Letras, *Cadeiras*, disponível em <http://www.academiamineiradeletras.org.br/cadeiras.asp>, acesso em 8 ago. 2016.

Cláudio Brandão, disponível em <http://professorclaudiobrandao.blogspot.com/2008/10/origem-do-nome-da-escola.html>, acesso em 8 ago. 2016.

FERNANDO NÉRI – Nasceu no Rio de Janeiro, em 13 de junho de 1885; faleceu na mesma cidade, em 30 de agosto de 1948. Além de advogado, jornalista e escritor, fez doutorado na Sorbonne. Foi considerado por todos os críticos brasileiros, portugueses, franceses e ingleses um escritor e tradutor muito capaz intelectualmente. Desde a Conferência Mundial de Haya, os editores estrangeiros interessaram-se pelas traduções dos livros de Rui Barbosa feitas por esse erudito escritor, que falava e escrevia literariamente em português, francês e inglês. Rui Barbosa não só recorria aos seus préstimos intelectuais, como também só confiava nele como seu revisor e seu tradutor. Isso acarretou a Fernando Néri outros compromissos permanentes, como os de revisar publicações dos colegas acadêmicos.

Foi o primeiro zelador da Casa de Rui Barbosa, no período de 1928 a 1930. Foi também redator da *Revista Brasileira*, da ABL e, em 1939, integrou a comissão nomeada por Gustavo Capanema e Getúlio Vargas para cuidar das comemorações do primeiro centenário de Machado de Assis. Publicou em 1940 (sob o pseudônimo de Fernando Neves) *A Academia Brasileira de Letras: notas e documentos para a sua história (1896-1940)*, valioso conjunto de dados e informações sobre os 40 anos iniciais dessa instituição.

Fontes

Alberto Venâncio Filho, Lúcio de Mendonça e a fundação da Academia Brasileira de Letras, *Revista Brasileira*, fase VII, ano XIII, n. 50, jan./fev./mar. 2007.

Decreto-lei n.º 1.085, de 31 de Janeiro de 1939.

Diário Oficial, p. 21.114, 7 nov. 1933.

Fernando Néri, disponível em <http://basesdedados.casaruibarbosa.gov.br/casaruibarbosa/autor/>, acesso em 10 abr. 2012.

Portaria n. 39, de 1º de fevereiro de 1939.

Rubens Marçal, *Os diários de papai da loja*, disponível em <http://diariosdopapai.wordpress.com/cultura-de-tio-fernando/>, acesso em 29 dez. 2011.

FRANCISCO MORATO (Francisco Antônio de Almeida Morato) – Nasceu em Piracicaba/SP, em 17 de outubro de 1868; faleceu em São Paulo/SP, em 21 de maio de 1948. Estudou no Colégio Moretzsohn. Prestou exames preparatórios no Curso Anexo da Faculdade de Direito de São Paulo, na qual se matriculou em 1884, recebendo o grau de bacharel em 1888. Em Piracicaba, exerceu a profissão de advogado, ocupando também os cargos de promotor público, vereador, inspetor escolar e provedor da Santa Casa de Misericórdia. Em São Paulo, foi promotor público e fundador da Ordem dos Advogados de São Paulo, que presidiu de 1916 a 1922 e de 1925 a 1927. Aprovado em concurso, foi nomeado professor substituto da sétima seção da Faculdade de Direito de São Paulo, em 1917. Em novembro de 1918, tomou posse da Cadeira e recebeu o grau de doutor. Em outubro de 1922, assumiu a cátedra de Prática do Processo Civil e Comercial. De 1935 a 1938 exerceu a função de diretor.

Foi membro do Instituto Histórico e Geográfico de São Paulo e presidente do Tribunal de Ética Profissional. No campo da política, participou da fundação do Partido Democrático, foi eleito deputado federal em 1927 e nomeado secretário da Justiça e Negócios do Interior durante a interventoria de Macedo Soares. Foi também um dos organizadores da Frente Única de 1932, com destacado papel no Movimento Constitucionalista. Após a Revolução, no período de 1932-1933 esteve exilado na França e em Portugal.

Fontes

Francisco Antonio de Almeida Morato, disponível em <www.direito.usp.br/faculdade/diretores/index_faculdade_diretor_18.php>, acesso em 8 ago. 2016.

Universidade de São Paulo, *Faculdade de Direito*, Galeria dos diretores.

HÉLIO VIANA – Nasceu em Belo Horizonte no dia 5 de novembro de 1908 e faleceu no Rio de Janeiro em 6 de janeiro de 1972. Era filho do comendador Artur Viana e de Querubina Martins Viana. Mudou-se para o Rio de Janeiro no fim da década de 1920. Cursou Direito na Faculdade de Direito da Universidade do Rio de Janeiro, bacharelando-se em 1932. A partir de 1931, passou a integrar a chamada "ala intelectual" da Ação Integralista Brasileira, ministrando o curso de História do Brasil, escrevendo nos jornais do movimento e publicando textos de história política e social do Brasil. Com o golpe de 1937 e a dissolução da Ação Integralista Brasileira, afastou-se da atividade militante para dedicar-se à prática docente e à pesquisa histórica.

Tornou-se, em 1939, o primeiro catedrático de História do Brasil da Faculdade Nacional de Filosofia da Universidade do Brasil (UB). Em 1941, assumiu a cátedra de História da América na PUC-Rio de Janeiro. Foi professor catedrático de História Moderna e Contemporânea da Faculdade de Filosofia, Ciências e Letras do Instituto Santa

Úrsula, também no Rio de Janeiro, membro da Comissão de Estudos dos Textos de História do Brasil do Ministério das Relações Exteriores e da comissão diretora de publicações da Biblioteca do Exército, vinculada ao Ministério da Guerra. Pertenceu à Academia Portuguesa de História, à Sociedade Capistrano de Abreu, ao Instituto de Coimbra, em Portugal, à Academy of American Franciscan History, de Washington. Foi sócio efetivo, honorário e correspondente do Instituto Histórico e Geográfico Brasileiro em vários estados do país.

Fonte
Hélio Viana, em *Dicionário histórico-biográfico brasileiro*, disponível em <http://www.fgv.br/cpdoc/acervo/dicionarios/verbete-biografico/viana-helio>, acesso em 8 ago. 2016.

HERMES LIMA – Nasceu no dia 22 de dezembro de 1902, em Livramento do Brumado/BA; faleceu no dia 1º de outubro de 1978, no Rio de Janeiro. Era filho de Manuel Pedro de Lima e de Leonídia Maria de Lima. Após os estudos primários e secundários na cidade natal, ingressou na Faculdade de Direito da Universidade da Bahia, bacharelando-se em Ciências Jurídicas e Sociais em 1922. Transferiu-se para São Paulo e, desde 1926, dividiu-se entre o magistério e o jornalismo militante. Foi professor de Direito Constitucional na Faculdade de Direito de São Paulo, de Sociologia Geral no Instituto de Educação Caetano de Campos da mesma cidade, em 1933, e de Introdução à Ciência do Direito da Universidade Federal do Rio de Janeiro (UFRJ). Foi diretor da Escola de Economia e Direito da Universidade do Distrito Federal (UDF), em 1935, e da Faculdade Nacional de Direito da Universidade do Brasil, em 1959. Em 1962, foi eleito membro do Conselho Diretor da Fundação Universidade de Brasília e do Conselho Federal de Educação.

Como político, foi deputado estadual, na Bahia, em 1925, sendo eleito deputado federal, pelo antigo Distrito Federal, à Assembleia Constituinte de 1946. Participou, então, da Comissão de Constituição e Justiça. Exerceu a chefia da Casa Civil da presidência da República, no governo João Goulart (12 de setembro de 1961 a 14 de julho de 1962), quando se afastou para ocupar o cargo de ministro do Trabalho e Previdência Social do Gabinete presidido pelo professor Francisco

Brochado da Rocha. Em seguida, foi escolhido presidente do Conselho de Ministros (18 de setembro de 1962), acumulando as funções com as de ministro das Relações Exteriores. Deixou as referidas pastas em 23 de janeiro de 1963 e, restabelecido o sistema presidencialista, permaneceu à frente do Ministério das Relações Exteriores, a partir de 24 de janeiro de 1963. Sua carreira política culminou com a chefia da Casa Civil da presidência da República (1961-1962), no desempenho dos cargos de ministro do Trabalho e Previdência Social (1962), presidente do Conselho de Ministros e ministro das Relações Exteriores no governo João Goulart.

Nomeado ministro do Supremo Tribunal Federal (STF), por decreto de 11 de junho de 1963, do presidente João Goulart, tomou posse em 26 do mesmo mês. Indicado juiz substituto do Tribunal Superior Eleitoral, tomou posse em 9 de março de 1967. Foi eleito para a ABL, em 23 de agosto de 1968, onde ocupou a Cadeira n.º 7, que tem como patrono Castro Alves. Representou o Brasil em diversas missões no exterior, participando, como delegado, da VI Sessão da Assembleia Geral da ONU (Paris, 1951); VII, XII e XV Sessões da Assembleia Geral da ONU (Nova York, 1952, 1957 e 1960); X Conferência Interamericana (Caracas,1954) e Conferência Econômica da Organização dos Estados Americanos (OEA) (Buenos Aires, 1957).

Fontes
Hermes Lima, *Dicionário histórico-biográfico brasileiro pós-1930*, 2. ed., Rio de Janeiro, FGV, 2000.

Idem, em *Dicionário histórico-biográfico brasileiro,* disponível em <http://www.fgv.br/cpdoc/acervo/arquivo?busca=hermes+lima&TipoUD=0&MacroTipoUD=0&nItens=30>, acesso em 8 ago. 2016.

Ministros, Hermes Lima, disponível em <http://www.stf.jus.br/portal/ministro/verMinistro.asp?periodo=stf&id=171>, acesso em 8 ago. 2016.

HOMERO PIRES – Nasceu em Ituaçu/BA, em 7 de fevereiro de 1887; faleceu no Rio de Janeiro, em 4 de julho de 1962. Era filho de José Pires de Oliveira e Silva. Realizou os primeiros estudos nos colégios Carneiro Ribeiro, Spencer, 7 de setembro e São José, cursando, em seguida, as faculdades de Direito do Rio de Janeiro, no então Distrito Federal, e da Bahia, pela qual se bacharelou em 1910. Nesse período, apoiou a Campanha Civilista. Elegeu-se deputado federal pela Bahia em 1924. Reeleito para a legislatura seguinte, assumiu o mandato em maio de 1927, exercendo-o até 1929, ano em que foi um dos redatores do manifesto que apresentou a candidatura de Getúlio Vargas à presidência da República. Em maio de 1930, voltou a eleger-se deputado federal, mas teve o mandato interrompido em outubro do mesmo ano, quando todos os órgãos legislativos do país foram dissolvidos após a vitória do movimento revolucionário que depôs o presidente Washington Luís (1926-1930) e colocou Vargas no poder.

Em maio de 1933, elegeu-se deputado à Assembleia Nacional Constituinte, pela Bahia, na legenda do Partido Social Democrático (PSD). Assumindo o mandato em novembro seguinte, participou dos trabalhos constituintes como membro da Comissão de Redação. Elegeu-se em outubro de 1934 para a legislatura ordinária, exercendo o mandato de maio de 1935 a novembro de 1937, quando, com o advento do Estado Novo, os órgãos legislativos do país foram, mais uma vez, suprimidos. Foi representante da Bahia no Conselho Consultivo da Companhia Hidroelétrica do São Francisco de março de 1948 a abril de 1950. Foi também diretor da Casa de Rui Barbosa, professor catedrático de Direito Público e Constitucional na Faculdade de Direito da Bahia e de Teoria Geral do Estado na Faculdade de Direito da Universidade do Estado da Guanabara, além de membro da Academia Baiana de Letras.

Fonte
Homero Pires, em *Dicionário histórico-biográfico brasileiro*, disponível em <http://www.fgv.br/cpdoc/acervo/dicionarios/verbete-biografico/pires-homero>, acesso em 8 ago. 2016.

HUMBERTO DE CAMPOS (Humberto de Campos Veras) – Nasceu em Miritiba/MA, em 25 de outubro de 1886; faleceu no Rio de Janeiro, em 5 de dezembro de 1934. Filho de Joaquim Gomes de Faria Veras, pequeno comerciante, e de Ana de Campos Veras. Órfão de pai, aos 6 anos foi levado para São Luís. De infância pobre, desde cedo começou a trabalhar no comércio. Aos 17 anos, passou a residir no Pará, onde conseguiu um lugar de colaborador e redator na *Folha do Norte* e, pouco depois, na *Província do Pará*. Em 1910 publicou seu primeiro livro. Em 1912, transferiu-se para o Rio. Foi jornalista de *O Imparcial* na época em que ali trabalhava um grupo de escritores ilustres (como redatores ou colaboradores), tais como: Goulart de Andrade, Rui Barbosa, José Veríssimo, Júlia Lopes de Almeida, Salvador de Mendonça e Vicente de Carvalho; João Ribeiro (crítico literário) e José Eduardo de Macedo Soares (diretor).

Participou da segunda campanha civilista. Como ativista, tornou-se famoso sob o pseudônimo de Conselheiro XX com que assinava contos e crônicas, hoje reunidos em vários volumes. Assinava também com outros pseudônimos: Almirante Justino Ribas, Luís Phoca, João Caetano, Giovani Morelli, Batu-Allah, Micromegas e Hélios. Em 1923, substituiu Múcio Leão na coluna de crítica do *Correio da Manhã*. Em 1920, foi eleito deputado federal pelo Maranhão. Com a Revolução de 1930 e a dissolução do Congresso, perdeu o mandato. O presidente Getúlio Vargas procurou minorar as dificuldades de Campos, nomeando-o inspetor de ensino e diretor da Casa de Rui Barbosa. Viajou ao Prata em missão cultural (1931). Poeta neoparnasiano, fez parte do grupo da fase de transição anterior a 1922. Foi eleito para a ABL em 30 de outubro de 1919.

Fonte
Humberto de Campos, Biografia, disponível em <http://www.academia.org.br/abl/cgi/cgilua.exe/sys/start.htm%3Fsid%3D221/biografia>, acesso em 8 ago. 2016.

JOSÉ CÂMARA (José Gomes Bezerra Câmara; Zé Câmara) – Nasceu na fazenda Caiçara (parte de Afogados da Ingazeira, localizada a 3 km do distrito de Jabitacá, pertencente ao Município de Iguaracy/PE), em 1915; faleceu no Rio de Janeiro, em 30 de março de 2001. Era sobrinho do deputado federal Monsenhor Arruda Câmara. Mudou-se para o Rio de Janeiro aos 18 anos de idade, vindo a formar-se em Direito pela Faculdade Nacional de Direito do Rio de Janeiro, na turma de 1946. Prestou concurso para juiz substituto em 1949. Foi juiz de Direito do Distrito Federal, chegando depois ao cargo de desembargador. De vasta cultura, poliglota, dominava inclusive o grego antigo, entre outras línguas. Era membro do Instituto Histórico e Geográfico Brasileiro no Rio de Janeiro; foi o revisor de parte significativa dos tomos das Obras Completas de Rui Barbosa já publicados.

Fonte
Diário Oficial do Estado (RJ), Requerimento n.º 2376/2001, publicado em 3 de abril de 2001.

JOSÉ VIEIRA (José de Araújo Vieira) – Nasceu em Mamanguape/PB, em 23 de março de 1880; faleceu no ano de 1948. Era filho de João do Couto Vieira e de Rachel de Araújo Vieira. Ficou órfão cedo, passando a trabalhar no comércio como empregado e a estudar em cursos noturnos. Na capital do estado, frequentou o Lyceu Paraibano. Aos 20 anos, foi para Recife e depois para Fortaleza, ingressando na Faculdade de Direito. Tornou-se guarda-livros e iniciou-se como ficcionista. Em seguida, viajou a Belém do Pará por um ano. Foi amanuense do Conselho Municipal de Belém e jornalista redator de *O Jornal* e de *A Província do Pará*. Mudou-se para o Rio de Janeiro, vindo a concluir o curso de Direito na Faculdade Nacional.

No Rio de Janeiro foi jornalista no *Diário da Noite* e na *Gazeta da Tarde*. Empregou-se na Câmara Estadual. Na época publicou "Cadeia Velha", uma espécie de diário da vida parlamentar, alcançando grande sucesso de vendagem. Foi escritor, jornalista, revisor e alto funcionário da Câmara dos Deputados (redator-chefe dos documentos parlamentares e anais da Casa). Esteve também na direção da Secretaria do Palácio do Catete, cargo que ocupou até o final de sua vida, responsabilizando-se pela correção linguística dos discursos de Getúlio Vargas.

Na década de 1920, residiu muitos anos em Petrópolis e escreveu para a imprensa, mantendo estreita amizade com os homens de letras. Esteve presente à fundação da Associação de Letras, a atual Academia Petropolitana de Letras, tornando-se seu presidente de 12 de agosto de 1923 a 8 de janeiro de 1925, quando renunciou. Esteve, também, na direção da Secretaria da ABL. Era considerado o sucessor natural de Fernando Néri, mas veio a falecer antes que tal hipótese se concretizasse.

Fontes
Academia Petropolitana de Letras, disponível em <http://apcl.com.br/visualizar_memoria.php?idmemoria=101>, acesso em 8 ago. 2016.

Diário Oficial, Decreto n.º 23.299, de 30 de outubro de 1933. Organiza a Assembleia Nacional e abre crédito necessário ao seu funcionamento.

LOURENÇO FILHO (Manoel Bergström Lourenço Filho) – Nasceu na Vila de Porto Ferreira/SP, em 10 de março de 1897; faleceu no Rio de Janeiro, em 3 de agosto de 1970. Filho dos imigrantes Manoel Lourenço Júnior, português, e de Ida Cristina Bergström, dinamarquesa. Fez o Curso Normal em Pirassununga (1912-1915) e em São Paulo (1916-1917). Matriculou-se em Medicina (1918), mas abandonou o curso no final do ano seguinte. Trabalhou no *Jornal do Comércio,* na *Revista do Brasil* e no jornal *O Estado de São Paulo* (1917-1919). Em 1921, foi nomeado professor da Escola Normal de Piracicaba, onde fundou a *Revista de Educação*. Em 1922, foi nomeado diretor-geral da Instrução Pública do Ceará, residindo em Fortaleza até o final do ano seguinte. Em 1925, iniciou-se como professor da Escola Normal de São Paulo.

Em 1926, publicou o livro *Juazeiro do Padre Cícero,* premiado pela ABL no ano seguinte. Nesse mesmo ano criou, na Melhoramentos, a primeira coleção de divulgação pedagógica do país, a Biblioteca da Educação, que dirigiu até o final de sua vida. Participou das conferências nacionais de educação das décadas de 1920 e 1930. Em 1929, formou-se em Direito pela Faculdade de Direito de São Paulo e, em 1930, publicou *Introdução ao Estudo da Escola Nova* e foi nomeado diretor-geral da Instrução Pública de São Paulo. Em 1932, assinou o Manifesto dos Pioneiros da Educação Nova e, em 1934, foi eleito presidente da Associação Brasileira de Educação.

Em 1937, foi nomeado para o Conselho Nacional de Educação, permanecendo até 1961. Um ano depois, foi convidado pelo ministro da Educação e Saúde, Gustavo Capanema, a organizar e dirigir o Instituto Nacional de Estudos e Pesquisas Educacionais Anísio Teixeira (INEP), criado por decreto em julho daquele ano. Ainda em 1938, passou a exercer a função de vice-reitor da UDF. Com a extinção da UDF em 1939, foi transferido para a Universidade do Brasil, recém-criada por Capanema. No início dos anos de 1940, começou a desenvolver intensa atividade de pesquisa, publicação, participação em eventos nacionais e internacionais.

Em 1944, fundou, no INEP, a *Revista Brasileira de Estudos Pedagógicos*. Em 1946, deixou a direção do INEP e, em 1947, foi nomeado, pelo ministro Clemente Mariani, diretor do Departamento Nacional de Educação. No início dos anos de 1950, assumiu a representação do Brasil junto à Organização das Nações Unidas para a Educação (UNESCO). Publicou, em 1954, o livro *A pedagogia de Rui Barbosa*. Até sua morte, em 1970, continuou a publicar e a participar de órgãos de representação e execução de políticas relacionadas à educação e à psicologia.

Fonte
Carlos Monarcha e Ruy Lourenço Filho (org.), *Por Lourenço Filho*: uma biobibliografia, Brasília, Instituto Nacional de Estudos e Pesquisas Educacionais, 2001.

LÚCIA MIGUEL PEREIRA – Nasceu em Barbacena/MG, em 12 de dezembro de 1901; faleceu no Rio de Janeiro, em 22 de dezembro de 1959. Filha do médico sanitarista Miguel da Silva Pereira e de Maria Clara Tolentino Pereira. Descendente de uma linhagem de cultas mulheres mineiras, foi casada com o escritor e advogado Otávio Tarquínio de Souza. Concluiu sua formação escolar no Notre-Dame de Sion, tradicional colégio católico do Rio de Janeiro. Com companheiras de escola fundou a revista *Elo*, apresentada como revista das "antigas" do Sion. Publicou na revista, entre 1927 e 1929, seus primeiros escritos, que constituíam, na época, um dos aspectos da militância intelectual católica, coordenada pelo Centro Dom Vital.

Sua obra ensaística sobre Machado de Assis é referência fundamental. Em 1936, três anos antes do centenário de nascimento do escritor, publica *Machado de Assis: estudo crítico e biográfico*, um dos textos decisivos para a guinada interpretativa de base psicológica que renovou a recepção da obra machadiana. Como biógrafa, paralelamente à atuação militante de Lúcia na imprensa, destacam-se tanto o gosto pela pesquisa histórica quanto seu talento de romancista. Em 1942, ampliou sua incursão no gênero com *A vida de Gonçalves Dias*; elegeu como a melhor concepção de biografia aquela abraçada por Lytton Strachey. Além de defender o equilíbrio entre verdade histórica e valor literário como uma prerrogativa do gênero, a ensaísta não deixa de considerar o papel da biografia no contexto brasileiro: a biografia teria uma eficácia didática especial no momento em que o imaginário do país necessitava de referências precisas para a construção de uma identidade nacional moderna.

A biblioteca Lúcia Miguel Pereira e Octavio Tarquínio de Souza é produto indireto de uma vida de trabalho e de muitos amigos. Cerca de 1/4 de seus livros possui dedicatória à Lúcia, ao Otávio ou aos dois. Às noites, recebiam ou visitavam amigos, quase sempre intelectuais cujas obras certamente fazem parte da biblioteca – muitas delas, exemplares de luxo, fora do mercado e com dedicatória.

Fontes

Antônio Gabriel de Paula Fonseca Júnior, *História resumida da biblioteca Octavio Tarquínio de Sousa/Lúcia Miguel Pereira*, disponível em <http://www.octavioelucia.com/pequena-historia/>, acesso em 8 maio 2012.

Maria Helena Werneck, Lúcia Miguel Pereira e a tradição da biografia no Brasil, disponível em <http://www.letras.puc-rio.br/catedra/revista/9Sem_08.html>, acesso em 8 maio 2012.

LUIZ CAMILLO – (Luiz Camillo de Oliveira Netto) – Nasceu em Itabira do Mato Dentro/MG, em 9 de setembro de 1904; faleceu no Rio de Janeiro em 3 de setembro de 1953. Era filho de João Camillo de Oliveira Torres e de Rosa Assis de Oliveira Drummond e irmão do historiador João Camillo de Oliveira Torres. Formou-se em Química Industrial na Escola de Engenharia de Belo Horizonte em 1924, instituição na qual se tornou professor de Química Inorgânica. Em 1933, trabalhou como perito químico na Secretaria do Interior e Justiça de Minas Gerais. A partir daí, passou a dedicar-se ao estudo da história do Brasil, organizando e dirigindo a biblioteca da secretaria e iniciando suas pesquisas no Arquivo Público Mineiro. Em 1934, ano em que Capanema foi nomeado ministro da Educação, transferiu-se para o Rio de Janeiro/DF e passou a trabalhar nesse ministério. Foi nomeado diretor da Casa de Rui Barbosa e, durante sua gestão, elaborou o plano de publicação das Obras Completas do patrono da instituição. Foi nomeado membro do Conselho Nacional de Educação (1936).

Em junho de 1938 tornou-se professor catedrático de História do Brasil na UDF. Em 1939, assumiu o cargo de vice-reitor, acumulando-o com as funções de professor e diretor da Faculdade de Política e

Economia. De 1936 a 1940 foi membro do Conselho Nacional de Educação e, entre 1940 e 1943, diretor do Serviço de Documentação e da Biblioteca do Itamarati. Foi exonerado dessas funções por sua ativa participação na elaboração do texto do Manifesto dos Mineiros, do qual foi signatário. Só retomou seu posto na chefia do Serviço de Documentação do Ministério das Relações Exteriores em 1945, com a queda do Estado Novo e a redemocratização do país. Foi também diretor do Banco de Crédito Real de Minas Gerais e um dos fundadores e diretor-presidente da Metal Leve.

Fonte
Luiz Camillo de Oliveira Netto, em *Dicionário histórico-biográfico brasileiro*, disponível em <http://www.fgv.br/cpdoc/acervo/arquivo?busca=Luis+Camilo+de+Oliveira+Neto&TipoUD=0&MacroTipoUD=0&nItens=30>, acesso em 9 ago. 2016.

LUÍS VIANA FILHO – Nasceu em Paris (França), em 28 de março de 1908 (registrado no Distrito da Sé, Salvador/BA); faleceu em São Paulo, em 5 de junho de 1990. Era filho do conselheiro Luís Viana e de Joana Gertrudes Fichtner Viana. Realizou os estudos primários nos colégios Aldridge, no Rio de Janeiro, e Anchieta, em Nova Friburgo/RJ. Voltando à Bahia, em 1925, ingressou na Faculdade de Direito, iniciando na mesma ocasião sua atividade jornalística. Bacharelou-se em 1929 em Ciências Jurídicas e Sociais, tendo sido, durante o curso, presidente do Centro Acadêmico da Faculdade de Direito da Bahia. Em 1934, elegeu-se deputado federal pelo Partido Libertador da Bahia, mandato que exerceu até a dissolução do Parlamento em 1937. Em 1945, foi eleito para a Constituinte de 1946 pela Bahia e, sucessivamente, reeleito deputado federal pelo mesmo estado nas legislaturas iniciadas em 1950, 1954, 1958, 1962 e 1966. Em 1964, vitorioso o regime militar, assumiu o Ministério para Assuntos da Casa Civil da presidência da República no governo de Castelo Branco (1964-1967), tendo acumulado essa função, por um tempo, com o Ministério da Justiça (1966). Em 1967, eleito governador do estado da Bahia, governou até 1971. Em 1974, elegeu-se senador pela Bahia, tendo ocupado a presidência do Senado de 1978 a 1980.

Colaborou com diversos órgãos da imprensa nacional e publicou importantes biografias, projetando-se com a biografia *A vida de Rui Barbosa*, em 1941, à qual se seguiram as de Joaquim Nabuco, Barão do Rio Branco, Machado de Assis, José de Alencar e Eça de Queirós. Iniciou-se no campo das letras como autor de trabalhos históricos, entre os quais se destaca *O negro na Bahia*, publicado em 1946. Foi membro da ABL, eleito em 8 de abril de 1954, do Instituto Histórico e Geográfico da Bahia, da Academia de Letras da Bahia, membro benemérito do Instituto Histórico e Geográfico Brasileiro e membro correspondente da Academia Internacional de Cultura Portuguesa, da Academia das Ciências de Lisboa e da Academia Portuguesa de História.

Fontes
Luís Viana Filho, Biografia, disponível em <http://www.academia.org.br/academicos/luis-viana-filho/biografia>, acesso em 9 ago. 2016.
Idem, Biografia, disponível em <http://www.dec.ufcg.edu.br/biografias/LuisViFi.html>, acesso em 9 ago. 2016.
Idem, em *Dicionário histórico-biográfico brasileiro*, disponível em <http://www.fgv.br/cpdoc/acervo/dicionarios/verbete-biografico/viana-filho-luis>, acesso em 9 ago. 2016.

OSCAR BORMANN DE BORGES – Nasceu em 1873, em Vitória/BA (?). Não foi possível localizar maiores informações a respeito de Oscar Bormann. Sabemos, apenas, que trabalhou como delegado do Tesouro Brasileiro em Nova York, função na qual se aposentou em 1943, e que, nos anos seguintes, participou da Comissão Central de Requisições (subordinada diretamente ao presidente da República – Decreto-lei n.º 4.812, de 8 de outubro de 1942).

PEDRO CALMON (Pedro Calmon Muniz de Bittencourt) – Nasceu em Amargosa/BA, em 23 de dezembro de 1902; e faleceu no Rio de Janeiro, em 17 de junho de 1985. Era filho de Pedro Calmon Freire Bittencourt e de Maria Romana Moniz de Aragão Calmon de Bittencourt. Em 1920, ingressou na Faculdade de Direito da Bahia, que cursou por dois anos. Em 1922, chamado pelo padrinho Miguel Calmon, transferiu-se para o Rio de Janeiro, a fim de secretariar a Comissão Promotora dos Congressos do Centenário da Independência.

Continuou os estudos na Universidade do Rio de Janeiro, diplomando-se em dezembro de 1924.

Em 1927, foi eleito deputado estadual pelo Partido Republicano da Bahia, cargo que ocupou até 1937. Retornando à vida política com a reconstitucionalização do país, elegeu-se deputado federal pela Bahia, na legenda da Concentração Autonomista. Em 1934, tornou-se, por concurso, livre-docente de Direito Público Constitucional na Faculdade Nacional de Direito da Universidade do Brasil, catedrático na mesma Faculdade (1939), da qual também foi diretor de 1938 a 1948. Assumiu a Reitoria por dois períodos: 1948-1950 e 1951-1966. Em 1935, ministrou a Cadeira de História da Civilização Brasileira na Universidade do Distrito Federal. Foi também professor da PUC-Rio de Janeiro, desde a sua fundação em 1940, e da Faculdade de Filosofia da Universidade Santa Úrsula, também no Rio de Janeiro. Em 1955, conquistou a cátedra de História do Brasil do Colégio Pedro II, com a tese de concurso sobre a análise da documentação inédita acerca das minas de prata.

Pela atividade no magistério superior, recebeu o título de professor emérito da UFRJ e de *doutor honoris causa* das universidades de Coimbra, Quito, Nova York, San Marcos e da Universidade Nacional do México; e professor honorário da Universidade da Bahia. Foi membro da Sociedade de Geografia do Rio de Janeiro e dos Institutos Históricos e Geográficos de vários estados brasileiros; membro correspondente da Academia das Ciências de Lisboa e da Academia Portuguesa de História; sócio honorário da Sociedade de Geografia de Lisboa, da Real Academia Espanhola e da Real Academia de História da Espanha e sócio correspondente de sociedades culturais e históricas de vários países da América Latina; membro do Conselho Federal de Cultura, do Conselho Editorial da Biblioteca do Exército; e diretor do Instituto de Estudos Portugueses Afrânio Peixoto, no Liceu Literário Português, desde 1947. Em abril de 1936, foi eleito membro da ABL, ocupando a Cadeira n.º 16.

Fontes
Pedro Calmon, em *Dicionário histórico-biográfico brasileiro pós-1930*, 2. ed., Rio de Janeiro, FGV, 2001.
Idem, Biografia, disponível em <http://www.academia.org.br/abl/cgi/cgilua.exe/sys/start.htm%3Fsid%3D193/biografia>, acesso em 09 ago. 2016.

ROMÃO CORTES DE LACERDA – Foi procurador-geral do Distrito Federal de 20 de setembro de 1936 a 30 de junho de 1949, nomeado por Getúlio Vargas, por indicação do interventor de Minas Gerais, Benedito Valadares, indicação essa que compatibilizava com a posição de Romão Cortes de que o "Estado Novo, com sua renovação política e social, teria vindo valorizar os agrupamentos tradicionais que sempre constituíram a nação brasileira".

Atuou também como procurador regional do Rio de Janeiro, conforme processo datado de 21 de junho de 1946. Foi desembargador; exerceu a presidência do Tribunal de Justiça do Distrito Federal no período de 1957 a 1958. Foi, ainda, professor da disciplina O Estado, no Instituto de Educação do Rio de Janeiro.

Fontes
Diário Oficial da União, p. 25, 22 jul. 1950, Seção 2.
Lair Amaro dos Santos Faria, *História do Ministério Público no Brasil*, disponível em <http://www.mp.rj.gov.br/portal/page/portal/Internet/Conheca_MP/Historia/Historico>, acesso em 26 ago. 2016.
Rivail Carvalho Rolim, Estado, sociedad y control social en el pensamiento juridico-penal en el gobierno Vargas (1930-1945), *Passagens. Revista Internacional de História Política e Cultura Jurídica*, Rio de Janeiro, v. 2, n. 5, p. 69-88, set./dez. 2010.
Romão Cortes de Lacerda, A indissolubilidade do casamento e as ações de nulidade e anulação, *Revista Forense*, Rio de Janeiro, v. 93, mar. 1943.

SÉRGIO BUARQUE DE HOLANDA – Nasceu em São Paulo, em 11 de julho de 1902; morreu na mesma cidade, em 24 de abril de 1982. Era filho de Cristóvão Buarque de Holanda e de Heloísa Buarque de Holanda. Estudou no Ginásio São Bento e na Escola Modelo Caetano de Campos. Em 1921, mudou-se com a família para o Rio de Janeiro. Participou do movimento Modernista de 1922, tendo sido nomeado por Mário e Oswald de Andrade representante da revista *Klaxon*, no Rio de Janeiro. Em 1925, bacharelou-se em Direito pela Universidade do Brasil. Viajou para a Europa, em 1929, como correspondente dos Diários Associados e fixou residência em Berlim. Passou a colaborar, em 1930, na revista *Brasilianische Rundschau*, do Conselho do Comércio

Brasileiro de Hamburgo. Em 1936, já de volta ao Brasil, ingressou na Universidade do Distrito Federal como professor assistente de História Moderna e Contemporânea e de Literatura Comparada. Em 1939, por ocasião do fechamento da Universidade do Distrito Federal, foi convidado por Augusto Meyer a dirigir a seção de publicações do Instituto Nacional do Livro.

Em 1941, viajou para os Estados Unidos, a convite da seção de Relações Internacionais do Departamento de Estado. Três anos depois, em 1944, assumiu o cargo de diretor da Divisão de Consulta da Biblioteca Nacional do Rio de Janeiro. Em 1945, participou da fundação da Esquerda Democrática. Foi eleito presidente da seção do Distrito Federal da Associação Brasileira de Escritores. Em 1952, mudou-se com a família para a Itália, onde permaneceu por dois anos como professor convidado da Universidade de Roma. Em 1957, recebeu o Prêmio Edgard Cavalheiro, do Instituto Nacional do Livro, pela publicação de *Caminhos e fronteiras*. Conquistou em concurso público (1958) a Cadeira de História da Civilização Brasileira na Faculdade de Filosofia, Letras e Ciências Humanas da Universidade de São Paulo (USP), com a tese *Visão do paraíso: os motivos edênicos no descobrimento e na colonização do Brasil*.

Foi o primeiro diretor do Instituto de Estudos Brasileiros (IEB), eleito em 1962. De 1963 a 1967, viajou como professor visitante para as universidades do Chile e dos Estados Unidos e participou de missões culturais pela UNESCO no Peru e na Costa Rica. Em 1969, requereu sua aposentaria do cargo de catedrático da USP em solidariedade aos colegas afastados de suas funções pelo AI-5. Recebeu o prêmio Governador do Estado, em 1967, na seção de literatura. Em 1979, recebeu, como o intelectual do ano, o Prêmio Juca Pato. Em 1980, foi membro fundador do Partido dos Trabalhadores.

Fonte
<http://almanaque.folha.uol.com.br/sergiobuarque.htm>, acesso em 9 ago. 2016.

TEMÍSTOCLES CAVALCANTI (Themistocles Brandão Cavalcanti) – Nasceu no Rio de Janeiro, em 14 de outubro de 1899; faleceu na mesma cidade em 19 de março de 1980. Filho do engenheiro naval Vital Brandão Cavalcanti e de Elisa Brandão Cavalcanti. Até os 14 anos de idade, em função das constantes transferências de seu pai, estudou alternadamente no Brasil e na Europa. Em março de 1917, ingressou na Faculdade de Ciências Jurídicas e Sociais do Rio de Janeiro, tornando-se bacharel em dezembro de 1922. Durante sete anos, defendeu os revolucionários de 1922 perante os tribunais, e todas as fases do processo se desenrolaram durante o estado de sítio vigente no governo Artur Bernardes (1922-1926). Em outubro de 1930, aderiu à revolução promovida pela Aliança Liberal, alistando-se nas Forças Revolucionárias de Minas Gerais.

Em 1936, participou do Congresso Nacional de Direito Judiciário. Exercendo cargos em importantes associações de caráter profissional (1941), chegou a vice-presidente do Instituto dos Advogados do Brasil. Jurista de renome nacional, foi convidado a comparecer a vários congressos no Brasil, como o Congresso Jurídico Nacional (1943), o Congresso Brasileiro de Economia (1944) e o Congresso Brasileiro de Educação (1945). Neste último ano, que marcou o início de sua carreira docente, foi empossado no cargo de professor catedrático de Instituições de Direito Público na Faculdade Nacional de Ciências Econômicas e assumiu a direção da mesma faculdade, função esta que exerceu até 1960.

Em 24 de maio de 1945, nos últimos meses do Estado Novo, Getúlio Vargas o nomeou consultor-geral da República (cargo assumido, também posteriormente, em 1955). Foi procurador-geral da República (1946-1947); procurador-geral da Justiça Eleitoral (1946). Presidente da Associação de Juristas Franco-Brasileira (1948), participou no ano seguinte da reunião do Comitê Jurídico da Organização da Aviação Civil Internacional (OACI), em Montreal, Canadá. Em 1950, foi nomeado para o Conselho Técnico da Confederação Nacional do Comércio (CNC), cargo que ocuparia por quase 30 anos. No ano seguinte, proferiu conferências em Paris, a convite do governo francês, e associou-se ao Instituto Ibero-Americano de Direito Internacional. Ocupou, até o final de sua vida, o cargo de diretor do Núcleo de Direito Público, denominado em maio de 1952 de Instituto de Direito Público e Ciência Política (IDPCP, mais tarde Indipo), sempre vinculado à FGV. Vinculou-se à Associação Internacional de Municípios em 1953 e representou o Brasil na Conferência Geral da

UNESCO em Montevidéu, no Uruguai, em 1954. Foi eleito para o Conselho Executivo da Associação Internacional de Ciências Sociais, sediada em Paris, mandato que exerceu até 1958.

Em 1955, compareceu à Conferência de Haia como delegado brasileiro. Foi também eleito membro do Conselho Executivo da Associação de Organizações Internacionais, sediada em Bruxelas, Bélgica. Ainda em 1955, ocupou a presidência do Instituto Brasileiro de Educação, Ciência e Cultura (IBECC) e da Comissão Nacional da UNESCO, na qual permaneceria até 1964 participando, diversas vezes, como delegado do Brasil, de suas assembleias gerais realizadas em Paris. Em 1956, compareceu ao Congresso de Ciências Administrativas em Madri e a um congresso de direito em Fortaleza, tendo presidido ainda a Sociedade Brasileira de Direito Aeronáutico. Nesse mesmo ano e em 1957, presidiu dois seminários latino-americanos de ciências sociais que deram origem ao Centro Latino-Americano de Ciências Sociais, do qual viria a ser membro do Conselho-Diretor de 1962 a 1965 e presidente em 1964. Em 1957, esteve em Pittsburgh, Estados Unidos, participando de uma mesa-redonda da IPSA, e, três anos depois, presidiu um congresso da mesma associação, realizado em Buenos Aires. Em outubro de 1960, foi eleito deputado à Assembleia Constituinte da Guanabara pela União Democrática Nacional (UDN). Em 1963, ingressou na PUC-Rio de Janeiro como professor dos cursos de doutorado e de formação das Cadeiras de Teoria do Estado, Direito Constitucional e Direito Administrativo, que lecionaria até 1968. Em 1964, participou como relator-geral da Seção da Assembleia Geral da UNESCO, em Paris, e no ano seguinte foi delegado do Brasil à Conferência de Consultas da OEA, realizada no Rio de Janeiro. Em 1967, foi nomeado ministro do STF, sediado em Brasília. Em outubro de 1969, aos 70 anos de idade, foi aposentado no STF e na Universidade Federal do Rio de Janeiro. No ano seguinte representou o Brasil na XXV Assembleia Geral da ONU, em Nova York.

Fonte
Temístocles Cavalcanti, em *Dicionário histórico-biográfico brasileiro*, disponível em <http://www.fgv.br/cpdoc/acervo/dicionarios/verbete-biografico/temistocles-brandao-cavalcanti>, acesso em 9 ago. 2016.

THIERS MARTINS MOREIRA – Nasceu em Campos/RJ, em 16 de dezembro de 1904; faleceu no Rio de Janeiro, em 19 de maio de 1970. Era filho de Antônio Moreira da Silva e de Teresa Martins Moreira. Bacharel pela Faculdade Nacional de Direito, diplomou-se também em Letras Neolatinas pela Faculdade Nacional de Filosofia da Universidade do Brasil, no Rio de Janeiro. Participou da Ação Integralista Brasileira (AIB) em 1932, quando esta foi organizada no Rio de Janeiro. Em agosto de 1933, viajou com Plínio Salgado, apoiando a campanha que o movimento realizou no nordeste do país. Em maio do ano seguinte, entrou em circulação o semanário integralista *A Ofensiva*, do qual se tornou secretário e, a partir de agosto, diretor de redação. Então oficial do Ministério da Educação, tornou-se um dos professores do curso de Doutrina Integralista que a AIB organizara em julho daquele ano através do seu Departamento de Doutrina da "província" da Guanabara.

Trabalhou como advogado e professor secundarista; foi catedrático de Literatura Portuguesa e professor de Direito Administrativo da UFRJ, além de professor de Estudos Brasileiros da Universidade de Lisboa. Dirigiu, também, o Centro de Pesquisas da Casa de Rui Barbosa e o Serviço Nacional de Teatro (SNT), ambos no Rio de Janeiro. Foi sócio do Instituto de Coimbra. Durante o Estado Novo (1937-1945), fundou em 1938 – estando já extinta a AIB – a revista *Educação e Administração Escolar*, que dirigiu até 1941. De 1960 a 1962, exerceu a função de adido cultural junto à embaixada do Brasil em Portugal, organizando, então, o Instituto de Cultura Brasileira na Universidade de Lisboa.

Uma série de viagens projetou sua ação profissional no exterior: reunião do Instituto Internacional de Teatro – UNESCO (1950); reunião da Comissão de Direitos Autorais, em Washington, e Reunião do 1º Conselho de Cultura da OEA, México (1951); assessoria do Departamento da OEA; professor de Estudos Brasileiros na Universidade de Lisboa (1951-1952); oferta de cursos nas universidades de Coimbra e Lisboa, a convite do Instituto de Alta Cultura de Portugal (1955); Congresso dos Descobrimentos em Lisboa (1960). Recebeu três condecorações em Portugal: Cavaleiro da Ordem de Cristo, Comendador da Ordem do Infante Dom Henrique e Comendador da Ordem de Instrução Pública.

Fontes

Domingo Gonzalez Cruz, *Thiers Martins Moreira*: centenário de nascimento, Fundação Casa de Rui Barbosa, disponível em <www.casaruibarbosa.gov.br>, acesso em 9 ago. 2016.

Thiers Martins Moreira, em *Dicionário histórico-biográfico brasileiro*, disponível em <http://www.fgv.br/cpdoc/acervo/dicionarios/verbete-biografico/moreira-thiers-martins>, acesso em 9 ago. 2016.

A presente edição foi composta pela Editora UFMG e pela Autêntica Editora
e impressa pela Imprensa Universitária UFMG em sistema offset,
papel Pólen Soft 90 g/m² (miolo) e cartão supremo (capa), em abril de 2017.